市场规制法治文丛 3

主编 李友根

虚假广告民事责任研究

以《广告法》第56条的解释论为中心

程子薇◎著

法律出版社
LAW PRESS·CHINA
北京

图书在版编目(CIP)数据

虚假广告民事责任研究：以《广告法》第56条的解释论为中心／程子薇著. -- 北京：法律出版社，2022
(市场规制法治文丛／李友根主编)
ISBN 978-7-5197-5826-4

Ⅰ. ①虚… Ⅱ. ①程… Ⅲ. ①广告法-民事责任-研究-中国 Ⅳ. ①D922.294.4

中国版本图书馆CIP数据核字(2021)第156418号

虚假广告民事责任研究
——以《广告法》第56条的解释论为中心
XUJIA GUANGGAO MINSHI ZEREN YANJIU
—YI《GUANGGAOFA》DI-56 TIAO DE JIESHILUN WEI ZHONGXIN

程子薇 著

策划编辑 陈 妮
责任编辑 陈 妮 黄 筝
装帧设计 臧晓飞

出版发行 法律出版社
编辑统筹 法治与经济出版分社
责任校对 王晓萍
责任印制 吕亚莉
经　销 新华书店

开本 710毫米×1000毫米 1/16
印张 13.25 **字数** 233千
版本 2022年8月第1版
印次 2022年8月第1次印刷
印刷 北京虎彩文化传播有限公司

地址：北京市丰台区莲花池西里7号(100073)
网址：www.lawpress.com.cn
投稿邮箱：info@lawpress.com.cn
举报盗版邮箱：jbwq@lawpress.com.cn

销售电话：010-83938349
客服电话：010-83938350
咨询电话：010-63939796

书号：ISBN 978-7-5197-5826-4
定价：79.00元

凡购买本社图书，如有印装错误，我社负责退换。电话：010-83938349

总　序

时下,以丛书、文库、论丛等名义整体性出版一系列著作的做法,在学术界包括法学界甚为普遍。南京大学经济法研究所与法律出版社合作,推出“市场规制法治文丛”,除了顺应这一学术出版的趋势、彰显研究所这一学术机构的学术存在外,确实也有一些另外的考虑,即在经济法学研究的主题选择、方法运用等层面进行探索与实践,并期待形成一定的特色。

本文丛总主题为市场规制的法治研究。对这一规制权力,美国约翰·马歇尔首席大法官在1824年的判例中将其表述为制定治理商业的规则的权力。① 而在州的层面上,规制权(police regulation)又与治安权(police power)混用,指各州在保护公民生命、财产、健康、公共道德等领域的权力。② 显然,在我国,就经济法学而言,市场规制的研究领域既包括宏观调控问题,也包括市场监管问题,更可以是规制的一般理论问题。因此,列入本文丛的著作,其研究主题是

---

① “It is the power to regulate, that is, to prescribe the rule by which commerce is to be governed.” See, Gibbons v. Ogden, 22 U. S. 1, 196(1824).

② 例如,美国最高法院哈伦大法官在判例中写道:The police power extends at least to the protection of the lives, the health, and the property of the community against the injurious exercise by any citizen of his own rights. ... a mere police regulation, deemed essential to the protection of the lives and property of citizens. See, Patterson v. Kentucky, 97 U. S. 501, 504(1878)。布朗大法官在屠宰场案件中指出:The validity of the act was sustained as a proper police regulation for the health and comfort of the people. See, Holden v. Hardy, 169 U. S. 366, 382(1898)。

开放的，当然将围绕市场规制这一核心。

更为重要的是，本文丛试图体现和贯彻中国问题、世界眼光、案例实证、历史梳理、理论提升的研究思路与方法。所谓“中国问题”，是指我们的经济法学研究应当具有的问题意识。此种问题，既可以来自理论体系构建过程中的阐释需要，更可以来自法律实务与社会经济生活的挑战。特别是这些问题应当是围绕中国法治建设和经济社会发展进程而提出的。所谓“世界眼光”，是指对于中国问题的分析与研究，应以比较法的方法与思路寻求世界范围内各国、各地区解决此类问题的实践与努力。所谓“案例实证”，是指在研究过程中应当高度关注实务案例特别是司法案例，通过收集、整理、研究司法案例，总结、挖掘实务界在处理解决法律纠纷中的困惑、分歧、探索与创新，以使法学的理论研究扎根于法律的实践生活。所谓“历史梳理”，无论是对中国问题的分析还是他国实践的解读，均需从制度变迁的角度进行纵向的梳理与考察。大陆法系也好，英美法系也好，任何制度的产生与建立都不是突然的，更不是静止的。只有在历史梳理中，才能发现其制度背后的利益博弈、政策考量和变迁规律，才能真正总结出相关的经验与教训。所谓“理论提升”，是指对于现实案例、政策实践、法律规定、社会事件的分析与研究，不能停留于现象的描述、问题的总结、原因的分析和对策的设计这样的进路，而应从法学理论的角度进行理论范畴的提炼、理论症结的挖掘和分析框架的设计，以追求学术的高度与理论的品格。当然，不同的作者、不同的著作、不同的主题，自然会有不同的侧重，对上述的思路不必也不可能面面俱到。但秉持这样的理念，或许是学术发展的必然要求，也自然是本文丛的追求目标。

因此，本文丛并无严密的计划安排，而是成熟一本出版一本。希望在这样的理念指引下，推动南京大学经济法学科的同事和博士毕业生们向学界奉献出自己的学术精品，为我国经济法学的繁荣和市场规制法治的进步作出自己的贡献。

*

2017 年 1 月

* 南京大学经济法研究所所长，教授、博士研究生导师。

序　言

虚假广告被视为社会公害,它篡改人们决策的信息基础,威胁个人意思自治,导致市场失灵,因此一直是法律规范的对象。比如,在民法领域,原《合同法》中的禁止欺诈制度、重大误解制度、瑕疵担保责任制度,以及原《侵权责任法》中的一般条款都可以规制虚假广告。在市场规制法领域,《广告法》大量列举了禁止性广告行为;《反不正当竞争法》禁止市场混淆、欺骗和误导性商业宣传行为;《消费者权益保护法》为激励消费者"为权利而斗争",创设了针对欺诈行为的惩罚性赔偿条款。为了确保实施效果,《广告法》与《反不正当竞争法》还设置了私人诉讼和行政执法两条实施路径。可是尽管如此,我国法律规制虚假广告的效果不佳却是现实。背后的原因可能多种多样,比较常见的观点是《广告法》不够严厉,应当提高虚假广告的处罚力度。近期还有一些观点认为,问题主要出在这些法律实施的环节。比如,《广告法》和《反不正当竞争法》虽然规定了行政执法和私人诉讼两条实施路径,但整体上偏重行政管制,私人诉讼没有能够发挥其应有的作用。怎样挖掘私人诉讼的规制潜力,成为一种新的研究思路。程子薇博士便是在这个背景下讨论一个具体问题,即如何在解释论允许的框架下,让跨越民法和市场规制法两个法域的虚假广告相关民事规范形成规制

合力,以更有效地回应现实需求。全书至少有如下可圈点之处:

第一,当前国内关于规制虚假广告的讨论很多,但主要集中在行政执法和惩罚性赔偿方面,从私法内部结构的协调性出发的研究却很少。另外,随着《民法典》的出台,怎样处理民法典与其他部门法私法规范之间的关系,即不仅维护民法典追求的抽象性与稳定性,而且应考虑现实中它需要具备的灵活性与回应性,这是私法学界面临的一项核心任务。本书以《广告法》中的民事责任条款作为研究的起点,从私法体系化的视角来探讨虚假广告的私法规制难题,因此这是一个具有创新性的尝试。

第二,制度运行的效果怎么样,这不仅与制度本身的构造有关,与制度背后的理论有关,而且与实践中的智慧密切相关。程子薇博士在探讨不同法律制度对虚假广告产生什么样的规范效果时,没有局限于制度本身和相关理论,而是将其研究下沉到了法院的判决层面,通过梳理和分析法院的论证,提取凝结在裁判文书中的经验与智慧,并在此基础上判断相关法律规则的适用情况。我相信,程子薇博士这一扎根第一手经验和素材的研究,可以作出有厚度的研究成果,也增加了这个研究成果的说服力。

第三,如何规制虚假广告虽然是一个大众普遍关心的热点问题,但学术界对《广告法》的关注度不是很高,用于解决虚假广告的理论研究也比较单薄。为了克服理论不足的问题,本书大胆应用了一些跨部门法的理论,比如在讨论《广告法》民事诉讼条款中关于广告经营者、发布者承担过错连带责任的正当性时,借鉴了多数债务人理论。为讨论广告经营者、发布者承担无过错责任的正当性,借鉴了公法上的风险分担理论。这些跨部门法的理论借鉴很有新意。

当然,本书还有可以继续完善的地方。比如,本书用较大篇幅比较了民法不同制度规制虚假广告的不同效果,但在如何完善《广告法》的民事诉讼条款方面着墨不多。此外,数字经济时代的广告发布模式发生了很大变化,作者如果能够谈谈互联网平台经营者和广告商就其线上广告应当承担的义务和责任,可能会进一步扩大读者关于本书研究主题的视角。当然,学术研究永远是进行时,期待作者在这个领域的研究能够继续深入下去。

程子薇博士是我在深圳大学结识的青年才俊。她学风扎实,勤于思考,富有好奇心和想象力,善于发现和研究新问题。留学德国的背景使她高度认同和热爱传统法学理论,身处深圳这个快速发展和变化的城市使她对新问题具有敏锐的感知力。法学理论总是在回应新问题的过程中得到发展和完善,新的观点都是通过学术争鸣来解决新问题。我期待程子薇博士能够在经济法理论研究与学术碰撞中保持高度的学术热情,不断为市场规制立法和实践作出更大的贡献。

[*]

2022年5月

* 王晓晔,中国社会科学院二级研究员,深圳大学特聘教授、博士研究生导师。

目　录

导　论

一、问题提出

（一）问题意识

虚假广告民事责任规则散见于不同的规范体系中，既有传统私法体系下的合同法、侵权法规范，也有广告法、反不正当竞争法、消费者权益保护法等市场规制法律体系内的相关规则。前者可被称为传统型民事责任规范，后者可被称为现代型民事责任规范。多种规则并存的局面，一方面，彰显出虚假广告民事责任的复杂性；另一方面，造成了司法适用的混乱，尤以《中华人民共和国广告法》（下文简称《广告法》）中的民事责任条款司法适用最为典型。

具言之，现行《广告法》（2021 年修正）第 56 条[①]第 1 款前半段［沿袭了《广告法》（1994 年制定，以下简称旧《广告

---

① 《广告法》第 56 条规定："违反本法规定，发布虚假广告，欺骗、误导消费者，使购买商品或者接受服务的消费者的合法权益受到损害的，由广告主依法承担民事责任。广告经营者、广告发布者不能提供广告主的真实名称、地址和有效联系方式的，消费者可以要求广告经营者、广告发布者先行赔偿。关系消费者生命健康的商品或服务的虚假广告，造成消费者损害的，其广告经营者、广告发布者、广告代言人应当与广告主承担连带责任。前款规定以外的商品或者服务的虚假广告，造成消费者损害的，其广告经营者、广告发布者、广告代言人，明知或者应知广告虚假仍设计、制作、代理、发布或者作推荐、证明的，应当与广告主承担连带责任。"

法》)第38条[①]第1款前半段]规定了针对广告主的虚假广告民事责任(广告主民事责任条款)。无论从规范目的还是逻辑结构来看,均应当认为该条款是为虚假广告受害方提供统一的、广泛的、针对广告主的请求权基础条款,[②]这一观点也得到了学界的认可。[③] 然而以笔者搜集到的资料为限,司法实务中真正适用该条款的案例却寥寥无几,北大法宝收录的、适用旧《广告法》第38条的裁判文书共有68篇,其中仅有3篇是法院单独引用广告主民事责任条款作出判决的文书。在其余的判决中,法院则或者将广告主民事责任条款与其他部门法中的请求权基础条款联合适用,或者自由地选择系属不同体系的理论对该条款进行充填,从而使该条款时而被纳入合同法体系中,时而被认为是侵权责任法的具体化。在一些案例中,法院径行以广告的"要约邀请"属性拒绝支持原告的诉讼请求。[④] 在另一些案例中,却直接认为涉案广告构成"欺诈侵权",判决原告胜诉。[⑤] 至于同一法条的适用,为何其构成要件及法效果在不同案件中表现如此不同,无论是法院判决还是理论研究均鲜有论述。

此外,《广告法》中民事责任条款均以"消费者"作为请求权主体。然而这里的"消费者"究竟当作何理解——是价值中立的"交易相对方",[⑥]还是如《消费者权益

---

① 旧《广告法》第38条规定:"违反本法规定,发布虚假广告,欺骗和误导消费者,使购买商品或者接受服务的消费者的合法权益受到损害的,由广告主依法承担民事责任;广告经营者、广告发布者明知或者应知广告虚假仍设计、制作、发布的,应当承担连带责任。广告经营者、广告发布者不能提供广告主的真实名称、地址的,应当承担全部民事责任。社会团体或者其他组织,在虚假广告中向消费者推荐商品或者服务,使消费者的合法权益受到损害的,应当依法承担连带责任。"《广告法》(2015年修订)第56条第1款第一句相比该条文第1款第1个分句唯一的改动之处为将旧《广告法》的"欺骗和误导消费者"改为"欺骗、误导消费者"。这一更改尽管可能对该条款的构成要件造成影响,但是对该条款为请求权基础条款的属性并不产生影响。

② 参见卞耀武主编:《中华人民共和国广告法释义及相关法律法规》,中国方正出版社1995年版,第115页;王清主编:《中华人民共和国广告法解读》,中国法制出版社2015年版,第122页。

③ 《广告法》颁布以来针对广告主民事责任条款的研究大多直接建立在认可该条款为请求权基础条款的前提之上。例如,有学者呼吁扩张《广告法》第56条的适用主体不受"消费者"概念的限制。参见张世鹏:《论虚假广告侵权责任立法国际趋势及对我国的借鉴》,载《安徽大学学报(哲学社会科学版)》2013年第2期。

④ 参见广东省惠州市中级人民法院民事判决书,(2002)惠中法经初字第37号;广东省广州市中级人民法院民事判决书,(2013)穗中法民二终字第1065号。

⑤ 参见四川省泸州市中级人民法院民事判决书,(2006)泸民终字第783号。

⑥ 参见程子薇:《论〈广告法〉第38条中的"消费者"——以法解释学理论为分析工具》,载《安徽大学学报(哲学社会科学版)》2014年第5期。

保护法》中规定的、带有弱者色彩的“消费者”并不明确。[①] 不同法院对这一问题或者关注不够,或者持不同意见。例如,在笔者搜集到的许多案例中,法院未作任何说明便直接允许经营者作为原告,依据广告主民事责任条款提起诉讼;[②]在一些案件中,法院旗帜鲜明地表示“广告主民事责任条款中的‘消费者’并非《消费者权益保护法》中的‘消费者’”;[③]而在另一些案件中,法院则含混不清地论证应当对《广告法》与《消费者权益保护法》中的“消费者”做相同的解释。[④] 事实上,究竟应当将虚假广告民事责任条款所设立的请求权基础赋予哪些主体需从两个层面予以考虑。在形式层面,考虑根据文义、主观立法目的和该条文在部门法中所处的位置对该条款中的“消费者”概念进行判断。若无法得出结论,则需要进入实质层面的探讨。质言之,究竟是否应当将广告主民事责任条款的请求权主体限于《消费者权益保护法》意义上的“消费者”,在根本上取决于该条款所作出的利益安排相较传统民事责任制度是否具有特殊性——若该条款对其权利主体实施了倾斜性保护,则该权利主体的范围应当受到严格的限制,避免出现利益外溢;[⑤]若该条款所作出的权利义务配置相对传统民事责任制度并不存在特殊性,则无须将权利主体限制为《消费者权益保护法》意义上的“消费者”。

再者,无论从文义解释还是从主观立法目的解释的角度,《广告法》第56条第1

---

① 参见张严方:《消费者保护法研究》,法律出版社2003年版,第119页。持相同观点的学者还有梁慧星:《中国的消费者政策和消费者立法》,载《法学》2000年第5期;王利明:《关于消费者的概念》,载《中国工商管理研究》2003年第3期。

② 参见云南省昆明市中级人民法院民事判决书,(1998)昆民终字第870号;北京市海淀区人民法院民事判决书,(2008)海民初字第13261号;广东省惠州市中级人民法院民事判决书,(2002)惠中法经初字第37号;云南省昆明市中级人民法院民事判决书,(2004)昆民六终字第6号;广东省广州市中级人民法院民事判决书,(2004)穗中法民二终字第886号;广东省广州市中级人民法院民事判决书,(2004)穗中法民二终字第79号;云南省昆明市中级人民法院民事判决书,(2007)昆民三终字第1208号;北京市第一中级人民法院民事判决书,(2002)一中民初字第8233号;河南省郑州市中级人民法院民事判决书,(2011)郑民二终字第1168号等。

③ 参见林某某诉四川鼎地股份有限公司、成都电视台劳务输出合同案,四川省成都市中级人民法院民事判决书,(1996)成经终字第178号。

④ 参见北京中联安科技发展有限公司诉北京金源时代购物中心有限公司等虚假广告纠纷案,北京市海淀区人民法院民事判决书,(2005)海民初字第19213号;北京金源时代购物中心与北京中联安科技发展有限公司虚假广告纠纷上诉案,北京市第一中级人民法院民事判决书,(2006)一中民终字第6250号。

⑤ 参见应飞虎:《权利倾斜性配置研究》,载《中国社会科学》2006年第3期。

款后半段均是针对广告经营者、发布者的无过错补充责任条款。然而适用这一条款的案例却显示，一些法院或者以错误的解释方法，[①]或者引入共同侵权理论[②]来回避对该条文作符合其字面意义的解释。可能的原因是：前述条款所实现的利益分配明显偏离传统连带责任理论所确立的基准，而向该条款的请求权主体倾斜，但是立法者却简单地将实施该倾斜性保护的理由阐释为“方便消费者维权”。[③] 由于立法者希望产生的激进的法效果，与其提供的薄弱的正当性论证不匹配，因此法院在司法实践中拒绝跟进。

理论上，大陆法系国家的法律体系应当是一个秩序井然、层次分明的整体，这一整体由负载不同价值取向与规范功能的制度，通过符合逻辑的方式相互连接形成。请求权基础条款为制度构造的核心。可以说，对一个请求权基础条款的适用便适用了一整个制度。[④] 制度与制度因功能与价值取向的不同而蕴含不同的、经过仔细衡量的利益格局，因此理想情形下不同制度之间应当边界分明，以此确保单个制度中所携带的价值衡量能够实现。这一法教义学上的基本要求在判决文书论证环节的体现是，请求权基础条款应当具备自己的、区别于其他制度的分析框架；在法条引用环节的体现是，不能够同时适用多个请求权基础条款。然而上述广告法民事责任条款司法适用中的乱象无疑违背了该教义学要求，其背后的成因可能是，广告法中的民事责任条款与传统私法体系下可能对虚假广告产生规范效果的民事责任制度之间的关系不明。若两者为同义反复关系，则广告法条文中的消费者保护立场如何与传统私法体系下的主体均质假定相协调成为问题。若两者存在一般与特殊的关系，则广告法民事责任条款的特殊性何在？它与传统私法体系下的民事责任规定各自的作用场域为何同样需要论证。因此本书提出的问题是，应当如何协调传统民事责任规范群与《广告法》中的虚假广告民事责任规范群，使两者更好地发挥规范虚假广告的制度功能。

---

① 参见吉林省高级人民法院民事判决书，(2000)吉高法民终字第91号；北京市海淀区人民法院民事判决书，(2003)海民初字第5707号。

② 云南省昆明市中级人民法院民事判决书，(2004)昆民六终字第6号。

③ 参见卞耀武主编：《中华人民共和国广告法释义及相关法律法规》，中国方正出版社1995年版，第117页；参见王清主编：《中华人民共和国广告法解读》，中国法制出版社2015年版，第123页。

④ 参见王泽鉴：《民法思维——请求权基础理论体系》，北京大学出版社2009年版，第42页。

(二)研究的视角

1. 体系化的视角

虚假广告的民事责任隶属私法责任。从私法体系化的视角来看,对同一事物的私法规制可采取“垂直切割”与“水平切割”两种模式。所谓“垂直切割”是指立法者进行规范组装时不再执拗于私法的纯净要求,而是以一定的社会部门或功能为标准,将相关联的公私法规范打包在一部法律当中。① 由“垂直切割”所形成的法律大多被称为“部门民法”。② “水平切割”是以提取公因式的方法不断地对规范群进行要素的抽取,从而形成普通法与特别法、特别法的特别法这样层次分明的法律体系。③《德国民法典》便是最为典型的、由立法者对民事规范进行水平切割的产物。在一国范围内,采取“垂直切割”或“水平切割”的方式整理规范群各有好处,可获得不同的体系优势。质言之,由垂直切割得到的法律体系偏重通俗和经验,制定起来速度较快,也易于被理解。但是当部门民法的数量不断上升时,部门民法之间的协调成本将会急剧膨胀。由水平切割得到的法律体系的运作依赖于精确的逻辑与概念,因此立法的负担较重,也不易被常人理解。但它的好处是构造了一个不易变动的、能够承载所有“特别法”的基础结构。在一国范围内,切割的方式越一致,体系的操作便越流畅;反之,混合“垂直切割”与“水平切割”的方法则不仅不能博采众长,反而会降低法律体系的整体效益。④

然而,我国采取的正是两种切割方式相混合的立法模式。一方面,我国围绕一个具体问题而将相关公私法规范打包进一部法律当中的部门民法众多;⑤另一方面,以水平切割的思路所制定的单行民法几乎已可构成民法典的雏形。⑥ 其选项无外乎两个:其一为统一采取垂直切割的方法组装法律,将水平切割思路下形成的民法典解构为一个一个焦点清晰的部门民法;其二为以水平切割思路对部门民法进行整理,从而将垂直切割语境下的部门民法转化为水平切割语境下的一般法与特别法。

---

① 参见苏永钦:《寻找新民法》,北京大学出版社 2012 年版,第 106 页。

② 参见苏永钦:《寻找新民法》,北京大学出版社 2012 年版,第 78 页。

③ 参见苏永钦:《寻找新民法》,北京大学出版社 2012 年版,第 106 页。

④ 参见苏永钦:《寻找新民法》,北京大学出版社 2012 年版,第 78 页。

⑤ 现在新生的“行业法”概念便可以说是部门民法的另一称谓。具体的部门民法有广告法、房地产法、会计法、食品安全法等。参见孙笑侠:《论行业法》,载《中国法学》2013 年第 1 期。

⑥ 参见苏永钦:《寻找新民法》,北京大学出版社 2012 年版,第 97 ~ 98 页。

如今《中华人民共和国民法典》(下文简称《民法典》)业已出台,以何种思路处理部门法中的民事责任条款应已清晰。

这时,以"一般与特殊"的思路对垂直切割而成的部门民法进行转化,使之与水平切割而成的民法典中的相关规范匹配是学界所面临的急迫任务。在这一背景下,有无数具体的转化与协调工作等待完成。《广告法》与对虚假广告产生规范效果的水平切割而成的单行民法之间的关系,便是其中之一。

旧《广告法》第38条①和《广告法》第56条对虚假广告引起的民事责任区分不同主体进行了规定。"包含构成要件与法效果的法条是为完全法条"是被大陆法系法教义学奉为圭臬的公式,以此为判断标准,②被描述为"消费者"的主体将在前述条文的构成要件得到满足的情形下,分别获得要求"广告主""广告经营者""广告发布者""广告代言人"承担民事责任的权利。与此同时,当广告受众在遭受以虚假广告为手段的欺诈时,可依据欺诈条款要求撤销合同,也可依据缔约过失责任条款在合同有效的条件下要求损害赔偿。当广告受众的合法权益遭受侵害时,其还可能在满足侵权责任构成要件的前提下要求广告主、广告经营者、广告发布者或广告代言人承担侵权法上的赔偿责任等。与欺诈、缔约过失、侵权等相对成熟完善的传统民事责任制度相比,《广告法》中的虚假广告民事责任制度较少受到已有理论的束缚,因而得以获得更多的腾挪空间,从而为该条文中所称"消费者"提供传统民事责任制度不能够提供的保护。然而,该条款的理论发展相对滞后,因此它拥有的自由腾挪空间又有被滥用的风险。因此,以"一般与特殊"的思路整理《广告法》中的民事责任规范,同时也在回答这样一个问题:究竟《广告法》中的民事责任规范应当在多大范围内被归于由传统民事责任制度所界定的"一般",又在多大范围内因为超出了传统民事责任制度所界定的"一般"而具有特殊性。

2. 比较法的视角

考察德国法,不难发现德国法上既不存在一个力图对广告问题进行统一规定的

---

① 旧《广告法》第38条规定:"违反本法规定,发布虚假广告,欺骗和误导消费者,使购买商品或者接受服务的消费者的合法权益受到损害的,由广告主依法承担民事责任;广告经营者、广告发布者明知或者应知广告虚假仍设计、制作、发布的,应当依法承担连带责任。广告经营者、发布者不能提供广告主的真实名称、地址的,应当承担全部民事责任。社会团体或者其他组织,在虚假广告中向消费者推荐商品或者服务,使消费者的合法权益受到损害的,应当依法承担连带责任。"

② Vgl. Karl, Larenz, Methodenlehre der Rechtswissenschaft, 1991, S. 250f.

部门法,也不存在一个旨在一次性解决虚假广告民事责任问题的条款。德国虚假广告民事责任的规范基础散见于不同的法律制度体系当中。其中相对集中的规范群被收纳于《德国反不正当竞争法》中的“误导性”与“不合理的非客观影响”概念中。其余的相关规范则根据广告所涉及的产品或服务内容,被规定于不同的具体法规之中。例如,《营养品法规》(Verordnung über diatätische Lebensmittel)第2条、第25a条详细地对营养品广告的标记和表达进行了规范。

在《德国反不正当竞争法》的发展史上,曾短暂地出现过一个使单个消费者有权撤销因其受到误导而订立的合同的条款,[①]然而该条款在德国法学界引起了激烈的争论,主流观点认为其产生“后门条款”的效应——为规避契约责任制度所作出的利益安排提供了不恰当的通道。[②] 于是在批判声中,该条款很快被废除了。

尽管我国《广告法》中虚假广告民事责任条款与上述在《德国反不正当竞争法》中短暂出现的条款不同,《德国反不正当竞争法》与《广告法》的规范宗旨也不相同,但是它们的思维方式却是一致的:部门法并不应当因其独立于民法典而切断与传统民事责任制度的联系。相反,部门法与传统民事责任制度体系关系处理是否合理,直接影响其自身的规范效果,甚至影响其存在的必要性。笔者的研究将参考德国法理论和相关规范体系,探讨协调我国虚假广告民事责任规范体系的可能路径。

(三)概念的解释和限定

为使笔者所提出的问题与论证更加清晰,有必要对下列概念进行进一步的解释和限定。它们包括:虚假广告、传统民事责任制度,以及《广告法》中民事责任条款所涵盖的小条款的简称。

1. 虚假广告

用“虚假广告”作为描述《广告法》民事责任条款所欲规范的广告类别,并不是

---

① 该条款赋予单个消费者在不正确或具有误导性的广告表达时得以“不迟延地”撤回其已订立的合同。UWG §13a. Abs. 1 S. 1, a. F. :Ist der Abnehmer durch eine unwahre und zur Irreführung geeignete Werbeangabe im Sinne von §4, die für den Personenkreis, an den sie sich richtet, für den Abschluß von Verträgen wesentlich ist, zur Abnahme bestimmt worden, so kann er von dem Vertrag zurücktreten.

② 如有学者认为,根据§13a. Abs. 1 S. 1, a. F. UWG,若意思表示接受方恰巧发布了误导性的或不真实的广告,那么为自己的交易决策而后悔的消费者十分幸运。Vgl. Lehmann, Michael, Die bürglichrechtliche Haftung für Werbeangaben-Culpa in contrahendo als Haftungsgrundlage für vertragsanbahnende Erklärungen. NJW(1981), S. 1240 f.

最理想的选择。“虚假”指“不真实”，“虚假广告”便是指内容不真实的广告。但是这一概念显然过于狭窄了——法院将大量并非虚假的违法性广告纳入了虚假广告的范畴。例如，广告主因为在宣传过程中违反《广告法》第9条第3款①的规定使用“第一……”或“极品……”等用语被起诉至法院。违反禁止性规定的广告虽然应当受到公法上的规制，却未必应当受到《广告法》中民事责任条款的规制，因为后者属于私法范畴。因此《广告法》第56条以“虚假广告”作为一个构成要件，在严格意义上丧失了对类似于“极品黄山，天高云淡”的广告进行规范的可能性。原因是人们很难对类似“第一……”“极品……”的表达作出是否符合事实的判断。再如，广告主发布内容空洞的广告，如“诚招加工定做”，但该广告主隐藏了其根本无意从事商业上的交易，而是意图实施合同诈骗以获取定金的真实目的。广告主在诈骗成功后下落不明，广告受众起诉至法院要求广告发布者承担损害赔偿责任。这时“虚假广告”概念的不妥当性再次显现：广告“诚招加工定做”在内容上并不存在真实或者不真实的问题。事实上也正有法院以“广告主体的虚假”并非“广告内容的虚假”为由驳回了原告的诉讼请求。② 这显然限制了《广告法》的规制范围。

然而尽管以“虚假广告”概念描述《广告法》中民事责任条款所规范的广告类型并不妥当，但是想要找到另一个合适的概念却不容易。有学者将“违法广告”概念与“虚假广告”概念并用，③以期实现概念逻辑的完满性。但笔者决定不这样操作，原因在于即使将《广告法》民事责任条款所规范的广告类型进一步区分为违法性广告与虚假广告，也未必能够完全涵盖本文语境下所有被涉及的广告类别。例如，单纯的误导性广告便不容易被归于上述两类广告形态中的任何一类。另外更关键的是，本文的研究以法条为中心展开，若弃法条中的原始概念“虚假广告”不用而另行寻找，或者是构造新的概念，则需要花费大力气去阐明概念之间的对应关系，从而容易制造新的混乱。同样不容忽视的是，尽管“虚假广告”的语意射程与其所描述的，应当受到规范的广告形态之间不完全对应，但这一概念却已被广泛接受成为通行概

① 《广告法》第9条第3款规定：“广告不得有下列情形：……（三）使用‘国家级’、‘最高级’、‘最佳’等用语……”

② 广东省惠州市中级人民法院民事判决书，(2002)惠中法经初字第37号。

③ 参见应飞虎：《信息、权利与交易安全：消费者保护研究》，北京大学出版社2008年版，第160页。

念，另起炉灶也将面临与既有话语体系接洽的难题。权衡之下，本书决定仍以“虚假广告”作为文章的核心概念。但这里的虚假广告不仅包括内容不真实的广告、具有误导性的广告，还包含违反法律规定的广告。

2. 传统民事责任制度

“传统民事责任制度”在前文已经提及，在接下来的论述中也将反复使用。但是“传统民事责任制度”并非一个法学概念，尽管在论述一个新的制度或理论时这一词语常常被使用，但在不同的语境下其总有不同的具体指向。例如，有的学者用此概念描述保护义务在合同法大举扩张之前的民事责任制度；①有的学者借“传统型合同内容规制规范”与“现代型合同内容规制规范”区分消费者契约法与格式条款规制法；②还有的学者区别“传统民事责任制度”与“商事责任制度”，用以论证“民商合一”的正当性。③

事实上，水平切割的民法典思维模式意味着“一般与特殊—特殊的特殊—特殊的特殊……”的推演，这必然使“传统民事责任制度”这一概念富有弹性。本文语境下的“传统民事责任制度”首先是相对于《广告法》所创设的责任制度而言的，但是它并不包括为应对风险社会而新近发展出的民事责任制度，典型如无过错责任制度、社会连带视角下的补充责任制度。文章会尽可能使用具体制度名称，确保描述的准确性，但必要时会使用此概念来概括相应规范群，使文章保持必要的简洁。

3. 条款简称

由于本书研究将以《广告法》中民事责任条款为中心展开，而新旧《广告法》的民事责任条款存在一些明显的变化。旧法条款的解释论对现行法具有重要影响，本书的研究必须将新旧法条，即 2 个大条款 8 个小条款均纳入考察范围。为使行文简洁并便于理解，文章为各大条款及小条款设置简称。

“旧广告主民事责任条款”是指旧《广告法》第 38 条第 1 款前半段，而“广告主

---

① 参见叶榅平：《适用保护义务的界限和依据——以保护义务的法律性质为中心》，载《法商研究》2008 年第 6 期；邱雪梅：《试论民法中的保护义务——“两分法”民事责任体系之反思》，载《环球法律评论》2007 年第 5 期。

② 参见解亘：《格式条款内容规制的规范体系》，载《法学研究》2013 年第 2 期。

③ 参见樊涛：《我国商事责任制度的缺陷及重构》，载《法商研究》2009 年第 4 期。

民事责任条款”指《广告法》(2021年修正)第56条第1款第1句。

“旧广告经营者、发布者过错责任条款”指旧《广告法》第38条第1款后半段。

“旧广告经营者、发布者无过错责任条款”指旧《广告法》第38条第2款。

“广告经营者、发布者无过错补充责任条款”指《广告法》(2021年修正)第56条第1款第2句。

“广告经营者、发布者、代言人过错责任条款”指《广告法》(2021年修正)第56条第3款。

“广告经营者、发布者、代言人无责任条款”指《广告法》(2021年修正)第56条第2款。

二、研究意义

《广告法》被认为是一部“小法”,但是在体系化理论的视阈之下,《广告法》“麻雀虽小,五脏俱全”的特征可能使一个微观的选题,在深入发掘之后产生“管中窥豹”的效果。质言之,《广告法》作为数量庞大的、由垂直切割的方法组装成的行业法①,在体系化的理论框架下必然面临如何与传统民事责任制度相衔接的难题,而这一难题的解决则可能对所有相类似的、不同法律之间的衔接问题具有启示意义。另外,《广告法》身处公私两大法域的交汇处,其内部条文的解释和适用必然涉及各种理论的角力,因此也正是检验、发展理论的理想试验田。

(一)理论意义

1. 体系化思维在部门法领域的一次贯彻与践行

虽然法教义学在大陆法系的法学理论中仍占据主导地位,但是国内运用教义学解决具体问题,主要集中在传统民法领域。尝试从体系化视角,运用法教义学方法解决一个市场规制法中的具体问题的研究却不多。但这种研究却必要。运用教义学的方法解决一个部门法领域的具体问题是增强教义学的说服力,使它得到人们重视的方法。毕竟相比抽象说理,解决具体问题更容易获得人们的认同。而运用被继受的法教义学去解决本国具体法律问题的过程,也是一次对教义学理论的检验与反

① 参见孙笑侠:《论行业法》,载《中国法学》2013年第1期。

思,只有在此过程中发现理论问题,并努力解决,才能够真正发展出具有我国特色的法学理论。

2. 疏通合同责任、侵权责任、缔约过失责任重合处的诸多疑难问题

广告究其本质为信息,因为这一信息的提供往往发生于合同缔结之前,因此它的质量如何(是否真实或是否具有误导性等),常常不被合同责任关心。提供虚假信息一般侵犯“决策自由”,其是否受到侵权法规制,取决于“决策自由”是否被纳入侵权法一般条款的保护范围。而当提供虚假信息导致他人身体、健康、财产等权利受损时,受害方是否能够得到侵权法的救济,还需要考察复杂的因果关系等要素。缔约过失责任规定了先合同义务,可能对虚假广告产生规范效果,但是它的主观过错要件不明。从比较法上看,德国债法改革后,德国法上的缔约过失责任虽然被法典化,但它实际上被缩小了适用领域。反而是买卖合同中的瑕疵担保责任担当起调整广告问题的重任。在这一比较法背景下,应当如何在各个责任制度之间选择与配置虚假广告民事责任成为问题。

(二)实践意义

1. 对立法的意义

研究体系化视野下的虚假广告民事责任,对进一步完善我国《民法典》的解释论具有意义。如前文所说,《民法典》是由“一般与特殊”“特殊的特殊”构造成的。虽然法典已经制定,但在解释论框架下处理民法典与法典外形形色色的、因各种原因不宜纳入抽象法典内部的特别法之间的关系却将是耗时长久的大工程。[①] 根据学者梳理,处理法典与单行法关系的方法无外乎整并、“拉链”式衔接、“榫头”式衔接三种。[②] 无论具体采用哪一种方式,都以厘清具体单行法的立法焦点,以及它与民法典的关系为前提。因此,《民法典》制定之后的一项核心任务,即为梳理抽象化的法典与跨越部门法的行业法之间的关系,体系化的方法当在此过程中贯穿始末。根据大陆法系民法典传统,侵权责任、契约责任、缔约过失责任等均被规定于债篇,属于民

---

① 根据学者总结,不能够被纳入民法典的特别法有基于公共政策考量的规范丛集;有虽然性质上应当归属于自治民法,但是规范抽象程度不高,不属于民法典核心规范,数量又过大的规范群;还有数量巨大,焦点分散的自制规范等。参见苏永钦:《寻找新民法》,北京大学出版社 2012 年版,第 80 页。

② 参见苏永钦:《寻找新民法》,北京大学出版社 2012 年版,第 83 页。

法典的组成部分。而《广告法》中的民事责任与上述民事责任类型密切相关。正确地定位《广告法》中的民事责任，不仅事关《民法典》的顺利实施，甚至影响整个法律体系的稳定性。

2. 对司法实践的意义

前文问题的提出部分已经论证了旧《广告法》第38条的适用困境，并由此引出了本书所待解决的问题。那么反过来，本书核心问题的解决自然能够减轻该条文的适用困难。除前文已总结出的、司法实践中的问题以外，本书列举可能随着本书核心问题的解决而一并得到解决的系列问题如下：

（1）民事责任的承担方式。原《中华人民共和国民法通则》（以下简称原《民法通则》）第134条规定了十种承担民事责任的方式，《广告法》民事责任条款并未明确哪些承担方法应当被适用，这是否意味着所有承担责任的方法都有适用的空间？为何在案例中仅体现为损害赔偿？是否存在名为损害赔偿，实为减价或重新履行的案例？为何如此？是否合理？

（2）损害赔偿的范围。从判决论证上来看，损害赔偿范围的确定是比较混乱的。法院裁判表现出明显的结果导向——不是真正根据法律关系来确定赔偿额，而是考虑所确定的赔偿额是否能够使原被告双方息诉服判。但事实上，这背后蕴藏着一个理论问题——《广告法》中民事责任条款为赔偿信赖利益损失还是赔偿履行利益损失？

（3）广告主承担虚假广告民事责任的主观状态。尽管本书搜集的判决文书多未就广告主的主观过错进行论证，且多数情况下广告主使广告受众陷入认识错误的主观过错显而易见。但是，这并不意味着广告主应当承担过错抑或非过错责任这一理论问题是清晰的。在部分较为“边缘”的案件中，以及未来必将出现的、越来越多的新型案件中，主观过错要求的模糊都将引起法律适用的不确定性。

（4）广告经营者、发布者违反管制型规范是否必然导致民事责任。这涉及许多尚在热议却无定论的问题。但是理论界业已达成的共识已经能够为妥善解决部分案件提供支持。但是在判决书中，这些理论共识很少得到运用。这部分是因为运用这些理论须以明确《广告法》中民事责任条款的定性与定位为前提。

（5）在广告主从事合同诈骗导致受害人遭受经济损失的情形下，广告主欺诈的恶意是否能够使广告经营者和广告发布者在无法提供广告主真实身份信息时，免于根据《广告法》第56条第1款后半段承担民事赔偿责任？这涉及《广告法》第56条第1款后半段的正当性基础问题。

(6)广告经营者、发布者、代言人承担的义务范围。广告经营者与广告发布者应当对广告主所提供的证明材料进行何种审核义务？是承担形式审查的义务抑或实质审查的义务？等等。

这些审判实践中出现的一个个具体的问题，事实上是由广告法设置的民事责任条款体系化定位不明引起。相信随着这一体系化问题的解决，法院在处理相关案件时能够获得明确的理论指引，从而有助于案件的妥善解决。

三、文献梳理

(一)法教义学体系化理论的研究

我国关于法教义学基础理论的研究方兴未艾。自20世纪末21世纪初，大陆法系法教义学传至我国。梁慧星教授的著作《民法解释学》最先系统地引入并介绍法教义学，而后王利明教授等其他学者共同推动法教义学的研究成为热点。与此同时，代表着当代法学方法论研究突出成就之一的卡尔·拉伦茨的《法学方法论》辗转传至我国。拉伦茨的《法学方法论》立足于对概念法学的反思与批判，竭力将法教义学的发展从概念与涵射的禁锢中解救出来。它对法教义学与司法裁判之间的关系做了一种平衡式的选择——法官于司法裁判时必须取向法教义学并受其约束，但同时否认法教义学能够为司法裁判提供一套程序性的规则，使法官在排除个人判断的情况下确保司法裁判的正确。与此批判同时展开的是对拉伦茨的《法学方法论》中将法教义学过于哲学化的反思，继而有一批学者为补强法教义学的工具化效用进行了开创性研究。①

(二)以体系化为方法的部门法研究

近年来，法学界的理论研究正在经历由立法论向解释论的变化，这必然使体系

① 参见王轶：《民法价值判断问题的实体性论证规则——以中国民法学的学术实践为背景》，载《中国社会科学》2004年第6期；苏力：《法条主义、民意与难办案件》，载《中外法学》2009年第1期；张骐：《形式规则与价值判断的双重变奏——法律推理方法的初步研究》，载《比较法研究》2000年第2期。

化作为一种方法得到了更广泛的接受。一大批极具代表性的研究成果陆续出现。例如，李琛教授力图对技术细节已堪称发达的知识产权法进行体系化整理，尝试在抽象层面构建知识产权的总论性规范。在著作当中，李琛教授不吝笔墨，以整整两章的篇幅细细说明体系化的意义与必要性。① 王利明教授专门撰文探讨应当如何将体系化思维贯穿于中国民事立法过程当中。② 马辉博士在其博士毕业论文中系统地梳理了对格式条款进行内容规制的规范群，并提出了协调传统的内容规制路径与他主张的信息规制路径的方法。③ 张玉敏教授通过体系化的方法，指出商标三年不使用撤销制度与侵权责任法的内在价值取向之间存在矛盾，并由此导致该制度与其相邻制度，例如商标异议制度、商标注册无效制度不能够相互协调。④ 常鹏翱教授从体系化视角分析原《中华人民共和国物权法》（下文简称原《物权法》）中的物权法定原则，揭示该原则内部的不稳定性并提出应对举措。⑤ 王杏飞教授力图对法官释明的理念与规范进行体系化整理。⑥ 张栋教授通过考察“排除合理怀疑”的证明标准和非法证据排除两大原则的适用情况，认为证据规范的立法目的落空，并论证指出解决问题的关键在于构造一个更为顺畅的证据规范体系。⑦ 王洪亮教授撰文介绍德国法是如何在体系化的思维方式之下解决缔约过失责任制度、瑕疵担保责任制度之间的竞合问题。⑧ 周江洪教授考察惩罚性赔偿制度的不同规范基础后，结合我国确立的法律冲突规则，指出原《中华人民共和国侵权责任法》（下文简称原《侵权责任法》）第47条与《中华人民共和国食品安全法》（下文简称《食品安全法》）第96条第2款在法教义学理论框架下存在评价上的矛盾。⑨ 李友根教授比较中美惩罚性赔偿制度的异同，并将民事责任、行政责任统统纳入考量范围，在此基础上讨论究竟应当

---

① 参见李琛：《论知识产权法的体系化》，北京大学出版社2005年版。

② 参见王利明：《中国民事立法体系化之路径》，载《法学研究》2008年第6期。

③ 参见马辉：《格式条款规制体系研究——消费者选择与竞争机制的视角》，南京大学2014年博士学位论文。

④ 参见张玉敏：《注册商标三年不使用撤销制度体系化解读》，载《中国法学》2015年第1期。

⑤ 参见常鹏翱：《体系化视角中的物权法定》，载《法学研究》2006年第5期。

⑥ 参见王杏飞：《论释明的具体化：兼评〈买卖合同解释〉第27条》，载《中国法学》2014年第3期。

⑦ 参见张栋：《中国刑事证据制度体系的优化》，载《中国社会科学》2015年第7期。

⑧ 参见王洪亮：《物上瑕疵担保责任、履行障碍法与缔约过失责任》，载《法律科学》2005年第4期。

⑨ 参见周江洪：《惩罚性赔偿责任的竞合及其适用——〈侵权责任法〉第47条与〈食品安全法〉第96条第2款之适用关系》，载《法学》2010年第4期。

如何定性及定位我国的惩罚性赔偿制度。① 解亘教授对比德国法，提出格式条款规范群应当存在一定的分工，并通过体系化的方法论证其正当性。② 刘勇博士分析欺诈制度与缔约过失责任制度的构成要件和法效果，发现缔约过失责任规定了较低的构成要件，却产生了与欺诈制度相同的法效果，不符合法教义学上所要求的法律评价的无矛盾性要求，于是撰文着力于解决这一体系上的不协调之处。③

这一部分的文献梳理表明：第一，体系化作为一种方法和追求已经得到了法学界的认可。作为一种方法，体系化有助于敏锐、快速地发现潜在问题。作为一种追求，体系化是解决问题的理想途径。第二，尽管体系化方法得到了学者的认可，但它的适用领域较为狭窄，潜力发掘并不充分。目前该体系化的方法仅限于一些较为基础的，理论积淀相对丰富的、热门的领域。比如，运用于传统民事责任内部、传统刑法领域内部等。然而仅就私法领域而言，便有太多“处女地”从未从“体系化”的角度与传统民事责任制度发生关联。在我国，垂直切割的部门法，或称为行业法众多。如《会计法》《审计法》《房地产法》等，这些部门法内部一般均配有民事责任条款。这些民事责任条款与传统私法的对应关系无人问津。当然，本书所研究的《广告法》民事责任制度在私法框架下的体系化也堪称“无人问津”的“处女地”。

（三）部门法学界对虚假广告民事责任的研究

研究虚假广告民事责任的配置，需要得到相关领域的科研成果的支撑。例如，从经济学角度、传媒学角度对广告学的研究；从社会学角度对广告受众对广告接受程度的研究；从心理学角度对广告受众认知的研究；等等。由于这些相关领域在我国没能够得到充分讨论，广告法的发展难免被掣肘。我国学界对《广告法》的研究数量非常有限，大致可被分为下列三种类型。

第一种是从治理虚假广告的角度出发。我国虚假广告的现状使学者对如何治理虚假广告给予了较多的关注。许多学者从现状入手，研究虚假广告规制制度的变迁，以及为何单纯的私法路径无法遏制虚假广告。例如，应飞虎教授在《信息、权利

① 参见李友根：《惩罚性赔偿制度的中国模式研究》，载《法制与社会发展》2015 年第 6 期。

② 参见解亘：《格式条款内容规制的规范体系》，载《法学研究》2013 年第 2 期。

③ 参见刘勇：《缔约过失与欺诈的制度竞合——以欺诈的“故意”要件为中心》，载《法学研究》2015 年第 5 期。

与交易安全》一书便讨论了该问题，而在其另一篇论文中则系统地提出了治理虚假广告的制度构建，[①]即从执法权力配置、虚假广告的隐蔽性、损害发生的滞后性等多个角度进行原因剖析，提出多种路径相结合、从多个环节进行控制、增加承担责任的主体等应对措施。[②] 刘常春教授认为应当将广告代言人也纳入虚假广告责任人当中，同时考虑引入惩罚性赔偿制度以增加广告主的违法成本，还主张采取举证责任倒置原则以降低广告受众维护权利的门槛。[③] 还有学者提出了通过增加新的罪名（制作虚假广告罪）来遏制虚假广告的立法主张。[④] 张明楷教授分析了发布、制作虚假广告构成诈骗罪与销售伪劣商品罪在解释论上的可行性。[⑤]

第二种研究主要讨论不同主体如何承担虚假广告的民事责任。承担虚假广告民事责任的主体有广告主、广告经营者、发布者、代言人。20世纪90年代初期，《广告法》尚未制定实施，便有学者从“荷兰鼠”案广告受众因为虚假广告而遭受的损害无法获得填补这一“不公正”的结果出发，发出由广告经营者承担无过错责任的立法呼吁。[⑥] 2009年以后，受三鹿婴幼儿奶粉事件的影响，出现了比较多的关于广告代言人责任的研究。在2015年《广告法》出台以前，广告代言人并没有承担虚假广告民事责任的规范基础。这样一来，明星代言获取的丰厚收益与其所承担的责任不相匹配，于是学界尝试做一些解释论工作，以强化广告代言人责任。例如，王福友、徐培译教授通过整理出广告代言人做虚假代言的侵权属性，认为可以不用依赖于特别法，而径行适用侵权法中的相应规定。[⑦] 也有学者关注于代言人是否应当承担责任，如何承担责任，承担何种责任的理论基础。例如，吴元元教授引入法经济学的分析方法，认为全面禁止保健类食品的代言人在广告中承诺产品的效用是最有效率的规范方式。然而正如吴元元教授在文章中所言，保健品广告涉及效用承诺已被旧《广告法》第19条等法律法规明确禁止，该条文之所以未能发挥立法者所期待的规制功

① 参见应飞虎：《信息、权利与交易安全：消费者保护研究》，北京大学出版社2008年版，第188页；应飞虎：《对虚假广告治理的法律分析》，载《法学》2007年第3期。

② 参见应飞虎：《对虚假广告治理的法律分析》，载《法学》2007年第3期。

③ 参见刘常春：《虚假广告规制缺失的原因及治理路径》，载《法学杂志》2009年第1期。

④ 参见张春和：《建议增设制作虚假广告罪》，载《法学杂志》1994年第5期。

⑤ 参见张明楷：《论虚假广告的刑事责任》，载《法学》1994年第10期。

⑥ 参见曹登润：《虚假广告经营者民事责任初探》，载《政治与法律》1993年第5期。

⑦ 参见王福友、徐培译：《论产品代言人侵权责任》，载《法学杂志》2012年第9期。

能,实为法律实施层面的问题。[①] 也有学者也从不同角度关注广告代言人责任。例如,于林洋博士便发表系列论文,以三鹿婴幼儿奶粉事件为例,从多个角度讨论广告荐证人责任,得出三鹿婴幼儿奶粉的广告代言人应当承担民事上的连带责任以及惩罚性赔偿责任和公法上的责任的结论,[②]还提出广告荐证责任的本质是代言人对其人格权利的商业使用,并呼吁为规范广告代言人责任全方位立法。[③] 宋亚辉博士以某明星代言的汰渍洗衣粉引发的纠纷为切入点,探讨了广告荐证人承担民事责任的构成要件,以及广告代言人应当承担的注意义务的边界等关键问题。[④] 于剑华教授考察了日本法上的"表演者"责任,论证代言人承担连带责任的合理性,提出适用原《民法通则》条款作为向代言人分配责任的基础。

第三种是针对具体广告形态的研究。比如宋亚辉教授注意到百度竞价排名服务(关键词广告)引起的法律诉讼,并对搜索引擎服务商在何种情形下对竞价排名的网络关键词侵犯第三人权益承担责任,以及承担何种责任进行了分析。[⑤] 应飞虎教授在分析软文广告危害性的基础上提出增加责任主体,并主张使相应责任主体承担公法和私法上的责任。[⑥] 李剑教授关注植入式广告,认为植入性广告严重威胁消费者权益,必须对其施加足够的规范,但是不应采取"一刀切"的办法,而应对植入性广告进一步类型化,对不同类型的植入性广告采取不同的规范标准。[⑦] 还有学者关注到了"户外广告"这一新型的广告发布形式,讨论"发布户外广告的权利"的性质及归属,得出"户外广告发布权"目前权利化程度不高,应当从债权路径进行保护的结论。[⑧]

---

① 参见吴元元:《基于信息的荐证广告之法律规制——以保健品广告为中心》,载《法商研究》2008年第1期。

② 参见于林洋:《论广告法视野下虚假荐证责任之重构——"三鹿门"事件下的追问与反思》,载《法商研究》2009年第3期。

③ 参见于林洋:《广告荐证的行为规范:美国的经验与启示》,载《华东师范大学学报(哲学社会科学版)》2013年第1期。

④ 参见宋亚辉:《广告荐证人承担连带责任的司法认定——针对〈广告法(修订征求意见稿)第60条的研究〉》,载《现代法学》2009年第5期。

⑤ 参见宋亚辉:《竞价排名服务中的网络关键词审查义务研究》,载《法学家》2013年第4期。

⑥ 参见应飞虎、葛岩:《软文广告的形式、危害和治理——对〈广告法〉第13条的研究》,载《现代法学》2007年第3期。

⑦ 参见李剑:《植入式广告的法律规制研究》,载《法学家》2011年第3期。

⑧ 参见宋亚辉:《新权利的生成:以"户外广告发布权"为例》,载《法制与社会发展》2010年第3期。

通过梳理虚假广告既有文献可以发现,多数研究是从对策层面展开的,以虚假广告泛滥的现状作为起点,以增加相关主体的责任为终点。很多论证停留于表面,理论深度有限。比如,三鹿婴幼儿奶粉事件推动了广告代言人责任研究的兴起。但多数研究有明显的结果导向——代言人,特别是明星代言人承担责任被认为是理所应当的。至于为何应当承担责任,如何承担责任,往往论证不足。虚假广告民事责任应当如何从传统民事责任制度上借力,又应当如何在传统民事责任不足处添砖加瓦,很少有人论及。因此可以说从广告法学界的角度来看,与民法的沟通与对话并没有展开。

(四)传统民事责任制度框架下的虚假广告民事责任研究

欺诈制度、要约制度、要约邀请制度、缔约过失责任制度等与虚假广告具有天然的相关性,当民法学者对上述制度进行研究时,很有可能会对虚假广告民事责任产生辐射效果。但是正如经济法学者指出的,《广告法》的主要内容在原《中华人民共和国合同法》(下文简称原《合同法》)看来主要为先合同义务,并非原《合同法》的核心调整对象,①因此民法学者也很少深入研究广告问题。从外观上来看,传统民事责任理论框架下与广告问题最直接相关的是原《合同法》第15条。② 该条将广告的性质界定为要约邀请。该条对广告作为要约进入合同保留了通道,但是条件却很严苛,使这一通道事实上非常狭窄。这在民法开始追求"实质正义"的背景下显得有些不合时宜。③ 于是学者为扫除"广告一般是要约邀请"这一阻碍广告进入合同的理论障碍进行了多方位的努力。有的学者尝试在理论上突破"要约"与"要约邀请"两分法。例如,提出"容纳规则",以实现要约邀请与要约在内容上的承继与贯穿,从而为广告内容进入合同,并得到合同责任的保护提供理论上的依据。④ 或者回归价值判断层面,以消费者权益受到损害的事实状态来否认要约与要约邀请两分法,进而以广告的真实性原则为基础,论证将广告中具体明确的承诺纳入合同条款之中,以

---

① 参见王全兴:《经济法基础理论专题研究》,中国检察出版社2002年版,第171页。

② 现为《民法典》第473条规定:"要约邀请是希望他人向自己发出要约的表示。拍卖公告、招标公告、招股说明书、债券募集办法、基金招募说明书、商业广告和宣传、寄送的价目表等为要约邀请。商业广告和宣传的内容符合要约条件的,构成要约。"

③ Vgl. Claus-Wihelm Canaris, Wandlungen des Schuldvertragsrechts, Tendenz zu seiner "Matriealisierung", Acp 200(2000), S. 273-364.

④ 参见隋彭生:《论要约邀请的效力及容纳规则》,载《政法论坛》2004年第1期。

增强对广告受众保护的合理性。[①] 如果注意到广告的实质是信息，那么欺诈与虚假广告的交集便出现了。从宏观上看，虚假广告并不构成欺诈的核心案例群。因为虚假广告针对不特定公众，广告主的主观恶性更加难以确定，因此民法学者在欺诈框架下讨论虚假广告的并不多，即使为论述的完整性而有所涉及，也只是简单带过。例如，梅迪库斯在其经典教科书《德国民法总论》“恶意欺诈”章节末尾部分匆匆提到，欺诈制度对虚假广告受害人的保护十分有限，并指出德国旧《反不正当竞争法》第 13a 条能够解决这一保护不足的问题，但同时又说道，似乎这一条款并没有发挥作用。[②] 事实上，德国旧《反不正当竞争法》第 13a 条的“寿命”不长，很快在新修订的法律中被删除了。有学者试图从降低欺诈主观构成要件门槛的角度，强化对虚假广告的规范。例如，谢晓尧教授分析近年来国际立法趋势，证明放松欺诈的主观构成要件具备合理性。该文同时讨论竞争法理论，意在缓解对放松欺诈要件对传统信息责任理论可能产生的直接冲击。[③] 有学者将欺诈的故意要件置于侵权框架下，以近年来信息责任与日俱增的重要性来论证缔约过失责任以过失为主观过错标准的正当性。[④] 若行为人的主观过错降低至过失，那么受到规制的虚假广告范围自然扩张。当然也有文章对现在司法实践中常常出现的“替换”或“炮制”概念的现象进行抨击，并主张向“欺诈”制度回归。例如，马一德教授对司法裁判中出现的“虚假宣传”概念进行梳理，认为法院借不具有明确教义学束缚的“虚假宣传”替换“欺诈”概念，并适用惩罚性赔偿条款是缺乏正当性支撑的。因此，马一德教授主张用欺诈要件来判断行为人发布虚假广告是否能够适用惩罚性赔偿制度。[⑤] 另外，王泽鉴先生在其著作《民法学说与判例研究》中曾立足消费者，列举受虚假广告侵害的消费者可诉诸的法律制度：一是可诉诸因意思表示错误而产生的撤销权；二是瑕疵担保责任请求权；三是求助侵权行为法的背俗条款。[⑥] 此为消费者因虚假广告之故而受侵害

---

① 参见綦骏：《论广告进入契约的可能性及其实现》，载《法商研究》2005 年第 1 期。

② 参见[德]迪特尔·梅迪库斯：《德国民法总论》，邵建东译，法律出版社 2000 年版，第 610 页。

③ 参见谢晓尧：《欺诈：一种竞争法的理论诠释——兼论〈消费者权益保护法〉第 49 条的适用与完善》，载《现代法学》2003 年第 2 期。

④ 参见刘勇：《缔约过失与欺诈的制度竞合——以欺诈的“故意”要件为中心》，载《法学研究》2015 年第 5 期。

⑤ 参见马一德：《虚假宣传构成欺诈之认定》，载《法律科学（西北政法大学学报）》2014 年第 6 期。

⑥ 参见王泽鉴：《民法学说与判例研究》（第 3 册），中国政法大学出版社 2003 年版，第 17 页。

求助于民事责任的情形作出了系统论述，然而遗憾的是王泽鉴先生只粗略地提及了三种救济途径，并没有就此问题展开深入探讨，关于这三种救济途径的具体情况，以及发生请求权竞合时应当如何处理等问题未作更多说明。

（五）比较法视野下的虚假广告民事责任研究

1. 德国法学界对虚假广告民事责任的研究

德国没有统一的《广告法》。德国学者对广告问题的研究也同样比较分散，主要研究视角有两种。第一种是以意思自治为视角，主要涉及欺诈制度、意思瑕疵制度、瑕疵担保责任制度、侵权责任制度等。然而随着经济社会的发展，前述制度在保护消费者决策自由时越发捉襟见肘，于是学界提出不同解决方法应对这一困境。有的学者主张采取合同法的"具体化"（Matrialisierung）的方法降低信息保护的构成要件门槛，引入缔约过失责任。① 第二种是在德国反不正当竞争法当中"夹带"保护单个消费者的条款。例如，费泽（Fezer）教授主张允许消费者因为受虚假广告的误导而解除合同，除非广告对该消费者进入合同没有贡献原因力，或者合同相对方对于该误导性广告不知道也不应当知道。② 密克利茨（Micklitz）教授同样赞同在反不正当竞争法中赋予单个消费者在被误导性广告引起缔约行为时解除合同的权利，只是排除消费者合同解除权的条件略有不同：除卖家不知也不应当知晓误导性广告外，若该误导性的商业言论已经被纠正了，或者该误导性言论不能够对消费者的决策产生影响，则消费者不能够拥有合同解除权。③ 前述两种关于如何限制消费者的解除合同的权利遭到了科勒（Köhler）教授的反对。科勒教授认为完全不应当在德国反不正当竞争法中给个体消费者配置请求权基础。④ 他认为，反不正当竞争法的宗旨在于为水平方向关系（Horizontralverhältnis）的竞争者之间，而并非为垂直方向关系

---

① Vgl. Lehmann, Vertragsanbahnung durch Werbung: eine juristische und ökonomische Analyse der bürglich-rechtlichen Haftung für Werbeangaben gegenüber dem Letztverbraucher, 1981, S. 308f.

② Vgl. Fezer, Das wettbewerbsrechtliche Vertragsauflösungsrecht in der UWG-Reform-Zur Notwendigkeit eines wettbewerbsrechtlichen Vertragsauflösungsrechts wegen Vorliegens verbraucherschützender Regelungslüken und Durchsetzungsdefiziten bei bestimmten Fallkonstellationen unlauteren Wettbewerbs. WRP (2003), S. 127.

③ Vgl. Micklitz/Kessler, Konferenz des vzbv am 31. 10. 2002 in Berlin sowie Gutachten: "Die Harmonisierung des Lauterkeitsrechts in den Mitgliedstaaten der Europäischen Gemeinschaft und die Reform des UWG" v. 8. 11. 2002.

④ Vgl. Helmut Köhler, UWG-Reform und Verbraucherschutz, GRUR (2003), S. 265.

(Vertikalverhältnis)的竞争者与消费者之间提供规范基础,原因在于具体的一个交易关系是否确立,取决于个人非常不同的特质,误导性商业言论与缔结合同之间是否真存在联系,极难判断。因此,对单个的消费者提供保护并非德国反不正当竞争法的任务,也不能够认为德国反不正当竞争法存在保护上的漏洞,若在反不正当竞争法中设置一项一般的解除合同条款,将引发复杂的竞合问题。另外,科勒教授认为,如果有太多的消费者能够以受到误导性广告的引诱而在合同已经履行完毕之后要求解除合同,将引起显著的不公。① 第二种视角下,广告被细分为不同的类型,在一个个被类型化的广告领域下进行具体问题的研究。例如,有学者专门研究电话广告应当在多大的范围内被允许。② 也有学者以社交网络中插入的广告为研究对象,分析了社交网络环境下要约邀请、要约与承诺的表现形式以及各自优缺点,并针对性地提出了法律上的应对方案。③ 有学者专门研究比较广告和关键词广告,对二者引起的法律后果进行了具体分析。④ 第三种角度,在具体的法律领域下研究虚假广告的规制问题。例如,科勒教授研究反不正当竞争法对误导性比较广告的规制,以及在解释论上应当如何应对欧盟出台的新指令(UGP—Richtlinie 2005/29/EG)。⑤ 还有学者在反不正当竞争法的框架下研究何种前提下上门广告应当被允许。⑥ 第三种角度,在德国债法改革后,瑕疵担保责任、缔约过失责任与错误制度之间调整范围分配、处理请求权竞合问题下涉及对虚假广告规制的讨论。拉伦茨(Lorenz)教授在其编写的教科书中指出,德国债法改革之后,买卖法中的瑕疵担保责任将承担调整虚假广告责任的主要任务,但是法条竞合的问题并未减轻,甚至是加剧了。⑦ 在瑕疵担保责任与缔约过失责任的竞合问题上,一般认为瑕疵担保责任应当被优先适用,缔

---

① Vgl. Helmut Köhler, UWG-Reform und Verbraucherschutz, GRUR (2003), S. 265. Vgl. Helmut Köhler, Das Rücktrittsrecht nach § 13a UWG, JZ (1989), S. 262.

② Vgl. Jan-Felix Isele, Telefonwerbung-was ist (noch) erlaubt, GRUR-Prax (2011), S. 463.

③ Vgl. Florian Lichtencker, Die Werbung in sozialen Netzwerken und mögliche hierbei auftretende Probleme, GRUR(2013), S. 135.

④ Vgl. Ohly Ansgar, Keyword Advertising auf dem weg zurück von Luxemburg nach Paris, Wien, Karlsruhe und den Haag, GRUR(2010), S. 776 – 785.

⑤ Vgl. Helmut Köhler, Irreführende vergleichende Werbung, GRUR(2013), S. 761.

⑥ Vgl. Anke Reich, Die wettbewerbsrechtliche Beurteilung der Haustürwerbung, GRUR (2011), S. 589.

⑦ Vgl Lorenz/Riehm, Lehrbuch zum neuen Schudrecht, 2002, S. 314.

约过失责任仅在瑕疵担保责任无法提供救济时发挥补充作用,并以此保证瑕疵担保责任中的特殊的利益衡量(促进交易完成并兼顾买方利益)不至于被缔约过失责任所规避——瑕疵担保责任作为具有优先性的责任承担方式,有利于促进交易的完成,而缔约过失责任以赔偿信赖利益为责任承担方式。[①] 在"非我所愿"(unerwünschte)式的合同类型下,虚假广告可能引起错误制度、缔约过失责任制度以及与瑕疵担保责任制度的竞合,然而笔者所查阅的文献仅以"未能明确"做简要结论而未详尽展开。[②] 这一种研究视角集中彰显了德国法学的体系化思维方式,正是本文所要参考的地方。

2. 英美法学界对虚假广告民事责任的研究

美国学者多从实证的角度开展虚假广告的规制研究。有学者通过历史研究的方法对美国联邦贸易委员会(Federal Trade Commission,FTC)的虚假广告规制活动进行了梳理,揭示了虚假广告的保护对象从"愚蠢的消费者"向"一般消费者"的变迁历程,以及从提供虚假信息到未纠正消费者错误认知的虚假广告判断标准的嬗变,并指出在广告行为日趋普遍的情形下,单纯依靠行政规制手段不能向消费者提供完满的保护,应谋求行政规制与行业自律、消费者私人执法相结合的规制模式。[③] 有学者通过对美国20世纪60至70年代联邦贸易委员会广告规制活动的分析,揭示了广告规制过程中的"实质化"(substantiation)趋势,这一趋势的产生主要源于市场中所出现的不公平广告(unfair advertisement),即专门针对特定低于一般理性消费者智识水平的弱势群体所进行的广告活动,由于此类广告并非传统意义上的提供不真实信息的虚假广告,绝对的禁止会对竞争机制产生过度的破坏并使消费者信息需求受到抑制,因而要求经营者通过矫正性广告(corrective advertisement)向消费者提供与决策相关的实质性信息,于此可以在实现消费者保护的同时维持竞争机制的高

---

① Vgl. Zusicherung einer Eigenschaft durch Angaben über Mieterträge bei freiwilliger Versteigerung, BGH NJW(2000), S. 803.

② "Weiterhin ungeklärt sind auch die Konkurrenzprobleme zu 123 sowie zum Recht der Maengelgewährleistung." Lorenz/Riehm, Lehrbuch zum neuen Schuldrecht, 2002, S. 195.

③ See Ira M. Millstein, *The Federal Trade Commission and False Advertising*, Colum. L. Rev. Vol. 64, p. 439 – 499(1964).

效运作。[①] 有学者运用信息经济学的理论对虚假广告概念谱系进行了类型化,该谱系将从核心层的提供虚假信息到最边缘未提供符合特定交易情境的最优信息分为五个逐渐放松的层级,在此基础之上信息规制体系同样应呈现出从禁止虚假信息,到强制经营者提供对交易有重要影响的真实信息之强制性逐渐增强的谱系。[②] 另有学者指出,很多情形下广告的含义是含混不清的,其可能引发误导,但是消除此种误导则意味着减少了消费者所能够获取的信息,对于此类广告是否应予规制应当采用"汉德公式"的分析方法,在综合评价广告主消除消费者受到误导的成本与消费者可能的净损失之间的基础上作出决策。[③] 也有学者运用法经济学理论指出,由于判断广告信息的真伪非常困难,因而应当向经营者施加严格产品责任以迫使其将广告信息创造的消费者期待内部化,从而达到更好维护消费者利益的目的。[④] 还有学者运用行为心理学的观点,探讨了现代商业活动中经营者的广告往往会利用消费认知偏见来劝诱消费者,但这种劝诱很难达到传统虚假广告要求的标准,因此应强化对于劝诱性广告的事前行政规制;[⑤]其基于实证分析指出广告在不同的交易情境下对于消费者产生的影响不同,对于金额较低的交易行为,消费者决策的参与度不高,广告劝诱作用更大,而对于金额较高的行为则恰好相反。因而广告规制应当区分交易情境。[⑥] 可以看出,美国学者的研究从早期侧重对虚假广告的规制逐步开始向劝诱性广告规制领域发展,与之同步的则是越来越多的跨学科社会科学研究方法被应用于虚假广告的规制研究,但是案例研究的特色导致学者的研究多为现实回应型,欠缺与既有法学理论和制度的融贯。

---

① See Robert Pitofsky, Beyond Nader, *Consumer Protection and the Regulation of Advertising*, Harv. L. Rev. Vol. 90:4, p. 661 – 701(1977).

② See Howard Beales, Richard Craswell & Steven C. Salop, *The Efficient Regulation of Consumer Information*, The Journal of Law and Economics, Vol. 24, p. 491 – 539(1981).

③ See Richard Craswell, *Interpreting Deceptive Advertising*, B. U. L. Rev. Vol. 65, p. 657 – 732 (1985).

④ See Howard A. Latin, *Problem-Solving Behavior and Theories of Tort Liability*, CAL. L. REV. Vol. 73, p. 677 – 746(1985).

⑤ See Jon D. Hanson & Douglas A. Kysar, *Taking Behavioralism Seriously: Some Evidence of Market Manipulation*, Harv. L. Rev., Vol. 112, S. 1420 – 1572(1999).

⑥ See Max Sutherland & Alice K. Sylvester, *Advertising and the Mind of the Consumer: What Works, What Doesn't, and Why*, Routledge, 2000, p. 158.

四、研究思路

对接《广告法》中的民事责任条款与传统民事责任制度，并协调二者，使其理论上相互融通，功能上各司其职，减少不必要的竞合，首先需要廓清可能从民事责任角度对虚假广告问题进行处理的规范群，而后将虚假广告问题分别置于相关制度的视野之下，观察它们分别在何种构成要件之下产生何种法效果，再将虚假广告问题在《广告法》民事责任条款上产生的法效果与在传统民事责任制度上产生的法效果进行比对，观察两者是否存在以及存在何种区别。这将决定《广告法》中的民事责任条款当在解释论允许的范围内如何被适用，这一思路将作为一条纵深方向的线索贯穿全文。

本书分为五章，三大部分。第一部分包括导论与第一章方法论，主要为提出问题并为文章分析的展开进行背景性介绍。第二部分为本书主体部分，包括第二章、第三章与第四章，详细分析不同制度对虚假广告的规范效果，并结合各制度的构成要件对法效果进行比较。第三部分是第五章结论，根据第二部分比较的结果确定《广告法》中民事责任条款的解释论基础，解决其在司法实践中的适用困境。以下是这五章的具体内容：

导论为文章背景介绍。通过梳理适用《广告法》民事责任条款的裁判文书中的冲突与矛盾提出本文待解决的问题。这一问题是有代表性的，是法典化思维方式下，行业法与传统民法之间的衔接问题。第一章是规范群与案例群的梳理，借此进一步明确本文的研究范围。

第二章研究《广告法》中民事责任条款对虚假广告的规范效果。广告主民事责任条款本身的理论基础薄弱，其规范效果的确定倚赖于规范分析与案例分析的方法。

第三章研究合同法中的传统民事责任制度对虚假广告问题的规范效果。合同法中诸如重大误解制度、欺诈制度、违约责任制度、瑕疵担保责任制度均有可能对广告主产生规范效果，而对其他责任主体则因为不存在合同关系，同时也不符合合同法中第三人责任的要求而无法发生规范效果。因此这一部分的论述从主体上来说主要是针对广告主展开。

第四章研究“多数债务人理论”与原《侵权责任法》中的民事责任制度对虚假广告问题的规范效果。虽然严格意义上“多数债务人理论”在我国并没有规范基础，但该理论却极为重要，它明确了连带责任构成的基准，且不受限于不同债务人债务形成的基础，即侵权之债与合同之债同样可以形成连带。由于广告主的民事责任既可能基于合同而产生也可能基于侵权而产生，其他主体则仅可能基于侵权而承担责任，因此存在一种理论上的问题：其他主体若基于侵权而应当承担责任，是否能够与基于合同而产生的广告主民事责任形成连带责任关系。

第五章比较《广告法》民事责任条款与传统民事责任制度对虚假广告的规范效果，同时考虑不同制度的构成要件，明确《广告法》民事责任条款与传统民事责任制度之间的体系关系，最后得出结论。

第一章　规范与案例的梳理

第一节　规范群的梳理

一、市场规制法中的涉广告规范

截至2022年7月，以"广告"作为关键词，可以在北大法宝法律法规中心搜索到法律23部，分别为：

《中华人民共和国种子法》（下文简称《种子法》）、《中华人民共和国刑法》（下文简称《刑法》）、《广告法》、《食品安全法》、《中华人民共和国药品管理法》（下文简称《药品管理法》）、《中华人民共和国畜牧法》（下文简称《畜牧法》）、《中华人民共和国保险法》（下文简称《保险法》）、《中华人民共和国烟草专卖法》（下文简称《烟草专卖法》）、《中华人民共和国注册会计师法》（下文简称《注册会计师法》）、《中华人民共和国证券法》（下文简称《证券法》）、《中华人民共和国海关法》（下文简称《海关法》）、《中华人民共和国消费者权益保护法》（下文简称《消保法》）、《中华人民共和国商标法》（下文简称《商标法》）、《中华人民共和国民办教育促进法》（下文简称《民办教育促进法》）、《中华人民共和国产品质量法》（下文简称《产品质量法》）、《中华人民共和国国旗法》（下文简称《国旗法》）、《中华人民共和国国徽法》（下文简称《国徽法》）、《中华人民共和国禁毒法》（下文简称

《禁毒法》）、《中华人民共和国妇女权益保障法》（下文简称《妇女权益保障法》）、《中华人民共和国对外贸易法》（下文简称《对外贸易法》）、《中华人民共和国国家通用语言文字法》、原《合同法》、《中华人民共和国反不正当竞争法》（下文简称《反不正当竞争法》）、《中华人民共和国噪声污染防治法》、《中华人民共和国退役军人保障法》、《民法典》、《中华人民共和国电子商务法》、《中华人民共和国英雄烈士保护法》、《中华人民共和国中医药法》、《中华人民共和国电影产业促进法》。

本书首先将法律文本中带有“广告”字样，但是却与本文所研究的“包含不真实或误导性的信息所引发的民事责任”这一主题不相关联的部门法排除在考量范围之外。首先，排除以广告作为规范手段的部门法，例如，《保险法》第 139 条以禁止保险公司发布商业广告作为行政管理机关的一种管理方式。其次，排除部分行业领域因为其自身特殊性而不允许以广告的形式向社会传递信息。例如，《禁毒法》第 36 条第 3 款不允许戒毒所或为戒毒器械发布广告。禁止这一类广告很好理解，因为这样的广告将使吸毒者或潜在吸毒者低估沾染毒品的后果；《国旗法》第 18 条、《国徽法》第 10 条第 1 句不允许以国旗或国徽作为广告用途；《证券法》第 10 条第 2 款禁止未公开发行的证券发布广告招徕投资人。最后，排除以广告作为执行标准的条款。例如，《海关法》第 56 条规定没有商业价值的广告样品免征进口关税；①《商标法》（2019 年修订）第 47、48 条将广告作为一种营销手段予以禁止以保护商标权所有人。

剩余的法律制度首先可以被分为三类：第一类为尽管有具体条文涉及广告，但在同一部门法内部却没有条款规定与之相配套的法律后果。例如，《烟草专卖法》第 18 条的烟草制品广告禁止条款，然而该法第七章法律责任部分却没有就违反该禁止性条款而配置相应的法律后果；《注册会计师法》第 22 条禁止注册会计师就自身业务能力进行广告宣传，然而该法第六章法律责任部分也未对该禁止性规定进行回应；《民办教育促进法》（2018 年修订）第 42 条要求备案教育广告，但是同样无法在该法中找到相应的法律后果。类似的还有《种子法》（2021 年修订）第 23、41 条；《禁毒法》第 36 条第 3 款；《妇女权益保障法》（2018 年修订）第 42 条；《对外贸易法》

---

① 《海关法》第 56 条：“下列进出口货物、进出境物品，减征或者免征关税：（一）无商业价值的广告品或货样；……”

(2016年修订)第33条。这些条款与《广告法》并没有外观上的关联,尽管其是否能够被内接到《广告法》当中从而对《广告法》中民事责任条款的适用产生影响,取决于法律乃至司法实践的发展,但是在各部门法割据的现状下,同一行业法内部的公法规范与私法规范之间关系如何尚且疑义重重,若想要其他部门法内部的强制性规范进入本部门法并产生私法效果,自当更加困难。因此,笔者在此将这一类型的法律制度与《广告法》的关系总结为不具有直接联系。

第二类部门法与《广告法》在形式上有联系——该类别的部门法以一个转致条款将法律后果部分指向《广告法》。但是这些部门法的转致也并非全部相同,而是可以再划分为两种形态。一种形态被称为完全指示参照性法条。[①] 这一类条文有:《种子法》(2021年修订)第77条第2款[②];《食品安全法》(2021年修订)第80条第2款、第140条;《产品质量法》(2018年修订)第59条;《畜牧法》第28、63条。第二种形态被称为不完全指示参照性法条,即当该部门法中的责任条款被触发时,部分责任后果被指向《广告法》,而同时该部门法本身也对相应的法律责任进行了规定。例如,《药品管理法》(2019年修订)第91条既规定了违反该法时依据《广告法》对相关主体进行处理,同时又对《广告法》中行政责任所涉及的主体之外由药品类广告所特别涉及的行政法上的主体设定了行政责任。不完全指示参照性法条与《广告法》民事责任条款的关系较清晰,即以《广告法》中的责任条款为规范虚假广告问题的核心,以其他部门法中的规范作为规范构成要件或法效果的补充。

第三类是在具体的部门法当中单独地为广告问题设置了相应的法律后果的部门法。例如,《证券法》(2019年修订)第184条;《消保法》第45条;《民办教育促进法》(2018年修订)第62条;《食品安全法》(2021年修订)第140条;《反不正当竞争法》(2019年修订)第8、20条。这一类型的涉广告民事责任条款与《广告法》民事责任条款之间的关系相对复杂。

以《消保法》与《广告法》中的相应条款的关系为例。如果考虑"特别法优于一

---

① 参见[德]卡尔·拉伦茨:《法学方法论》,陈爱娥译,商务印书馆2003年版,第141页。

② 《种子法》第77条第2款规定:"违反本法第二十三条、第四十一条规定,对应当审定未经审定或者应当登记未经登记的农作物品种发布广告,或者广告中有关品种的主要性状描述的内容与审定、登记公告不一致的,依照《中华人民共和国广告法》的有关规定追究法律责任。"

般法”的原则,那么如何解释《广告法》中的“消费者”非常重要:若《广告法》中的消费者被解释为《消保法》第2条所规定的弱势群体,那么《广告法》就因为成了《消保法》在广告领域的一个“特别法”而应当被优先适用。相反,若《广告法》民事责任条款中的消费者被扩大解释为“广告受众”,那么《消保法》中的虚假宣传条款则成为特别条款,在受到虚假广告侵害的主体为消费者时被优先适用。

《反不正当竞争法》(2019年修订)第8条与第20条与《广告法》民事责任条款之间的关系则有所不同。《反不正当竞争法》从保护公平竞争出发,将“广告”视为一种竞争手段,从而通过对该手段的规范以实现保护平等经营者之间的竞争关系的目的。这一规范模式尽管并不直接作用于广告受众,却必然对广告受众产生影响。但这种影响是间接的,也并非《反不正当竞争法》的直接立法目的,因此文章这里同样将《反不正当竞争法》排除于本书所研究的虚假广告民事责任体系之外。

可以看出,从规范体系来看,《广告法》占据处理虚假广告问题的重要位置:对虚假广告问题具有重要规范意义的部门法大多设置了与《广告法》相链接的指示参照条款。因此,以《广告法》中民事责任条款作为研究的中心对于厘清整个虚假广告民事责任制度体系的脉络具有重要意义。笔者同样注意到对虚假广告问题具有重要规范意义的《消保法》与《食品安全法》,其自身内设了责任条款而并未指示参照《广告法》,对此,文章将在必要时专门进行比较分析。

二、传统民事责任制度中的涉广告规范

从形式上来看,《民法典》第473条是传统民事责任制度中唯一含有“广告”这一关键词的制度。但传统民法具有很高的抽象性,不能够简单以法条中是否使用“广告”概念作为虚假广告是否受到规范的标准。商业广告从其本质来看是旨在增加经营者交易机会的信息。那么当这一“信息”损害了广告受众的决策自由时,可能受到不同的传统责任制度从不同的角度进行的规范。

首先考虑法律行为法。当行为人的意思表示错误时,可能触发以意思和效果为中心的法律行为法中的制度。但是由于始于罗马法时期的对“动机形成”错误的轻视,虚假广告问题受到法律行为法的规范需要满足严苛的要件。然而近年来合同法

的“具体化”使相关构成要件的门槛出现下降的趋势，缔约过错责任制度在德国法学界引起的轩然大波和激烈争议便是该趋势的一个缩影。

将广告视为合同的组成部分被称为“假戏真做”规范方法，这在近年来也备受学界关注。从我国的规范文本来看，当希望获得损害填补的广告受众并非《消保法》意义上的消费者时，广告想要进入合同必须符合“要约”的要求；而依据《消保法》第23条第2款，消费者权益保护法上的消费者可能直接要求广告主或销售者或其帮助人依照广告承诺承担合同责任。① 德国法对我国私法制度的发展影响深远。为缓解缔约过失责任对整个债法体系的冲击，德国法学界极力扩张瑕疵担保责任的适用范围，从而使《德国民法典》第434条第1款第2句第2项为部分广告进入契约提供了依据。② 我国法学界若认同这一比较法上的趋势，则广告可能借我国《民法典》第617条③在满足构成要件的前提下进入合同。

当满足构成要件时，虚假广告同样可能触发侵权责任。通常情况下虚假广告直接影响受众的决策自由，而决策自由是否能够作为一种合法权益受到保护，以及受到何种保护在我国法律中有待考察。虚假广告所促成的交易有可能造成交易相对方绝对权受损，这时若因果关系充足，且广告主具有主观过错，则侵权责任成立。这时，广告发布者、经营者、代言人是否应当与广告主承担连带责任，则是值得讨论的问题。

---

① 《消保法》第23条第2款规定：“经营者以广告、产品说明、实物样品或者其他方式表明商品或者服务的质量状况的，应当保证其提供的商品或者服务的实际质量与表明的质量状况相符。”当然关于《消保法》第23条第2款是否为私法规范，以及究竟其如何在私法中产生作用目前尚存在争论。参见宋亚辉：《论广告管制规范在契约法上的效力——基于海峡两岸司法判决的整理和研究》，载《华东政法大学学报》2011年第3期；解亘：《格式条款内容规制的规范体系》，载《法学研究》2013年第2期。

② 《德国民法典》第434条规定：“(1)物在风险转移时所具有所约定的性质的，无物的瑕疵。以性质未被约定为限，物有下列情形的，无物的瑕疵：……2.该物适合于惯常的使用，且具有同种的物通常具有的、买受人能够按物的种类而期待的性质的。根据出卖人、制造者(《产品责任法》第4条第1款和第2款)或出卖人、制造者的辅助人尤其在广告中或在就物的特定性质加以说明时的公开表示，买受人所能够期待的性质也属于第2句第2项所规定的性质，但出卖人不知道该表示，也非应当知道该表示在合同订立时被以同样方式订正，或该表示不能影响购买决定的除外。”参见《德国民法典》，陈卫佐译著，法律出版社2010年第3版，第151页。

③ 我国《民法典》第617条规定：“出卖人交付的标的物不符合质量要求的，买受人可以依据本法第五百八十二条至第五百八十四条的规定请求承担违约责任。”

第二节　案例群的梳理

本书的研究目的，是厘清《广告法》中的民事责任制度与传统民事责任制度对虚假广告的规制范围与规制效果，以使两种制度体系相互协调。由于司法裁判同样参与法律制度的规范效果的塑造，因此有必要对适用相关条款的案例群进行梳理。

一、适用《广告法》中民事责任条款的案例

截至 2022 年 7 月 20 日，笔者在北大法宝中搜索到适用旧《广告法》第 38 条的裁判文书 68 篇，适用《广告法》第 56 条的裁判文书 1718 篇。这些判决书将在下文中被进一步细分为：适用广告主民事责任条款的案例群，适用广告经营者、发布者民事责任条款的案例群，适用广告荐证人责任的案例群。然而对适用传统民事责任制度的相关案例群进行搜集与梳理时，任务便变得十分艰巨，因为传统民事责任规范条款经常对应数以千计的案例。囿于精力限制，笔者将采取提取典型案例与抽样相结合的办法缩小研究样本。质言之，笔者首先在北大法宝中以传统民事责任制度作为关键词搜索出相应的案例作为基础案例群，接着观察在基础案例群中是否有公报案例，逐一阅读公报案例，将与虚假广告有关联者挑出，置于“典型案例群”当中。接着在基础案例群的范围内以“虚假广告”“虚假宣传”为关键词全文搜索以得到二级案例群。而后将北大法宝系统所标注的“经典案例”与“法宝推荐”案例全部纳入“典型案例”当中。最后对剩下的案例进行抽样，根据该二级案例群规模的大小以及该具体传统民事责任制度与虚假广告之间的关系的紧密程度来确定抽取的样本数目。

二、适用传统民事责任制度的案例

（一）重大误解

截至 2022 年 7 月 20 日，笔者以“重大误解”为关键词在北大法宝案例库中搜索，得到判决书中出现“重大误解”字样的判决书 161，771 篇。其中，公报案例 8 篇，

无涉及虚假广告情形,不予考虑。在这161,771篇基础案例库的基础之上,再以“虚假广告”为关键词进行搜索得到二级案例群1423篇,其中被北大法宝系统标识为“经典案例”且实际符合搜索要求的裁判文书2篇,被纳入文章将详细考察的“典型案例”当中。被标识为“法宝推荐”的案例621篇。由于重大误解制度与虚假广告最常见情形的重合度并不高,因此抽取13篇文书纳入考察范围。

(二)欺诈

截至2022年7月20日,笔者以“欺诈”作为关键词在北大法宝案例库中搜索得到849,199篇裁判文书,在此范围内叠加“虚假广告”关键词得到二级案例群10,250篇。其中公报案例5篇,被标识为“经典案例”的文书48篇,公报案例与“经典案例”全数列入考察范围。

(三)缔约过失责任

截至2022年7月20日,笔者以“缔约过失”作为关键词在北大法宝案例库中搜索得到一个由45,085篇裁判文书组成的基础案例群。其中,包含公报案例12篇,均与虚假广告无直接关联。添加“虚假广告”关键词在结果中搜索,二级案例群范围缩小至354篇。其中被标识为“法宝推荐”案例79篇,“普通案例”273篇。文章从“法宝推荐”案例中抽取8篇案例,从“普通案例”中抽取5篇,这一共13篇案例构成本文对缔约过失责任处理虚假广告问题进行研究的范围。

(四)瑕疵担保责任

以瑕疵担保责任规范虚假广告在司法实务中并不普遍,以“瑕疵担保”叠加“虚假广告”能够在北大法宝案例库中搜索到74篇裁判文书,本文从中抽取这5篇裁判文书纳入研究视野。

必须注意的是,《消保法》第23条为广告进入合同提供了通道,有学者研究指出该条款与《消保法》第35条构成了“消费者瑕疵担保责任”(尽管条文中并没有出现“瑕疵担保”字样),其或许为广告受众提供了绕开《广告法》与《合同法》而事实上适用瑕疵担保责任的可能。作为比对《广告法》中民事责任是否事实上超出传统民事责任制度的利益格局而向广告受众一方倾斜,《消保法》中的瑕疵担保责任必须予以关注。故笔者选择了6篇适用《消保法》第23条及第35条,并与虚假广告相关联的判决文书纳入研究范围。

(五)侵权责任

截至 2022 年 7 月 20 日,笔者以“侵权责任法”作为关键词确定基础案例群 4, 377, 939 篇,而后增加“虚假广告”关键词过滤,得到二级案例群 692 篇。其中,有 7 篇文书被称为“经典案例”,“法宝推荐”376 篇,“普通案例”307 篇。由于这一部分二级案例群数量有限,且经过前述两个关键词筛选的案例群并没有呈现与本书所讨论主旨的紧密度,因此笔者在浏览案例的“关键词命中”部分之后挑选出与本书核心相关的 12 个案例纳入讨论范围。

除此之外,广告经营者、发布者可能与广告主承担连带责任,因此同样需要与共同侵权的相关案例进行比对。截至 2022 年 7 月 20 日,笔者在前文以“侵权责任法”作为关键词确定基础案例群 4, 377, 939 篇的基础之上,叠加“广告发布者”作为关键词,获得案例 468 篇,选取与本文主旨相关的案例 6 篇。

上述梳理过后所获得的案例,构成本书研究司法实务立场的基本样本。

第二章 《广告法》中民事责任条款对虚假广告的规范效果

第一节 广告主民事责任条款对虚假广告的规范效果

一、条文的规范分析

《广告法》第56条第1款第1句规定，违反本法规定，发布虚假广告，欺骗、误导消费者，使购买商品或者接受服务的消费者的合法权益受到损害的，由广告主依法承担民事责任（广告主民事责任条款）。一般认为，法解释学的运用具有一定的顺序，首先应当用文义解释确立法解释学所能够作为的空间；其次考虑立法者的主观目的，再考虑法规范符合社会生活发展的应然状态；最后考虑突破解释学空间的“目的性限缩”或“目的性扩张”，乃至漏洞填补等可能。如果追随这一逻辑推理过程，则法效果的确定需要按照顺序以各种解释方法逐个检验。但笔者认为，这几种解释方法，特别是客观目的解释与目的性限缩或扩张解释事实上已经超出了工具性的法解释学的范畴，不再是对现状的描述，而是更多带有理想规范的应然构建色彩。因此，本书在确认条文法效果时仅考虑文义解释与主观目的解释。

(一)条文风格与逻辑结构

从法条的整体构成来看,广告主民事责任条款事实上是不同条文构造的杂糅。从设置法律后果的表述“承担民事责任”来看,这一条文应当回溯至《民法典》总则部分。但是从责任构成要件的表述来看,该条文又过度具体而缺乏总则条款应有的抽象性。如果从侵权责任法的角度观察,我们又会发现,与侵权责任法中的条款对侵权行为不加评价的通行做法不同,广告主民事责任条款具有浓厚的行为规范的色彩。如果说“欺骗或误导消费者”是一句具有多种解释可能性的表达,那么“发布虚假广告”便无疑是以“虚假”2 字对发布广告的行为进行了评价性限定,从而相对侵权责任法提高了其适用门槛。而若将参照系更换为行为规范性质的《反不正当竞争法》条文,则广告主民事责任条款中的“……消费者合法权益”的表述又沾染了侵权法的气息,而让人犹豫究竟是否应该果断放弃侵权法所要求的权益损害要件(固然我国侵权责任法采取的是法国法上的一般条款模式,但权利和利益的区别保护仍在事实上得到学界通说以及多数司法实践的支持)。如果着眼于“欺骗和误导”的措辞,那么又自然地让人联想到《合同法》中的欺诈条款。然而“欺诈”与“欺骗”的一字之差又使人不能确定对“欺骗”的规范解释是否如同“欺诈”一般,已经被广泛接受为包含了故意甚至是恶意的主观要求。至于“误导”,内涵本已是扑朔迷离,再加上修订前后《广告法》对于两者取交集或是并集的变化则更是令人浮想联翩。

(二)概念与文义

广告主民事责任条款中所携带的可能产生规范效果的概念有:虚假广告、欺骗和(或)误导、合法权益。这三个概念可能引起的问题是:首先,何为虚假广告?① 其次,如何理解“欺骗和(或)误导消费者”?欺骗和(或)误导应当被翻译为过失还是故意?这一主观状态是指向行为还是指向结果?

1. 虚假广告

学界与实务界关于何为“虚假广告”的争论由来已久,主要存在客观说、主观说、

---

① 侵权行为虽然并非侵权责任构成要件之一,但其或者在“违法性”要素中被考量,或者被内化为注意义务而在“主观过错”要素中被考量,是侵权责任构成不可或缺的要素。而虚假广告侵权的侵权行为必然为“发布虚假广告”,因此这里“虚假广告”的概念直接影响侵权行为的界定,故对其进行专门讨论实为必要。

主客观结合说三种不同的定义标准，[①]其差异的实质在于："虚假性"与"误导性"究竟何者应当决定虚假广告的认定。《广告法》第28条为"虚假广告"设置立法定义，但问题并未得到彻底解决。原因是"引人误解"同样缺乏判断标准，使该立法定义实质上只是用一个模糊的概念（"引人误解"）替换了另一个模糊的概念（"虚假广告"）。

2. 欺骗、误导

"欺骗""误导"均非法律概念，而是日常用语。且"欺骗、误导消费者"这一表达方式可能在语义的含糊之上更添语法上的多重解释空间。一方面，"欺骗、误导消费者"可以解释为发布虚假广告所导致结果的自然延伸，意为使消费者受到欺骗和误导；另一方面，这一短语也可以解释为包含了行为和意图双重因素，其中行为部分与前面的"发布虚假广告"相重合，而仅有意图部分具有现实规范意义，即行为人发布虚假广告，意图使消费者被欺骗和被误导。如果按照第一种解释，"欺骗、误导消费者"等于"决定自由受到侵害"，则这一要件将被内化于"合法民事权益遭受损失"。这意味着该条款中不再具有包含主观要素的构成要件。此种解释方式显然违背了可以被观测的主观立法目的，[②]也极大地突破了传统民事责任制度的基础模式，[③]因而不应当被采纳。

广告主民事责任条款并未出现"故意""过失"等描述行为人主观心理状态的概念，然而这绝不意味着该条款放弃了主观过错作为侵权责任构成的规范性要件，因此我们必须从"欺骗、误导"这样杂糅了主观心理状态与行为两个层面的词语中解析出主观过错的规范表达。从文义解释的角度来看，"欺骗"除包含一个"故意"的内核外，还因包含更多的要素（具备更多的内涵）进而可被视作"故意"的下位概念。[④]

---

① 参见张世鹏：《虚假广告民事责任研究》，中国政法大学2009年博士学位论文，第21页。

② 从立法意图的角度来看，立法者明确将广告法中的民事责任确定为过错责任。参见卞耀武：《中华人民共和国广告法释义及法律法规》，中国方正出版社1995年版，第116页。

③ 参见[德]海因·克茨：《欧洲合同法》（上卷），周忠海、李居迁、宫立云译，法律出版社1996年版，第201页。

④ 《布莱克法律词典》对"deceive"的名词形式"deceit"的解释是"故意给他人留下错误印象的行为；一个人故意或鲁莽地作出错误的陈述，意图使他人依照此作出行为。"《元照法律词典》对"lie"的词条解释是："说谎、谎言；（故意捏造的、造成误解的）欺骗性言行"。对"deceive"的解释是"欺诈；诈称。使他人因不明事实真相而受骗上当并遭受损失的虚假陈述或手段。构成'欺诈'的陈述必须是不真实的，行为人明知其欺骗性且意图使对方相信其陈述的虚假情况"。

由于侵权法主流观点认为主观过错应当指向认识和避免不当行为的可能性,[1]因此这里的欺骗可以具体化为:故意发布虚假广告。应当说明的是,尽管如前文所述"虚假广告"的概念内涵有待法官在个案中进一步充填,但无论该概念的边缘如何被扩张或收缩,在个案中"故意"这一主观过错应当始终与其保持范围上的一致。"误导"一词具有较强的行为描述属性,且由于形容词形式"误导的"、名词形式"误导性"的存在及运用,其所描述的主观状态似乎可以客观化至过失乃至无过失领域。从语义的考察来看,《布莱克法律词典》及《元照法律词典》中并没有直接针对"误导"(mislead)一词的解释。[2]

3. "合法民事权益"与"承担民事责任"

"合法民事权益"与"承担民事责任"均为极为抽象的上位概念,民事权益是与原《侵权责任法》第 2 条和第 6 条(《民法典》第 1164 条和第 1165 条)中相同的概念,[3]理应涵盖一切权益。民事责任的概念更为宽泛,可以将侵权、违约等皆包含在内。如此分析,该条文的属性似乎也并不明朗:其可以被作为请求权基础条款,为条文中所称"消费者"提供了某种其他法律体系所不能够提供的特别保护。这在近年来消费者保护思潮的影响下尤其容易被接受,且该条款中"消费者"概念的使用也易于使人产生此种联想。另外,司法实践中常出现单独适用广告主民事责任条款为条文中所称消费者提供保护的案例,或许可以作为此种解释的一个佐证。但是该条款同样可能被认为是说明性条款,原因在于"侵害消费者合法权益"与"承担民事责任"的表述过于宽泛,因过度泛化而丧失规范效果。若作为说明性条款则该条款本身并没有单独适用的空间,而必须在其他制度当中寻找请求权基础以联合适用。该条款主要起到提示援引其他法条,以及对请求权基础条款起到内容上的充实和具体化的作用。

---

① 参见[德]克雷斯蒂安·冯·巴尔:《欧洲比较侵权行为法》(下),焦美华译,法律出版社 2001 年版,第 299 页。

② 《布莱克法律词典》对"misleading"的解释是"calculate to be misunderstood";《元照法律词典》对"misleading"的解释是:"误导的;引人误解的;欺骗的。"

③ 《民法典》第 1164 条规定:"本编调整因侵害民事权益产生的民事关系。"《民法典》第 1165 条第 1 款规定:"行为人因过错侵害他人民事权益造成损害的,应当承担侵权责任。"

二、实务的立场

规范分析的结果表明，广告主民事责任条款的解释具有多种可能性，这便需要引入针对司法裁判的研究，以探求法院对该条文规范功能的塑造产生了哪些影响。为实现本书的研究目的，必须将广告主民事责任条款与传统民事责任制度对虚假广告的规范效果进行比较。由于传统民事责任制度可能对虚假广告产生规范效果的制度众多，因此应当对适用广告主民事责任条款的案例群进行类型化处理。

(一)案例的类型化

本书在导论中的“问题提出”部分已经谈到，多数法院在援引广告主民事责任条款作出判决的同时还援引了其他部门法中的请求权基础条款，这些同时被援引的请求权基础条款的属性便可以作为案例归类的有力依据。也有法院同时援引的条款尽管并非请求权基础条款，但这些条款却同样具有明确的属性，那么这些条款的属性同样作为该案例归类的依据。对于仅援引广告主民事责任条款的案例，则可依据“是否有权利受损”、“对方是否为故意”、“广告是否具有客观可判断的内核”，以及“广告所涉及部分是否影响决策”等要素进行判断后进行分类。案例被大致区分为合同和侵权两大类型。以下对分类依据做进一步阐明：

第一，合同责任与侵权责任是民事责任体系中最为充实、重要的责任类型，但是二者之和并不能够构成一个闭合的民事责任制度体系，在两种责任制度之外，尚有归属未定的缔约过失责任制度，瑕疵担保责任制度①以及各种“法定责任制度”。为简化论证，本书采纳形式化标准。质言之，以具体的传统民事责任制度在民法体系中被合同法还是侵权责任法所吸纳作为划归本书语境下的“侵权类型”或“合同类型”的依据。

第二，决定某一案例究竟应当被归入哪一类型，以法院在引用广告主民事责任条款的同时还援引了侵权还是合同条款为标准。在仅引用广告主民事责任条款的案例中，则依据法院分析说理的侧重点进行分类。以论证行为人主观故意，以及广

① 关于瑕疵担保责任制度是否能够被统一进违约责任制度，学术界存在不同的声音。参见崔建远：《物的瑕疵担保责任的定性与定位》，载《中国法学》2006 年第 6 期；韩世远：《合同法总论》，法律出版社 2004 年版，第 694 页。

告对意思表示发出方的决策影响为重点的，归入合同类型；以论证广告受众合法权益受损为重点的，则归入侵权类型。

第三，若法院援引了抽象条款而不具有形式上的可辨别性，那么划分依据则为诉争双方是否具有合同关系。若双方具有合同关系，则该案例被归于合同类型，若双方没有合同关系，则可将此类型案例置于侵权类型之下。

第四，对于引用广告主民事责任条款与《消保法》中的惩罚性赔偿责任条款的，由于学界通说认为其是合同责任，①因此在判决书未将其明定为侵权的情况下归入合同类型。但是，若裁判文书中明确表明广告主构成了欺诈侵权，则该裁判文书将被归入侵权类型。

（二）归入侵权类型的案例

除理论上有三要件与四要件的争论之外，侵权责任的构成要件已基本发展成熟。表1将依照前文所介绍的分类方法，将应当归属于侵权类型的典型案例纳入其中，并具体分析如下：

表1 可被归入侵权类型的典型虚假广告纠纷案

案号	过错	损害事实	因果关系	违法性[1]
（2020）黑06民终第570号判决书	×	√	×	○
（2004）穗中法民三知初字第79号判决书	○	√	○	√
（2006）泸民终字第783号判决书	○	√	√	√
（2002）一中民初字第8233号判决书	○	√	×	√
（2006）海民初字第21080号判决书	○	○	√	√
（2003）州民一终第77号判决书	○	√	√	√
（2013）崇民初字第0847号[2]判决书	○	√	√	○
（2011）长中民一中字第0549号判决书	○	√	√	√
（1999）西民初字第2321号判决书	○	√	○	√

注：符号“○”表示法院裁判文书中未对该构成要件进行分析；符号“√”表示法院裁判文书中认为该构成要件得到了满足；符号“×”表示法院裁判文书中认为该构成要件未满足。

① 参见梁慧星：《消费者权益保护法第49条的解释与适用》，载《人民法院报》2001年3月29日；王利明：《惩罚性赔偿研究》，载《中国社会科学》2000年第4期。

[1]参见叶金强:《侵权构成中违法性要件的定位》,载《法律科学(西北政法学院学报)》2007年第1期。

[2]该案例中,法院事实上适用《广告法》第56条第2款,由未能提供广告主真实身份的广告发布者承担了民事责任,但该案例与前述被排除的广告诈骗类案例不同,该案广告主发布虚假广告的故意并非给广告受众造成直接财产损失,而在于引诱其缔结契约,且该判决文书在论证过程中处理了虚假广告的构成以及对受众的影响问题,具有分析价值,因此笔者并未将该篇文书排除。

表1可以揭示如下几点信息:首先,这8篇判决书中仅有一篇文书对广告主的主观过错情况进行论证。由此而引起的问题是,这究竟是法院简化论证的结果,还是法院认为依据广告主民事责任条款,广告主的主观过错不作为责任构成的必要条件?其次,损害事实与违法性要件最受法院重视,多数判决皆对这两项构成要件进行分析。这一点具有浓厚的侵权责任的特征。最后,有4篇判决文书仅分析了两项构成要件的充足情况。由此提出的疑问是,这是法院简化论证的结果,还是部分法院发展出了适用广告主民事责任条款的独特的分析框架,并且这一分析框架与侵权责任的构成要件并不贴合,从而使法院的论证点极少能够透过侵权的分析框架而被观测到?通过仔细研读这4篇裁判文书,上述可能性应被排除,与其说法院发展出了一套适用广告主民事责任条款的分析框架,不如说法院是将各种分析要素混合在一起,以实现一定的裁判结果为目标对各个要素进行裁剪。这种做法无疑偏离了法教义学的规范解释适用思路。

在广州市恒信印刷有限公司与广州市日用杂品公司恒信商场纠纷案中,①法院将不正当竞争、侵权与虚假广告混为一谈。法院在未逐一检视侵权构成要件是否得到满足的情况下,径行认定企业名称权遭受侵害既满足不正当竞争的要求,又使侵权责任得以成立。而当法院因为需要增加责任主体而要援引广告经营者、发布者条款时,又在未做论证的基础上直接认定被告所发布的“侵权广告”等同于前述条款中所要求的“虚假广告”。截取该案分析说理部分如下:

……综合以上分析,本院认定被告恒信商场实施了在《联通黄页》之《工商消费分类指南》(广州2003)(第350页)上刊登被控侵权广告的行为。……被告恒信商场盗用原告名义刊登被控侵权广告,已经侵犯了原告的企业名称权;被告恒信商场

① 参见广东省广州市中级人民法院民事判决书,(2004)穗中法民三知初字第79号。

的刊登虚假广告的侵权行为，不但在客观上影响了原告的正常生产经营活动，淡化了原告企业名称的显著性，损害了原告的商业信誉，使原告的市场份额受到影响，而且还误导消费者、扰乱了市场秩序，已经构成了不正当竞争。被告恒信商场应当对其侵权行为承担相应的民事责任。被告联通黄页公司作为广告经营者、发布者，未尽谨慎审查义务，没有查验有关证明文件，核实广告内容，其应当对侵权损害的后果承担连带责任。……综上所述，本院根据《中华人民共和国民法通则》第 120 条第 2 款，《中华人民共和国反不正当竞争法》第 5 条第 3 项、第 9 条，《中华人民共和国广告法》第 27 条、第 38 条第 1 款的规定，判决如下……①

在崔某某诉北京四联教育文化发展中心虚假广告纠纷案中，法院明确表示被告所承担的责任性质为侵权责任。但是对于侵权责任构成最为关键的合法权益却以“知情权”支吾而过。然而并非绝对权的知情权对于侵权责任构成要件的要求将产生哪些影响？该案案件事实是否已使这些构成要件逐一得到满足？依照利益差额理论原告是否受有损失？这些颇具疑义之处均未在法院说理部分得到明确。法院引入《广告法》也无非为广告发布者承担责任寻找形式化依据，至于《广告法》中广告主民事责任条款与侵权责任是何关系则不得而知。该裁判文书中的论证说理较为混乱，显然无助于澄清广告主民事责任条款的分析框架。截取该判决文书论证部分如下：

……鉴于以上原因，四联中心所办四联法硕的项目没有取得相应的培训资质，违反行业相关法规，其提供的广告内容使公众认为其具备办学资质，系虚假宣传，对消费者造成误导，侵犯了消费者的知情权，应承担侵权责任。大学生杂志社作为广告经营发布者，没有尽到应尽的审查义务，使上述广告得以发布，应对此承担连带责任。……据此，本院依照《中华人民共和国广告法》第四条、第三十八条第一款、《中华人民共和国消费者权益保护法》第八条第一款、第十一条之规定，判决如下……②

---

① 参见广东省广州市中级人民法院民事判决书，(2004)穗中法民三知初字第 79 号。

② 参见北京市海淀区人民法院民事判决书，(2006)海民初字第 21080 号。

在郭某诉精品购物指南报社、北京市万方园宾馆赔偿案中，法院以内涵并不清晰的虚假广告概念偷换教义学束缚相对明确的欺诈概念，并适用《消保法》第49条所规定的惩罚性赔偿制度，从而在事实上破坏了欺诈制度的教义学基础。下文是法院对被告都梦虹集团承担惩罚性赔偿责任的论证：

被告都梦虹未经登记、注册，擅自以所谓“万方美容院”的名义从事美容业，严重违反了工商管理的有关规定。……被告都梦虹违法经营，刊登虚假广告欺骗消费者，给原告郭某人身造成伤害，其行为已构成欺诈，应双倍返还郭某隆胸费并赔偿经济损失。精品购物指南报社违反有关规定发布虚假广告，误导消费者，使郭某的合法权益受到损害，故应依法承担连带责任。……综上所述，依照《中华人民共和国广告法》第二十四条、第三十八条第一款以及《中华人民共和国消费者权益保护法》第四十一条、第四十九条之规定，判决如下……

（三）归入合同类型案例

考察虚假广告在合同框架内所受到的规范有两种视角：一为法律行为法的视角，例如欺诈、重大误解等制度；二为广告内容进入合同的视角。广告引诱行为人进入合同有两种途径：一为描述未来的美好愿景，可以看作一种许诺；二为描述自己过去的业绩以及具备的资质。这两种视角不可避免地存在交叉。例如，有可能进入合同内容的广告必然为一种对未来的承诺，而毫无根据的承诺则可能构成欺诈。本书以法院的裁判结果作为对案例群在上述两种视角下进行分类的依据。质言之，凡法院支持原告有关积极利益赔偿的案例均归入影响合同内容的类型。由于合同框架下的制度群大多业已发展成熟，即使某一具体制度在我国尚未形成得到通说认可的分析框架，从比较法上，特别是德国法上也能够获得充足的理论支持。因此下文将尽可能运用具体制度所特有的分析框架对被归入其中的案例进行分析。

值得注意的是，《消保法》中的惩罚性赔偿制度可谓我国的特色制度。从条文间的外部联系来看，原《合同法》第 113 条第 2 款①、《民法典》第 148 条、《消保法》第 55 条，②以及“欺诈”这一概念的运用应当构成一个法条上的回路，即《合同法》提供针对“欺诈”这一概念的具体解释，而《消保法》提供对消费者的特殊保护。但是笔者所搜集的援引广告主民事责任条款的案例中，法院往往并未援引《合同法》第 113 条第 2 款，而是仅援引《消保法》惩罚性赔偿条款以及广告主民事责任条款。这样一来疑问便产生了：广告主民事责任条款通过怎样一个管道被输送进《消保法》惩罚性赔偿条款的框架之中？而对本书研究更具意义的问题是，广告主民事责任条款是否在虚假广告领域提供了一个特殊的、门槛低于欺诈构成要件的管道，使惩罚性赔偿制度的适用得以避开“欺诈”一词严苛的教义约束，从而进一步推进对消费者的特殊保护？由于《消保法》中的惩罚性赔偿制度的分析框架主要源于“欺诈”概念的教义学要求，而广告主民事责任条款是否在涉及惩罚性赔偿制度的案例当中发展出了自己独有的分析框架目前并不明确，因此为便于辨析虚假广告与欺诈的关系，在涉及惩罚性赔偿制度的适用广告主民事责任条款的案例群时，仍然以欺诈制度的构成要件为分析框架。

1. 法律特别规定

我国《消保法》中的惩罚性赔偿制度是由法律特别规定而创设。适用了该制度的案例具有显著的可识别性。

适用广告主民事责任条款的案例群可以与欺诈制度构成比较。如表 2 所示：

表 2 可被归入欺诈类型的典型虚假广告纠纷案

案号	过错	虚假事实	陷入错误	因果关系[1]	决策影响	判决结果
(2013)龙民一初字第 446 号判决书	○	√	√	√	√	支持
(2012)鄂武汉中民二终字第 00295 号判决书	○	√	○	○	×	驳回

① 《民法典》中没有相应的条款，与原《合同法》第 113 条第 2 款类似的有第 128 条：法律对未成年人、老年人、残疾人、妇女、消费者等的民事权利保护有特别规定的，依照其规定。

② 《消保法》第 55 条规定：“经营者提供商品或者服务有欺诈行为的，应当按照消费者的要求增加赔偿其受到的损失，增加赔偿的金额为消费者购买商品的价款或者接受服务的费用的三倍；增加赔偿的金额不足五百元的，为五百元。法律另有规定的，依照其规定。”

续表

案号	过错	虚假事实	陷入错误	因果关系	决策影响	判决结果
(2001)沪二中民终字第958号判决书	○	×	×	○	○	驳回

注:符号"○"表示法院裁判文书中未对该构成要件进行分析;符号"√"表示法院裁判文书中认为该构成要件得到了满足;符号"×"表示法院裁判文书中认为该构成要件未满足。

[1]这里的因果关系指的是广告所表达的虚假事实与广告受众陷入错误之间的因果关系。

从原告的诉讼请求得到法院支持的案例来看,法院除未涉及卖方的主观过错情况外,对欺诈构成的其他要件均进行了论证;而从原告的诉讼请求遭到法院驳回的案例来看,法院则重点论证了受众是否因虚假的表述而陷入认识错误、该认识错误对决策的影响等要素。因此对这一组案例进行研究的主要落脚点是:广告主民事责任条款是否降低或取消了对广告主主观过错的要求。

2. 广告内容进入合同

法院判决文书一般不会明确表明将某项广告内容视为合同条款,但是若观察判决书行文乃至判决结果,则广告内容是否被纳入合同之中是有迹可循的。其中一条线索是条款引用情况。质言之,若法院依据违约责任或瑕疵担保责任条款作出判决,则情况如何自然明朗。但本书所搜集的适用广告主民事责任条款的案例群却并未这样引用条款。另一条线索是判决结果,即根据法院是否支持了履行利益的赔偿进行推断。具体而言,在合同的语境下有消极利益(信赖利益)与积极利益(履行利益)的区分。所谓积极利益是一种财产差异,这一差异来自合同是否被正确地履行。① 狭义上的消极利益,是指未发生因为违反先合同义务而导致的利益减损情形下的财产状态。② 当法院判决支持了积极利益的赔偿时,则通常情况下可以认为,广告内容被作为合同的一部分对待了。广告内容进入合同一般有三条通道:第一条通道为广告内容明确具体,已符合要约的标准,因此可以按照要约—承诺规则进入合同;第二条通道为根据法律的明确规定,商业广告得以在特定的情形下进入合同,如

① Vgl. Keller Max, Das negative Interesse im Verhältnis zum positiven Interesse, 1948, S. 4f.

② 消极利益有广义和狭义的区分,广义的消极利益没有"因为违反先合同义务"这一限制条件。在合同法的语境下一般在狭义范围内理解消极利益。Keller Max, Das negative Interesse im Verhältnis zum positiven Interesse, 1948, S. 5f.

《消保法》第23条第2款;第三条通道来自比较法,即当作为商业言论的广告满足一定的要件时,即可通过瑕疵担保责任进入合同。前两条通道各自均有明确的规范基础,因而与广告主民事责任条款无涉,但广告主民事责任条款却有可能被解释为瑕疵担保责任在广告领域的具体化,从而获得第三条进入合同的通道。

(1)买卖合同

涉及买卖合同的典型虚假广告纠纷案详情如表3所示:

表3 涉及买卖合同的典型虚假广告纠纷案

案号	瑕疵(质量[1]不符合约定)			责任的排除		责任的承担	
	客观可验证性	重要性[2]	对决策的影响[3]	例外[4]	例外的例外[5]	与有过失	判决结果
(2002)鄂民终字第97号判决书[6]	■	○	√	○	○	○	价款7%折价赔偿
刘某某等诉宜登学校纠纷案[7]	■	○	√	○	○	√	退还部分费用
(2005)海民初字第19213号判决书	■	○	√	○	○	√	赔偿经济损失
(2012)鄂武汉中民二终字第00295号判决书	■	×	×	○	○	○	驳回
(2009)一中民终字第4492号判决书[8]	■	○	×	○	○	○	驳回
(2013)穗中法民二终字第1065号判决书[9]	□	○	○	○	○	○	驳回
(2007)一中民终字第904号判决书	■	×[10]	○	○	○	○	驳回

注：符号“○”表示法院裁判文书中未对该构成要件进行分析；符号“√”表示法院裁判文书中认为该构成要件得到了满足；符号“×”表示法院裁判文书中认为该构成要件未得到满足；符号“■”表示尽管法院裁判文书中并未对该构成要件进行分析，但由于该构成要件为外部可观测的客观事实，因此笔者代替法院作出该要件已充足的判断；符号“□”表示尽管法院裁判文书中并未对该构成要件进行分析，但由于该构成要件为外部可观测的客观事实，因此笔者代替法院作出该要件未得到满足的判断。

[1]这一前提来自《民法典》第 582 条所创设的瑕疵担保责任的原文表述。然而如何理解这里的“质量”却是牵涉甚广的理论问题。由于目前我国法学界并未对该问题有深入研究，且鉴于中国法学与德国法学的亲缘关系，因此这里以德国瑕疵担保责任中的 Beschaffenheit（一般译为品质）的相关理论来充填此处的“质量”概念。

[2]并非所有主观上或客观上的不一致均能够被认定为存在瑕疵，这种不一致（Abweichung）应当是具有重要性的。这一要求保障了意思表示发出方对于发生瑕疵担保责任的可预见性。Vgl. Lorenz/Riehm, Lehrbuch zum neuen Schuldrecht, 2002, S. 289.

[3]对决策的影响要求所存在的主观或客观上的不一致是合同成立的前提。

[4]这里的例外指当原告明知或应知产品瑕疵时，其瑕疵担保请求权消灭。

[5]例外的例外是指，当被告恶意隐瞒产品瑕疵时，原告之瑕疵担保请求权不因为明知或应知该瑕疵而消灭。

[6]该案二审撤销了一审关于房屋“质量问题”部分的判决，但对于虚假广告致原告遭受损失部分的判决则予以维持。

[7]该案经两审判决，一审法院适用《广告法》，而二审法院则认为招生手册不是商业广告，因此在合同法框架下适用诚实信用原则予以判决，因此本书仅分析一审判决。参见刘某某等诉宜登学校不能兑现招生简章中的承诺致成绩达不到最低公费录取分数线而按收费就读退还学费赔偿损失案，载《人民法院案例选——二〇〇二年第二辑》（总第 40 辑），人民法院出版社 2002 年版。

[8]该案例同样为原告直接起诉广告发布者要求其承担民事责任，本书此处仅分析广告主责任的认定部分。

[9]该判决书虽为二审维持判决，但是一审与二审使用的分析框架并不相同。一审使用合同的分析框架，二审着重分析是否构成虚假广告。

[10]该判决书没有明确表示，但其“表述瑕疵不为虚假”的遣词事实上表明了法院事实上已经意识到该虚假陈述部分不具有重要性，很难引起消费者注意，同时也很难对消费者决策造成影响，因而不赞同将其纳入虚假广告的规制范围。

这一组案例中原告诉讼请求遭到法院驳回的裁判文书尤其值得关注，从这一部分的案例分析可以看出，法院并未借广告主民事责任条款对广告内容进入合同之下大开方便之门。

（2）其他合同类型

除前文分析的买卖合同案件以外，可以归属于广告内容进入合同的案例群当中还有 3 个其他合同类型的纠纷。它们分别是刘某某等诉宜登学校不能兑现招生简章中承诺致成绩达不到最低公费录取分数线而按收费就读退还学费赔偿损失案（以下简称刘某某等诉宜登学校纠纷案）；北京中联安科技发展有限公司诉北京金源时代购物中心虚假广告纠纷案（以下简称北京中联安公司案）；张某与广州市芙蓉漂流娱乐有限公司旅游合同纠纷案(以下简称芙蓉河漂流纠纷案)。

①刘某某等诉宜登学校纠纷案

法官在解说该案例时将原被告双方所签订的合同称为“教育合同”,并以教育合同并未被规定在合同法分则中而适用诚实信用原则进行判决,这显然是不合适的。对于未规定于合同法分则中的无名合同,应当首先尝试用合同法总则条款去解决,而不应当径行引入诚实信用原则。这一案件历经两审判决,裁判文书的论证说理体现了法院对要约邀请、要约、承诺与虚假广告之间关系的认识仍有待深入。初审法院论证说理如下文:

被告发布的两份招生广告及其法定代表人名片的内容中有“毕业生均有进入重点中学学习”“毕业生优秀率在90%以上”“历届升学率均在90%以上”的表述,应视为广告的允诺。……被告的允诺没有实现,视为虚假广告。9 原告因未能正常进入高级中学学习造成的相应损失与被告发布虚假广告有因果关系,但不能排除原告自身因素的影响,故对原告的损失被告只承担部分赔偿责任。……被告辩称未对原告作出承诺不是事实。被告明知教育活动是一种双向活动,却仍然向原告作出承诺,表明其对承诺的风险是明知的,理应赔偿因此而给原告造成的损失。被告关于原告考试失利原因的辩解理由不能成立,不认定。依照《中华人民共和国广告法》第3、第4、第38条第1款之规定,该院于2001年5月23日判决……①

该案中招生广告的内容是不应当被认为是要约的,因为通过合同解释的方法,显然无法得出校方愿意受到其招生手册中所陈述“90%进入重点高中就读”这一意思表示的约束,因此这是一个典型的商业吹嘘,不能当真。但法院不仅在未作论证的情况下直接认定该广告的性质为要约,还通过“反推”的方法得出当要约中的“允诺”没有实现时,该招生广告为虚假广告这一结论,从而将合同规则与虚假广告概念混同。这意味着按照法院的观点,被告发布的招生广告为要约,那么这一要约便转化为合同内容,当要约中的允诺未能实现时,被告违约。至于这种违约是否同时触

① 参见刘某某等诉宜登学校纠纷案,载《人民法院案例选——二〇〇二年第二辑》(总第40辑),人民法院出版社2002年版。

发了广告的相关规则，则需要按照虚假广告的相应规则重新进行分析。二审法院拒绝适用广告主民事责任条款，但却并非出于对初审法院将不同制度相互混同的否认，而是从道德层面出发，认为教育活动教书育人，因此招生广告不应当被认作商业广告，故《广告法》中的相应规则不能够在该案中得到适用，最后援引诚实信用原则条款作出判决。① 如此一来，可能由制度上的冲突而提供的判断合同责任与虚假广告民事责任条款之间关系的线索也被遮蔽了。二审法院裁判说理部分行文如下：

上诉人所印发的招生简章是其向有意来该校就读的学生发出的要约……学生家长见到简章后带学生到学校报名、交费，是对要约的承诺。学校予以录取后，教育合同即成立。……我国广告法规范的是"商业广告"，商业广告是市场经营主体以营利为目的对自己所推销的商品或所提供的服务所作的介绍。本案上诉人是教育机构，从事的是教书育人，不是商品经营，所印发的招生简章也不是为了介绍自己所推销的商品，而是介绍学校的简况，所以不是商业广告，不应受广告法调整。……招生简章及校长名片中对上诉人学校"每年升学率和优秀率在 90% 以上""90% 以上的学生能进入重点中学和大学学习"的宣传，是上诉人为扩大生源所作的夸大宣传，有一定误导作用，有违诚实信用原则，对纠纷的发生应承担主要责任。学生家长……对纠纷的发生也有一定的责任。……一审法院认定事实基本清楚，但定性不准，处理不当。依据《中华人民共和国民法通则》第 4 条，《中华人民共和国民事诉讼法》第 153 条第 1 款第 2 项之规定，该院于 2001 年 12 月 31 日判决如下：……

②北京中联安公司案

如果以合同框架内的要约标准来衡量该案被告所发布的招商手册，则"建设'北京金源亚运村汽车市场'，且已联合北京亚运村汽车交易市场、华大担保有限公司、

① 参见刘某某等诉宜登学校纠纷案，载《人民法院案例选——二〇〇二年第二辑》（总第 40 辑），人民法院出版社 2002 年版。

中盛担保有限公司合作开发,要'建成世界上第一条室内汽车大道——金源汽车大道'"①这一商业言论不能被认为是要约。但是该案两审法院皆依据广告主民事责任条款,在未撤销合同的情形下判决赔偿原告"经济损失",而此时的经济损失可以视为一种积极利益。因此这个案例似乎表明了法院依据广告主民事责任条款,以低于合同责任成立门槛的构成要件,对原告提供了合同责任意义上的保护,这无疑越过了合同责任的边界。

③芙蓉河漂流纠纷案

被告的商业宣传用语:"芙蓉峡·至尊漂流""广州第一漂""省内唯一漂流之最"是无论如何不能够进入合同的。而法院也明确从要约与要约邀请的角度拒绝了原告的诉讼请求:

> 芙蓉公司在其户外广告中使用了"芙蓉峡·至尊漂流""广州第一漂""省内唯一漂流之最"等宣传语。上述宣传语并未明确"至尊""第一""唯一"的具体内容,即并不具体、确定;同时,并非表明经受要约人承诺,要约人即受该意思表示约束。因此,以上广告内容属要约邀请而非要约,亦即不属于张某、芙蓉公司之间服务合同的约定内容。本案中张某仅以该广告内容诉请芙蓉公司赔偿,而未能举证证明其在芙蓉公司处购票享受漂流服务过程中,芙蓉公司存在违反双方合同约定的行为,故其未能证明芙蓉公司存在违约行为。②

可以看出上述"其他案例类型"中蕴含了一种借助广告主民事责任条款突破合同法理论框架而给予广告受众更多保护的可能,即在广告内容依据要约规则并不能够进入合同的情况下,法院未撤销合同,而支持了原告就积极利益的损害赔偿请求。

3. 欺诈

部分能够归入欺诈类型的案例与广告内容进入合同的案例相重合,对此仍可从不同的角度查明法院分析框架的差异所在。

---

① 参见北京市海淀区人民法院民事判决书,(2005)海民初字第19213号。

② 参见广东省广州市中级人民法院民事判决书,(2013)穗中法民二终字第1065号。

(1)法院支持诉讼请求

法院支持原告诉讼请求的案件情况如表4所示：

表4 原告胜诉的纠纷案

案号	主观过错	虚假事实	陷入错误	因果关系[1]	对决策影响	援引法条
(2002)鄂民终字第97号[2]	○	■	○	○	√	《广告法》第4条第38条
刘某某等诉宜登学校纠纷案[3]	○	■	○	√	○	《广告法》第3、4、38条
(2005)海民初字第19213号	√	■	○	○	√	《广告法》第38条第1款

注：符号"○"表示法院裁判文书中未对该构成要件进行分析；符号"√"表示法院裁判文书中认为该构成要件得到了满足；符号"×"表示法院裁判文书中认为该构成要件未得到满足；符号"■"表示尽管法院裁判文书中并未对该构成要件进行分析，但由于该构成要件为外部可观测的客观事实，因此笔者作出该要件已充足的判断。

[1]这里的因果关系指的是广告所表达的虚假事实与广告受众陷入错误之间的因果关系。

[2]该案二审撤销了一审关于房屋"质量问题"部分的判决，但对于虚假广告致原告遭受损失部分的判决则予以维持。

[3]参见刘某某等诉宜登学校纠纷案，载《人民法院案例选——二〇〇二年第二辑》(总第40辑)，人民法院出版社2002年版。

(2)法院驳回诉讼请求

法院驳回原告诉讼请求的案件情况如表5所示：

表5 原告败诉的纠纷案

案号	主观过错	虚假事实	陷入错误	因果关系	对决策影响
(2013)穗中法民二终字第1065号	○	×	○	○	○
(2001)沪二中民终字第958号	○	×	×	○	○
(2009)一中民终字第4492号[1]	○	×	√	√	√
(2007)一中民终字第904号	○	×	○	○	○
(2012)鄂武汉中民二终字第00295号	○	×	○	○	×

注：符号"○"表示法院裁判文书中未对该构成要件进行分析；符号"√"表示法院裁判文书中认为该构成要件得到了满足；符号"×"表示法院裁判文书中认为该构成要件未得到满足。

[1]该案例同样为原告直接起诉广告发布者要求其承担民事责任，本书此处仅分析广告主责任的认定部分。

前文已述及，尽管法院并没有就构成要件的各个环节进行论证，但是这未必意味着这些要件已经不再发挥作用，其可能是法院简化论证，对认为不存在争议、没有理论问题的部分不做论述的结果。对于没有被论证的环节，究竟是否意味着对要件的放松，可以从两个角度分析：第一，反向分析，即当遇到这一要件存在问题或不满足的案件时，法院如何判断；第二，比较分析，即适用民法相关条文时法院的分析如何，是否也会做相应的简化。

这一部分所有的案例均分析广告主的主观过错要素。法院在论证“对决策影响”要素时表现出很大的随意性。这一点可以通过比对湖北润海房地产开发有限公司与赵某某等虚假广告纠纷案①与黄某某与武汉奇祥汽车销售服务有限公司等买卖合同纠纷上诉案②的法院说理部分看出。

在湖北润海房地产开发有限公司与赵某某等虚假广告纠纷案中，法院认为上诉人在发布的广告中关于房屋配套设施的描述对消费者购买决策产生影响，因此应当承担相应的民事责任：

本院认为，宜昌润海公司在广告中明确许诺，四季花园小区有3000m^2的中心花园及门卫……其广告明显含有虚假内容。4被上诉人由于受到该虚假广告的误导，分别与宜昌润海公司签订了购房合同。入住后，发现宜昌润海公司在售房广告中承诺的服务设施并不存在……故应认定4被上诉人的合法权益因上诉人的虚假广告而受到损害。根据《中华人民共和国广告法》第38条：“违反本法规定，发布虚假广告，欺骗和误导消费者，使购买商品或者接受服务的消费者的合法权益受到损害的，由广告主依法承担民事责任”的规定，湖北润海公司因发布虚假广告，在本案中应依法承担民事责任。……本院认为，被上诉人的合法权益因宜昌润海公司发布虚假广告而受到损害，湖北润海公司应按广告宣传的内容对承诺的各项服务设施逐项配套到位。……综上所述，上诉人湖北润海公司在商品房销售广告中发布虚假信息，损害了购买其商品房的被上诉人的合法权益，应承担相应民事责任。上诉人湖北润海公司关于其广告虽然不实，但该广告与双方签订的购房合同无必然联系，其不应承

---

① 湖北省高级人民法院民事判决书，(2002)鄂民一终字第97号。

② 武汉市中级人民法院民事判决书，(2012)鄂武汉中民二终字第00295号。

担民事责任的上诉理由不能成立，该上诉请求本院不予支持。[①]

然而在黄某某与武汉奇祥汽车销售服务有限公司等买卖合同纠纷上诉案中，[②]法院则以广告所聚焦的汽车安全性能并非消费者购车唯一考虑因素为由驳回了原告的诉讼请求：

根据查明的事实，奇瑞公司、奇祥公司在广告中并未发布与实际情况不相符的虚假信息，并不存在欺诈消费者的行为。即使奇瑞公司、奇祥公司的宣传方式可能给消费者带来一定误解，但是，众所周知，汽车作为大件消费商品，消费者在作出购买决定前，都会从安全性、舒适性、操控性、性价比等多方面考虑，车辆安全性并非唯一的、决定性的考虑因素，并且车辆的价格与配置是密切相关的，而奇瑞公司、奇祥公司的广告强调的只是车辆安全性，不会导致消费者因此购买的必然后果，因此，上诉人黄某某的退还货款74,800元并赔偿74,800元损失的诉请，缺乏事实和法律依据，本院依法不予支持。[③]

购房与购车均属于消费者需要综合考虑诸多要素的大额支出，而法院则在没有太多论证的情况下径行判定涉及标的物非核心要素（如价款）的广告对消费者决策的影响。另外，法院在未撤销合同的前提下，给予部分原告以积极利益的赔偿。例如，在北京中联安公司案中，若原告未受到招商手册虚假陈述的影响因而未承租被告的商铺，那么原告自然会去承租别的商铺，但是承租别的商铺是否能够在相同租金的情况下获得更高的收益则并不确定。因此在原告作出缔结租赁合同的决策与遭受经济损失之间未必存在法律上的因果关系。在湖北润海房地产开发有限公司与赵某某等虚假广告纠纷案[④]中，则是显而易见的对积极利益的保护，超出了信息责任的范畴。

---

① 湖北省高级人民法院民事判决书，(2002)鄂民一终字第97号。

② 武汉市中级人民法院民事判决书，(2012)鄂武汉中民二终字第00295号。

③ 武汉市中级人民法院民事判决书，(2012)鄂武汉中民二终字第00295号。

④ 湖北省高级人民法院民事判决书，(2002)鄂民一终字第97号。

(3)特殊案例

昆明比特科工贸公司诉昆明三超科技发展有限公司纠纷案[①]十分特殊。该案援引原《民法通则》第57条[②]作出判决,裁判文书主要内容如下:

(1)本案的购赠广告行为是一种要式的民事法律行为,只要购买者在广告规定时间内到广告指定商家购买广告指定物,就可以得到相应的赠品。由于比特公司确系在该购赠广告规定时间内到广告上所列惠普分销商之一的三超公司,购买了指定商品惠普HPDJ450CAO大幅面喷墨打印机一台,按照该广告内容承诺,现应得到奥林帕斯820L数码照相机一台,据此法律事实,比特公司与迪高公司之间形成了一种特定的权利义务关系。(2)虽然广告内容上有"从迪高购物"的意思表示,但由于广告指定应购物为惠普系列产品,而广告上同时登载了惠普权威分销商在全国各地的名称及电话,且广告内容上又无"本购赠活动仅限于迪高公司,惠普分销商不在此列"之类的文字表述,以致广告主迪高公司的表示与意思不一致,足以使购买者产生"惠普分销商即迪高代理商"的联想和误解,最终起到误导消费的作用。(3)我国《广告法》明确规定,广告不得含有虚假内容,不得欺骗和误导消费者,由于迪高公司所发布的这二则广告内容,客观上已起到了误导消费的作用,故作为广告主,其应依法承担相应的法律责任。……昆明市中级人民法院依照《中华人民共和国民事诉讼法》第153条第1款第(一)项和《中华人民共和国广告法》第3条、第4条、第5条、第38条第1款之规定,作出如下判决:驳回上诉,维持原判。[③]

迪高公司与原告并无合同关系。也就是说,除非将该赠购广告视为单方法律行为,否则从法律行为法出发迪高公司的赠购承诺无法对与其没有合同关系的原告发生影响。在法律行为法的视域下,该案法院的判决无疑走得太远了。首先,赠购合同在我国通常以买卖合同处理,是典型的双务合同而非单方法律行为;其次,若要将

① 云南省昆明市中级人民法院民事判决书,(1998)昆民终字第870号。

② 现为《民法典》第136条第2款的规定:"行为人非依法律规定或者未经对方同意,不得擅自变更或者解除民事法律行为。"

③ 云南省昆明市中级人民法院民事判决书,(1998)昆民终字第870号。

某一法律行为列为单方法律行为，通常需要法律的明确规定；最后，即使该赠购广告能够被视为单方法律行为，如何理解该广告也存在争议，因此应优先对意思表示进行解释。与合同的解释不同，对单方法律行为的意思表示的解释应当以探求意思表示发出方的真意为原则。该案判决书中明确认可广告主的意思与表示不一致，即广告主虽有“欲获得赠品必须与迪高公司缔结合同”之意，但在表示上却有引人误解之处。在此情形下根据解释规则，对迪高公司的意思表示应作符合其真实意思的解释。因此法院判决迪高公司交付赠品或退还相应价款是错误的。

第二节 广告经营者、发布者无过错补充责任条款对虚假广告的规范效果

一、条文的规范分析

(一)修订前的无过错责任条款

旧《广告法》第38条第2款规定：“广告经营者、广告发布者不能提供广告主的真实名称、地址的，应当承担全部民事责任。”有法官在案例分析中指出，该条文未明确表示广告经营者、发布者应当承担无过错责任，因此其仍然应当承担过错责任。尽管无过错责任有利于消费者保护，但是对该条文作无过错解释超出了可能的文义范围而不符合法解释学的要求，而只能等待立法的修订。① 法官的这一看法当然不无道理，符合“无过错责任必须由法律明文规定”的一般准则。然而若我们对侵权责任法的行文风格进行观察，便会发现将“明文规定”理解为“法律条文措辞承担无过错责任”有失狭隘了。例如，生产者对瑕疵产品承担无过错责任基本无争议，然而立法条文中却并没有无过错责任字样；②再如，环境污染者承担无过错责任，但是立法条文的表述却是“因污染环境造成损害的，污染者应当承担侵权责任”。相反，当法律赋予某行为人过错责任时，反而会在条文中明确为“因过错……”例如，《民法典》第1218条规定：“患者在诊疗活动中受到损害，医疗机构或者其医务人员有过错的，

① 参见吉林省高级人民法院民事判决书，(2000)吉高法民终字第91号。

② 《民法典》第1203条第1款规定：“因产品存在缺陷造成他人损害的，被侵权人可以向产品的生产者请求赔偿，也可以向产品的销售者请求赔偿。”

由医疗机构承担赔偿责任。”尽管我国《广告法》与《民法典》中侵权责任的规定分属不同的部分法，规范表达可能有所不同，但是无论如何我们都可以得出这一结论：《广告法》第56条很有可能为广告经营者、发布者设定了特定条件下的无过错责任。

司法实践中还有另一种方法将该条款解释为过错责任，即认为条文“不能提供广告主的真实名称、地址的”为“具有过错”的表述。但这事实上是偷换概念的做法。“不能提供广告主的真实名称、地址”是一种对结果的表述，而若违反结果即引出过错的存在，则正是无过错归责原则的本质属性。

旧《广告法》第38条第2款同时为广告经营者、发布者设定了提供广告主真实名称、地址的积极行为义务，否则便承担不利的法律后果，这与建立于“法不禁止皆自由”的私法基础之上的传统民事责任差别颇大，①却与近年来兴起的消费者权益保护所采取的赋予市场优势地位者更多作为义务以保护弱势方所采取的路径异曲同工。② 行文相似的立法也可见于《消保法》第44条。③ 然而值得注意的是，司法裁判所代表的法院观点却并未像这一条文的字面展示这样慷慨，法院在解释此处的积极行为义务时并没有走得很远，而是通过不同的方式——或者以过错（最为常见），或者以对“真实名称、地址”的解释来对这一义务进行限制。

由此我们可以进行这样的总结：与旧广告主民事责任条款有所不同，即使是在体系归属尚不明确的前提下，旧广告经营者、发布者无过错责任条款由于本身包含内涵与外延相对稳定的法学概念而具备了一定的规范能力。这为确认其理论归属提供了较为明确的坐标。

（二）修订后的无过错责任条款

如前文所述，《广告法》第56条第1款删除了广告经营者、广告发布者在明知、应知条件下承担连带责任的条款，同时限定其在不能提供广告主名称、地址、有效联系方式时先行承担民事责任。这相当于撤销了旧《广告法》第38条第1款后半段，

---

① 具体参见易军：《“法不禁止皆自由”的私法精义》，载《中国社会科学》2014年第4期。

② 最为典型的是《消保法》第8条规定的知情权。参见李友根：《论经济法权利的生成——以知情权为例》，载《法制与社会发展》2008年第6期。

③ 《消保法》第44条第1款前半段规定：“消费者通过网络交易平台购买商品或接受服务，其合法权益受到损害的，可以向销售者或者服务者要求赔偿。网络交易平台提供者不能提供销售者或者服务者的真实名称、地址和有效联系方式的，消费者也可以向网络交易平台提供者要求赔偿；……”

同时限制了第2段的解释空间。结合旧《广告法》第38条司法实践中出现的问题，单纯从规范分析的角度来看，这一变更将可能使条文适用相对清晰化：首先，这一变更可以对关于广告经营者、发布者究竟承担什么程度的审核义务这一被争论不休的问题来一个釜底抽薪；其次，可以封堵司法实践中法院否认旧《广告法》第38条第2款完全条款的地位，从而规避广告经营者、发布者承担无过错责任的路径；最后，以"先行赔偿"明确广告经营者、发布者承担的是"补充责任"，打消可能出现的"广告主承担赔偿责任后向广告经营者、发布者追偿"导致不公平结果的顾虑。

然而这一大胆的预见仅仅是基于技术层面的分析，对条款背后所蕴含的机理的探讨并不能因为技术层面的融洽而停止。因为任何条文在解释论上都具备相当的张力，若某一条文的正当性基础不明确，则法院可能在不安全感的促使下突破解释学上的限制而向使其感到"安全"的位置回缩。而若某一法律规范的体系定位不清晰，则法院会在面对适用难题时无所适从，不知该引入哪一个理论框架来辅助问题的解决。在广告经营者、发布者无过错责任条款适用的语境下，若法院不能对广告经营者、广告发布者特定情形下承担无过错责任产生确信，则会在"不能提供真实名称、地址、联系方式"的解释上做文章，或者认定该条款因没有明确无过错责任而仍应当被作为过错责任条款来对待。而若法院认为广告经营者、发布者承担了与其过错并不相称的责任有违公平，则可以如前述案例一样引入原因力理论，对广告经营者、发布者所应承担的赔偿责任的范围进行限制。因此可以说，尽管《广告法》的相关条文在立法技术上趋于成熟，但是学者为法律条文充填理论基础的任务却仍待推进。

二、实务的立场

（一）司法裁判的分歧

1. 伪造身份与虚假广告的关系

广告并非总是充满劝诱的意味。在适用广告经营者、发布者条款的案例群中便出现一类涉案广告，其从字面上看内容极其有限，以至于无法以真实或虚假作为标准进行判断。而广告主事实上毫无缔结合同的意愿，发布广告只为骗取合同款。例如在廖某某等诉惠州日报社赔偿经济损失案中，广告主伪造身份在被告惠州日报上刊登“诚寻加工合作”广告，广告内容为“纯手工操作项目，免收任何费用，详情电：……”原告在依据广告所提供的联系方式与广告主公司取得联系后，与广告主签订合同并支付货款，后发现广告主公司为虚构，已不复存在，因此起诉至法院要求惠州日报社承担赔偿责任。法院以“身份虚假”并非“广告虚假”为由从根本上排除了旧《广告法》第38条第2款的适用：

……广告内容虚假和主体虚假，《广告法》以不同的法律条文分开进行排列和表述，二者的法律责任亦进行分别规定，说明法律对二者有明确的区分，……本院认为，《广告法》所称虚假广告是指广告内容虚假，而不是广告主体的虚假。本案中，诚寻加工合作广告所列电话号码、地址是完全真实的，广告内容不存在虚假，故该广告不是虚假广告。……故《广告法》第38条第1款不能使用于本案。①

然而在其他案例中，受害方同样根据一则内容极其简单的广告所提供的线索与广告主取得联系，并进而因为广告主的诈骗活动而遭受经济损失，法院则未以身份虚假与广告虚假的区分为理由驳回受害方的诉讼请求。例如，在李某诉武陵都市报社虚假广告纠纷案中，广告主所发布的广告仅提供了存在二手车交易机会的信息。原告李某根据广告所示联系方式与广告主洽谈后同意以15,000元购买帕萨特，后汇款至指定账户后遭受经济损失。该案法院则未认同广告内容虚假与身份虚假的区分，而是以广告经营者、发布者应当承担核实广告主身份的义务为由，支持了原告的诉讼请求。

根据《广告法》相关规定：……故对于广告的真实性被告有审查、核实的义务。另根据《广告法》规定：……由此可以认定，本案举证责任在于被告武陵都市报社，而被告对广告内容的真实性未经核实，且未提供证据证明广告主的真实姓名与地址。而原告提供的证据能够形成证据锁链，证明其因被告提供的广告而被骗。虽然本案刑事部分仍在侦察过程中，但并不影响原告向广告发布者要求赔偿的权利，故被告

① 参见廖某某诉惠州日报社赔偿经济损失案，广东省惠州市中级人民法院民事判决书，(2002)惠中法经初字第37号。

武陵都市报社对原告李某的损失应承担全部民事责任，即其实际损失的15,000元。①

2. 对“明知或应知”的理解

(1)与注意义务相关

如果将对《广告法》第56条第3款“明知或应知”理解为由注意义务决定的过错，那么确定广告发布者的审查义务便因其范围直接决定广告发布者过错的有无而变得尤为重要了。然而究竟广告发布者、经营者应当承担何种程度的审查义务，法律并无明文规定，法院也存在不同的观点。有的法院认为，广告发布者仅承担形式审查的义务，例如，在上文所提到的廖某某等诉惠州日报社赔偿经济损失案中，法院旗帜鲜明地表明广告发布者的材料审核义务限于“形式审查”：

> 另外，本案还涉及一个重要问题是：力兴公司提供了虚假的法人身份证明文件，被告作为广告发布者应作何种程度的审查？本院认为，广告发布者只是对身份进行形式上的审查，而不可能对做广告的任何人（含自然人和法人）身份进行实质性审查。②

而在另外一些判决中，法院则明确提出广告发布者、广告经营者应当承担严格审查的义务。例如，在郑州日报社等与王某某财产损害赔偿纠纷上诉案中，法院在判决书中写道：

> 郑州通通有广告有限公司作为广告经营者，对广告主……所提供的营业执照副本未尽严格审查义务，郑州日报社作为广告发布者也未依照法律进行审核，致使广告主发布虚假广告。③

---

① 参见重庆市黔江区人民法院民事判决书，(2008)黔法民初字第180号。

② 参见廖某某诉惠州日报社赔偿经济损失案，广东省惠州市中级人民法院民事判决书，(2002)惠中法经初字第37号。持相同观点的还有河南省漯河市郾城区人民法院民事判决书，(2010)郾民初字第02220号。

③ 参见河南省郑州市中级人民法院民事判决书，(2011)郑民终字第1168号。

（2）是否具有共同故意

并非所有的法院均以广告经营者、发布者所应当承担的审查义务作为连带责任成立的判断标准，而是认为，违反审查义务并不意味着广告发布者“明知或应知”广告虚假，只有当广告发布者与广告主具有共同故意时才能够满足承担连带责任的要件。例如，在施某某与云南人民广播电台虚假广告纠纷上诉案中，法官驳回上诉人的诉讼请求时这样论证：

> 王某某等人利用虚假广告作为引诱他人与其签订合同进而诈骗他人财产的一个手段，被上诉人并不知晓王某某等人要求发布广告背后的目的，二者之间不存在共同的故意。广告主的诈骗行为与被上诉人审查中的疏忽具有不同的行为性质，被上诉人与广告主并不构成共同侵权行为。因此可以认定被上诉人在审查广告内容时存在着过失，但并不能认定其明知广告虚假仍发布，且其过错程度并未达到应知广告虚假仍发布的程度。①

认为只有在广告经营者、发布者与广告主构成共同故意时才能够成立连带责任固然符合了共同侵权责任构成的理论要求，但却显然与广告经营者、发布者民事责任条款的语意相违背，究竟当如何取舍还是有待于进一步的理论研究。

3.《广告法》规定的归责原则

前文已论证，旧《广告法》第 38 条第 2 款、现行《广告法》第 56 条第 1 款第 2 句从字面上都应当被理解为无过错责任条款。然而法院在适用这一条款时却表现出了犹豫和谨慎。有的法院将旧法第 38 条第 1 款后半段与该款联合适用、综合表述，以广告发布者不符合“明知或应知”的要求而事实上否认了该款为完全条款的属性。例如，在上文所提及的三谊公司诉视听导报社发布不能提供广告主真实名称和地址的虚假广告致其前往签合同买回“三无”产品赔偿案中，法官在评论部分明确表示：

---

① 参见施某某与云南人民广播电台虚假广告纠纷上诉案，云南省昆明市中级人民法院民事判决书，（2004）昆民六终字第 6 号。

笔者认为，第二种观点是正确的。仅从《广告法》第38条第2款看似无过错责任。但是解释法律应当遵循体系解释原则，即以法律条文在法律体系上的地位，即……以此方法联系广告法上下文看，广告法第27条规定……这里规定了广告经营者、广告发布者的义务。其第38条第1款规定：……从这里的“明知”“应知”可见广告经营者、广告发布者承担责任的归责原则是过错责任原则。而第2款是承接第1款，前提仍为明知或应知，是对应无广告主，没有承担连带责任的条件，只能由广告经营者、广告发布者承担全部民事责任。值得提及的是，这是现有法律的情况下，做这样的解释。①

然而有的法院则赞成将旧《广告法》第38条第2款视为无过错责任条款。例如，在广州青年报社与张某某财产损害纠纷案中，一审法院在没有论证广告发布者主观过错的前提下适用《广告法》第38条第2款支持了原告的诉求。

根据我国广告法的有关规定……经审查，上诉人为广告主“北海华西电子科技开发公司”刊登的捕鱼机广告，广告主的名称、地址均不真实，导致被上诉人损失了邮购捕鱼机的12,500元以及为查核广告主情况等而花费的查询、交通、住宿费用701.50元，对此，上诉人应依法承担民事赔偿责任。②

值得注意的是，一审宣判后被告广州青年报社提起上诉，并以自己已完成形式审查因此不存在过错作为上诉理由。被上诉人张某某则针锋相对地指出，如果这一上诉理由成立，那么《广告法》第38条第2款将变成具文。可是二审法院并未对这一颇具理论价值的冲突作出正面回应，而是避重就轻地以证据不足为由驳回了上诉：

上诉人广告青年报社主张其已履行了……查验证明文件、核实广告内容及提供广告主真实名称、地址等义务，但却未能提供证据加以证明。而被上诉人张某某一

① 参见吉林省高级人民法院民事判决书，(2000)吉高法民终字第91号。

② 参见广东省广州市中级人民法院民事判决书，(2004)穗中法民二终字第886号。

审提供的证据，足以证实被上诉人已根据上诉人为广告主……所刊登的捕鱼机广告，在商定价格后，将12,500元汇至广告刊载银行账号，并在没有收到所购货物及无法电话联系广告主时，前往北海市查找广告主及到北海市工商局查询的事实。据此，上诉人关于原审判决认定事实不清……本院不予支持。①

围绕现行《广告法》第56条第1款第2句的判决书积累尚不充分，已经出现的案件中，亦有法院认可广告发布者依据该条款承担无过错责任的判决。比如在甘肃省广播电视总台与陈某买卖合同纠纷二审判决中，法院认为，甘肃广播电视台不能够提供广告主的真实信息，因此依据《广告法》第56条第1款第2句承担民事责任：

本院认为，被上诉人陈某系通过上诉人甘肃省广播电视总台下属少儿频道的广告电话订购涉案产品、支付价款并取得货物，上诉人与被上诉人之间形成买卖合同关系。上诉人主张涉案产品的制造商中山市方奈电器有限公司为广告主，但其发布的涉案广告及陈某实际收到的产品中均未显示广告主信息，上诉人提供的现有证据亦不能证明中山市方奈电器有限公司系广告主，原审判决依据《中华人民共和国广告法》第五十六条规定，认定应由上诉人承担责任并无不当。②

4. 广告经营者、广告发布者承担责任份额的限制

(1)原因力限制

在三谊公司诉视听导报纠纷案中，广告主港信公司以伪造身份、私刻公章的方法在被告视听导报上刊登合资办厂广告，原告三谊公司与广告主港信公司取得联系并实地考察生产资料。然而在三谊公司与港信公司签订合同并交付货款之后，三谊公司发现生产资料不具备生产能力，找寻港信公司时方发现其为虚构企业，现已下落不明。于是三谊公司起诉至法院，要求依据《广告法》第38条第2款由视听导报承担全部赔偿责任。该案中视听导报未对港信公司所提供之证明文件进行严格审核。尽管一审法院在判决引用条文时援引了旧《广告法》第38条第2款，但是其在

① 参见广东省广州市中级人民法院民事判决书，(2004)穗中法民二终字第886号。
② 参见山东省济南市中级人民法院民事判决书，(2019)鲁01民终第7934号。

判决说理部分并未严格区分旧《广告法》第38条第1款后半段与第2款，而是予以综合表述：

被告报社未依法履行其严格审查广告主提交的企业法人营业执照是否真实、合法、有效的义务，为该广告主发布虚假广告，造成了对原告的误导，损害了原告的合法权益。现被告又不能提供港信公司的真实名称和真实地址，依法应承担发布虚假广告的责任。①

然而二审法院则对此发表了不同见解。其认为，尽管旧《广告法》第38条第2款规定"广告经营者、广告发布者不能提供广告主真实名称、地址的，应当承担全部民事责任"，但相应主体的责任承担仍然应当受到过错与因果关系的双重限制，并通过体系解释的方法否认了旧《广告法》第38条第2款为广告经营者与广告发布者设置了严格责任：

广告发布者报社不能提供广告主真实名称和真实地址，根据《广告法》第38条第2款规定，报社应承担赔偿责任。但三谊公司前去福建宁德与港信公司洽谈，考察后签订了联营协议，又按联营协议购买了该机械设备，现因该机械设备系"三无"产品，造成三谊公司损失，此损失的主要原因是该公司考察设备不当所致。因而，对三谊公司的损失，报社应承担次要责任，三谊公司应承担主要责任。②

(2)过错限制

在倪某某诉中国经营报社等虚假纠纷案中，原告倪某某看到广告主千奇公司刊登于被告中国经营报社的招商广告后被其吸引，依据广告所提供的联系方式多次实地考察后，在未签订合同的情形下交付货款，后广告主下落不明，原告起诉被告至法院要求广告发布者中国经营报社赔偿损失。在判决书中法院否认了旧《广告法》第38条第2款完全条款的地位，认为第1款与第2款为相互补充的关系，广告经营者

① 参见吉林省高级人民法院民事判决书，(2000)吉高法民终字第91号。

② 参见吉林省高级人民法院民事判决书，(2000)吉高法民终字第91号。

与广告发布者在各自的过错范围内承担民事责任,从而事实上以“过错”限制了被告中国经营报社的赔偿责任。

> 《广告法》第38条第1款与第2款的规定是一种相互补充关系,其中,第1款规定……第2款规定……根据该两款的规定,广告经营者和广告发布者对广告消费者承担的民事责任是一种与其过错相适应的责任。广告经营者与广告发布者因其过错已经造成消费者的实际损害发生时,应赔偿由此而给消费者造成的全部损失,但消费者有过错的情况下,则应按照过错相抵原则承担各自的责任。①

(二)分歧的理论根源

观察上文所分析出的司法裁判中的分歧点便不难发现,法院区分“身份虚假”与“广告虚假”是意在限缩虚假广告的外延,以使部分广告发布者、广告经营者不至于落入旧《广告法》第38条第2款的规制范围。法院在“明知或应知”所对应的主观状态上做文章,是为在个案中决定广告经营者、发布者是否承担责任争取腾挪的空间。否认旧《广告法》第38条第2款完全条款的地位,“强行”将其与第1款链接起来,也是为了避免承认第2款为广告经营者、发布者设置了无过错责任。透过原因力、过错程度等要素限制广告经营者、发布者的连带责任额,也无非为更灵活地处理二主体所承担的民事责任份额争取更多的理论工具。凡此种种,背后目的只有一个,即限制广告经营者、发布者承担连带责任。旧《广告法》第38条第2款课以无过错责任是判决书中产生各种各样分歧的根本原因。法院对旧《广告法》第38条第2款从文字表面所体现出的给广告经营者、广告发布者配置连带责任的宽口径管道而感到不安,因此试图从不同的制度框架截取不同的理论工具对这一宽口管道进行控制,然而碎片化的理论运用导致了司法裁判的不统一。我们可以将这一分析归结为一句话,法院试图将旧《广告法》第38条第1款后半段与第2款的适用拉回法院自身所感受到的、一般的民事责任基准之上。

由此首先产生的问题是,法院为什么对旧《广告法》第38条第2款及现行《广告

① 参见北京市海淀区人民法院民事判决书,(2003)海民初字第5707号。

法》第56条第1款第2句，这一外观上为广告经营者、发布者设置无过错责任的完全条款表现出不信任？这与立法目的之不明确是直接相关的。然而导致立法目的不明确的原因除立法理由书的缺位外，其自身理论的贫弱也是极为重要的原因。法院判决文书固然因国家强制力而具有权威性，然而其生命力却在于说理性。虽然说理的来源部分应当由法院独自承担，但是更多的责任应当被分配给法学理论。当某一个条文的理论不能够自成体系地为判决提供充分的正当性时，法院便表现出强烈的回归一般民法准则的倾向。然而由于缺乏统一的理论框架，法院在向普通民法回溯时采用了各不相同的理论工具，从而导致了司法裁判的差异。因此无论是从实现立法者特殊的利益衡量的角度，还是从为法院裁判提供充分依据以保证判决稳定性的角度，建立《广告法》中广告经营者、广告发布者民事责任条款与传统民事责任体系的关系，即厘清该条款的体系定位为解决问题的关键。

第三节　广告经营者、发布者、代言人民事责任条款对虚假广告的规范效果

从《广告法》第56条第2款与第3款的整体构造来看，广告代言人在两种情况下承担连带责任需要满足的构成要件有：主体必须满足"广告代言人"这一概念要求；涉争广告必须能够被评价为"虚假广告"；消费者遭受了损害；广告代言人存在过错（当广告所指向的商品和服务涉及消费者生命健康时则无须此要求）；虚假广告与消费者受有损害之间存在因果关系。

一、广告经营者、发布者、代言人无过错责任条款

（一）责任主体

相比旧《广告法》，广告经营者、发布者主体并未发生改变，但广告代言人却可谓新的概念。因此本书这一部分主要讨论广告代言人作为责任主体的情形。旧《广告法》中并没有广告代言人这一概念，对于相关联的广告荐证活动，以"社会团体和其他组织"进行描述。尽管"社会团体和其他组织"的表达将个人明确排除在外，但是并不代表"广告代言人"这一概念已经广泛到可以将所有主体都一概包含在内，从而

事实上淡化对主体的要求。

现行《广告法》第2条对“广告代言人”作出了立法定义，定义中强调广告代言人必须以“自己的名义或形象”对所代言的产品或服务进行推荐或证明。根据人大常委会法工委对这一条款所作出的进一步解释，立法者事实上是以广告中的参与者是否具有身份上的可识别性作为区分标准。质言之，当该参与者本身就具有很高的可识别性时，如明星，那么默认其是以“自己的名义”从事广告活动；若该参与者本身并不具备可识别性，那么则需要结合广告中是否标明个人信息进行判断。① 除此之外，参与广告活动所获取的报酬的高低也可以作为代言人是否具有可识别性的判断标准。②

上述评价标准虽然已经具备了一定的抽象性，但其实质上却未必是在明确了由代言人承担连带责任的正当性基础的前提下而构造的。相反这一标准所透露的信息是，立法者是从经济承受能力出发，试图将能够因为代言活动而获取丰厚收入者，如演艺明星，拉入承担连带责任的多数债务人当中。由于私法体系下经济能力一般并不被作为配置责任的重要考量因素，因此这一隐藏在条文背后的立法目的便显得有一些“名不正言不顺”。当然，若将广告代言人责任条款定位于基于报偿理论③而产生的责任，那么将该条款视为相对于传统民事责任制度的特别条款，则自然另当别论。但若如此解释，则可能导致一些并非演艺明星的代言人，因为对广告受众的决策产生重要影响而应当受到广告代言人条款的规范，却得以逃离该条款的束缚。例如，现在十分常见的“消费者荐证人”，即民间所称的“托”便是典型。这一类“托”在广告中谎称自己对所推荐的产品有使用经验，进而向广告受众进行虚假的推荐。这一类推荐者或许会在广告中表明真实个人信息，或许不会做任何表示，又或许会伪造身份。由于这一类推荐者本就不是演艺明星，商家所采取的营销策略也是“来自普通消费者的真实劝说”，因此这些代言人究竟是谁对广告受众来说无关紧要。也正因如此，这些代言人并不关心自己的名声以及信誉，在从事推荐活动时相比名

---

① 参见王清主编：《中华人民共和国广告法解读》，中国法制出版社2015年版，第7页。

② 参见王清主编：《中华人民共和国广告法解读》，中国法制出版社2015年版，第7页。

③ Vgl. Achilles, Spahn, Gebhard, Protokolle der Kommission für die Zweite Lesung des Entwurfs des Bürgerlichen Gesetzbuchs/ im Auftrage des Reichs, 1897, S. 2780f.

人往往更加肆无忌惮地信口开河。尽管这一类推荐人可能具有更高的主观恶性,也可能产生更加恶劣的社会影响,但是当它们没有在广告中被标注个人真实信息时,则根据文义解释以及《中华人民共和国广告法解读》一书中所阐释的立法目的而被排除于"广告代言人"概念范围之外,从而不能受到广告代言人民事责任条款的规制。

除此之外,何为"推荐、证明"同样是确定广告代言人概念的内涵和外延的重要因素。即当一位广告参与者在广告活动中不能被法律认定为"推荐、证明"的,则其将被排斥在《广告法》第2条意义上的广告代言人之外。然而正如某明星代言汰渍洗衣粉所引起的诉讼中,被告律师以该明星在整个广告当中均没有使用"我推荐或者我认为"作为理由所提出的抗辩一样,①这里"推荐、证明"是仅包含客观的语言信息,还是需要将镜头语言的使用、画面的剪切等经过艺术处理后所带给观众的感受同样纳入评价范围?若不将后者包含在内,那么这一广告代言人民事责任条款将极易被规避;若包含在内,又必将面对"推荐、证明"的边界不易把握的难题。

(二)因果关系

《广告法》第56条第2款规定:"……的虚假广告,使造成消费者损害的,由……承担连带责任。"这一表述蕴含着对虚假广告与损害发生之间的因果关系的要求。该要求与基于《食品安全法》第140条的文义解释所能够获得的结论不同。按照《食品安全法》第140条的表述,必要的因果关系须建立于荐证活动与消费者受有损害之间。② 相比之下依据《广告法》第56条第2款与第3款将使广告代言人更容易被要求承担连带责任。因为其代言行为被内置于"虚假广告"概念之下,而省去了受害方就代言人的代言行为与自己决策的作出以及受有损害之间具有因果关系的证明负担。当然,这一因果证明链条的简化未必是正当的。

---

① 《某明星代言洗衣粉被指虚假广告 被告上法庭》,载搜狐新闻2007年6月2日,http://news.sohu.com/20070602/n250360039.shtml。

② 《食品安全法》第140条第3款规定:社会团体或者其他组织、个人在虚假广告或者其他虚假宣传中向消费者推荐食品,使消费者的合法权益受到损害的,应当与食品生产经营者承担连带责任。与此相类似的还有2014年发布的《广告法(修订征求意见稿)》第60条。有学者以此为基础,推导出广告荐证人承担连带责任所要满足的因果关系应当存在于广告推荐活动与消费者遭受损害之间。参见宋亚辉:《广告荐证人承担连带责任的司法认定——针对〈广告法(修订征求意见稿)〉第60条的研究》,载《现代法学》2009年第5期。

（三）商品或服务是否涉及消费者生命健康

《广告法》所规定的广告代言人的民事责任条款的一个“特色”，便是区别广告所涉及商品或服务是否涉及消费者的生命健康而为责任的成立配置了不同的构成要件。然而产品是否涉及消费者生命健康并不是一个明确的标准；现代社会可以说几乎所有的产品和服务都可能与人身安全发生联系。如果三鹿婴幼儿奶粉所引起的巨大的社会反响凸显了食品安全兹事体大，湖南发生的“电梯吃人事件”提示了电梯产品事关公共安全，那么频频发生的不合格美容产品使消费者皮肤遭受损伤是否可以将美容产品也纳入“涉及消费者生命健康的商品和服务”的范畴？再如灯泡具有产品缺陷因而爆炸，碎片散落致人损伤是否说明灯泡同样涉及人身安全？甚至是一本书籍，其所用纸张以及印刷墨水质量低劣，含有超标有毒物质，都可能引起阅读者的晕眩或皮肤过敏反应。如此扩散开去，可以说几乎没有产品与服务不与公众生命健康相关，广告代言人的无过错责任的适用范围也会因此而无限膨胀。

从比较法上来看，广告内容“涉及消费者生命健康的产品或服务”这一要素透着浓厚的英美法与大陆法的混搭色彩。广告代言人所代言之产品是否涉及消费者生命健康很有可能在司法实践中扮演英美侵权法中的“可预见性规则”的角色，充当判断行为人过错，以及承担限制行为人承担责任的范围的功能。而在大陆法系当中，“可预见性”被内置于因果关系的判断之下作为对行为人承担责任范围限制的工具。[①] 因此无论是在英美法系还是大陆法系的相应制度当中，可预见性规则与判断行为人的主观过错的规则是相协调的，不至于产生重复评价的现象。但广告代言人条款的此种立法上的安排则可能引发对代言人主观状态评价的差异。

另外，“涉及消费者生命健康的商品和服务”这一表述应当是立法者是从食品安全问题抽象、发展而来的，但却显然缺乏仔细斟酌。尽管目前还没有审定案例作为素材，因此难以断言这一表述在法律适用过程中是否会给法院裁判造成困扰。但涉及了利益的不同分配的概念通常情况下需要大量的理论与实践经验作为支撑，使其内涵和外延尽可能精细化，否则难以承受随之而来因为人们对边缘利益的激烈争夺

① 参见李中原：《论侵权法上因果关系与过错的竞合及其解决路径》，载《法律科学（西北政法大学学报）》2013年第6期；叶金强：《可预见性之判断标准的具体化——〈合同法〉第113条第1款但书之解释路径》，载《法律科学（西北政法大学学报）》2013年第3期。

而产生的压力。由惩罚性赔偿制度对传统利益格局的更改而使“消费者”概念备受压力便可以说是一个典型。

值得说明的是,食品是涉及消费者生命健康的产品的观点已经深入人心。但这并不意味着围绕食品生产、运输及销售的每一个环节,每一点偏差都应当被认为因为关系消费者生命健康而被严肃对待。例如,“六个核桃”虚假广告纠纷案中,其代言人鲁某在广告中的代言词是“经常用脑,多喝六个核桃”。根据广告代言人责任条款的规定,由于饮品涉及消费者生命健康安全,其代言人当承担无过错责任。但事实上无论核桃与补脑之间是否正相关,皆与食品安全毫无关系。再如,令代言人饱受责难的排油减肥茶广告,虽然广告涉及的药品定然关乎消费者生命健康,但是其不合规范之处却是“新瓶装旧酒”的炒作,炒作之处并非涉及生命健康安全,这种情况下令其代言人承担失察的无过错责任是否合理?其实问题的关键在于,广告代言人条款以产品的主要属性作为向责任人分配过错或非过错责任的依据,但产品宣传的着力点却可能与产品的主要属性并不重合,由此可能引发司法裁判上的难题。

(四)过错与损害

相比《广告法》中的广告荐证人条款中,消费者合法权益受到损害的表达,广告代言人民事责任条款则删除了“合法权益”的限定。这无疑使原先便已十分宽泛的表述至少在字面上更加不受约束。但是正如前文所论述,字面意义上的宽泛并不代表司法实践中法院会如此跟进,而从我国侵权责任法一般条款的司法实践来看,法院在对待如何界定“合法权益”这一问题上态度偏于保守。

若广告所指向的产品或服务不涉及消费者生命健康,广告荐证人明知或应知广告虚假时则应当与广告主承担连带责任。从现行《广告法》所规定的广告代言人过错责任条款的行文与《广告法》中的广告经营者、发布者责任条款的比对来看,广告代言人承担责任的机理应当与广告经营者、发布者相同。但是他们各自所担负的注意义务是不同的——根据现行《广告法》第34条第2款的规定,广告经营者、发布者有查验广告主证明文件的义务;而根据《广告法》第38条第1款,[①]广告代言人仅对广告内容负有责任,而对于广告主身份的真实性没有查验义务。

---

① 《广告法》第38条第1款规定:“广告代言人在广告中对商品、服务作推荐、证明,应当依据事实,符合本法和有关法律、行政法规规定,并不得为其未使用过的商品或者未接受过的服务作推荐、证明。”

前文所分析的结果表明,立法者力图通过广告代言人条款强化广告代言人责任,以使损害得以在更多且具有经济能力的当事人之间分散。但由于这一条款涉及了多个非法学概念,或者是新创设的法学概念,但这些概念本身的内涵与外延,以及概念与概念间的区别与联系均缺乏足够的稳定性,因此这一新的规范究竟能够产生怎样的规范效果并不明确。

二、广告经营者、发布者、代言人过错责任条款

这里的过错责任条款是指《广告法》第56条第3款。该条款规定:“前款规定以外的商品或者服务的虚假广告,造成消费者损害的,其广告经营者、广告发布者、广告代言人,明知或者应知广告虚假仍设计、制作、代理、发布或者作推荐、证明的,应当与广告主承担连带责任。”从规范分析的角度来看,这一条文所涉及的关键概念有“明知和应知”“连带责任”。

1. 明知和应知

一般认为,“明知”对应主观过错中的故意,而“应知”则对应过失。相对而言,“故意”所受到的法教义学束缚更多,意指行为人对于一个被法律施以消极评价的法律后果明知且追求或放任的态度。在广告问题上的体现则是广告经营者、广告发布者明知广告主违反了法律(主要是《广告法》)的相关规定,而对此持追求或放任的态度。① 在主观过错客观化的大背景下,“过失”的解释总是充满争议。学界有观点认为管制规范为行为人创设了注意义务,对于管制规范的违反通常可以降低行为人构成侵权的论证负担。② 尽管管制规范与私法规范在功能与范围上并非总是重合,但是我国的广告发展现状却表明:当相关主体违反了民事责任条款而被起诉至法院时,他们往往同时违反了《广告法》中的禁止性规范。但当这一类型的民事诉讼发生时,法院却并非总是因为管制规范被触犯而直接认定广告经营者、发布者具有过错,而是以“广告发布者所应当负担的查验证明材料的义务”为基点发生了分歧。这一

① 尽管从民法理论上来看,主要为行为人明知自己的行为将导致被民法施以否定评价的结果而追求或放任自己的行为。但是由于广告法为专门规制广告问题的部门法,因此对于民事责任理论的运用应当因地制宜为《广告法》所要求的注意义务。

② 参见解亘:《论管制规范在侵权行为法上的意义》,载《中国法学》2009年第2期。

分歧的实质是根据法条字面意义所得出的结论常常违背了法官公平正义的法感情。质言之,当广告主为恶意欺诈,并以私刻公章、伪造证件等行为作为手段发布广告时,广告经营者、发布者仅施以一般注意义务很难对该造假行为予以识别。当只有在施加几乎高昂至难以承受的注意义务才可能发现广告主的诈骗行为时,若广告经营者、发布者的一般性疏忽便使其因过错而承担与广告主的连带责任似乎有违公平。

2. 连带责任

连带责任是一个内涵和外延均没有太大争议的、稳定的法学概念。依学者总结,连带责任是指债务人有数人,债权人得请求全部之给付或各债务人负有全部给付之义务,唯因一次全部给付,而其债之全部关系归于消灭的债务关系。[①] 这意味着按照广告经营者、发布者过错责任条款的规定,当广告经营者、发布者对于其所经营、发布的广告的虚假性和违法性为明知或应知时,广告受害方有权利依自己的意愿在广告主、广告经营者、广告发布者三个债务人中任意选取任意数量的债务人,并使之承担任意数量的赔偿责任,当赔偿数额达到损害额时,虚假广告受害方的请求权消灭。而后,连带债务人便有权利依照因果关系及过错程度在内部划分责任份额,超过承担自己责任份额的连带债务人获得向其他债务人追偿的权利。应当说这一"连带责任"的概念表述大大强化了对广告受害方的保护,诉讼风险被转移给了广告经营者、发布者。因为相比经济能力参差不齐的广告主,广告经营者,特别是广告发布者往往具有更高也更稳定的诉讼价值。

① 参见史尚宽:《债法总论》,中国政法大学出版社2000年版,第640页。

第三章　传统民事责任制度对虚假广告的规范效果

第一节　契约责任制度对虚假广告的规范效果

广告通常涉及前合同义务问题。对这一问题的处理有两条路径：第一条路径为解除合同束缚，其法学机理是因不当的信息提供致使合同一方当事人受困于非自愿的合同，因此赋予受害方脱离该合同的权利，并使其权利义务状态恢复至合同订立之前。这一路径所涉及的具体制度为重大误解、欺诈、缔约过失制度。第二条路径为“以假当真将计就计”路径，其法学机理是将广告内容纳入合同，使合同当事人期待的利益能够在合同约定的对价范围内实现。这一路径所涉及的具体制度为瑕疵担保责任、违约责任。尽管在合同法传统理论中这是边界清晰、相互配合同时又是相对封闭的制度，但是由于广告受众根据广告主民事责任条款提起的诉讼，往往并非要求撤销因为虚假广告而缔结的合同，而是在合同有效成立的情形下，要求“损害赔偿”，这便必须贯通欺诈制度与缔约过失责任制度才能形成比较框架。又由于合同仍然在有效成立的情形下，被冠以“损害赔偿”之名而获得填补的利益性质难以被清楚界定，且往往突破欺诈以及缔约过失所保护的信赖利益，因此瑕疵担保责任同样必须被纳入比较范围。

一、重大误解制度对虚假广告的规范效果

（一）理论的支撑

我国《民法典》第147、148、149、150、151条建立了以保护相对人意思自由为目的意思瑕疵制度。当被翻译为"错误的信息"的虚假广告致使相对人陷入认识错误时，该条款便获得了对这一错误信息进行规制的空间。该条款参考了《法国民法典》的立法模式，区分"误解"与"欺诈"。它们同为意思表示发出方对合同订立所倚赖之基础事实存在错误认识，但两者的焦点不同——"误解"作为撤销权生成之基础，其正当性理由在于涉及误解事项的"重大性"；而"欺诈"作为撤销权生成之基础，其正当性理由在于行为人意图使相对人陷入错误以促成契约之缔结的主观恶性。[①] 当然，"误解"与"欺诈"的区分只有相对意义，在许多情形下一方当事人对"重大事项"的误解必然涉及过错问题，而当相对方的过错达到一定强度时"重大误解"便与"欺诈"交汇了。

我国的重大误解制度由《民法典》第147条作出规定。从条文释义的角度来看，这一规定并未顾及表意人对于误解的发生是否具有过错，也未对"误解"进行定义以限制其范围。相比《德国民法典》第119条规定的两分法，[②]可以看出我国重大误解的制度构建作出了不同的选择——摒弃了动机错误与表示错误这一饱受争议的区分，而是以"误导"一词进行统合，并以"重大性程度"为标准对撤销权的赋予进行统一的限制。[③] 至于这两种立法模式究竟何者当更具优先性，则涉及价值判断及法政策衡量，本书不做更多讨论，而是在重大误解制度定位清晰化之后将关注的焦点集中于该制度对虚假广告问题的规制之上。

---

① 参见尹田编著：《法国现代合同法》，法律出版社1995年版，第86页。

② 《德国民法典》第119条以错误产生的阶段为标准区分"意思形成上的错误"（或称"动机错误"）与"意思表示错误"，前者仅在满足"性质错误"要求时方被配置撤销权，而后者则可以在不顾及错误是否重大以及行为人是否具有重大过失的情形下获得撤销权。

③ 理论界也不乏对我国重大过失制度的批判之声。参见徐晓峰：《民事错误制度研究》，载《法律科学（西北政法学院学报）》2000年第6期；隋彭生：《关于合同法中"重大误解"的探讨》，载《中国法学》1999年第3期。

（二）实务的立场

再来观察实务的立场。笔者以“虚假广告”与“重大误解”作为关键词在北大法宝案例库中进行检索，排除重复案例后得到有效判决书 7 篇。详见表 6：

表 6　与“重大误解”相关的虚假广告纠纷案

裁判文书编号	判决结果	判决理由
AA1 等与上海 BB 投资有限公司等其他合同纠纷上诉案[1]	驳回上诉，维持原判（驳回原告要求撤销合同的诉讼请求）	虚假广告所为之虚假陈述并不能够对合同订立之目的产生实质影响
上海寰华工贸实业有限公司诉上海通畅通讯电子有限公司买卖合同纠纷案[2]	驳回原告撤销合同并赔偿损失的诉讼请求	原告对涉争设备须使用转接头的事实为明知，不构成重大误解
刘某某诉无锡新时代专修学校教育培训合同纠纷案[3]	驳回原告要求被告退还学费并承担相关费用之诉讼请求	被告的广告宣传及相关材料并无虚假之处，原告不应产生误解
史某诉北京芮娜在线商业有限公司买卖合同纠纷案[4]	支持原告撤销合同之诉讼请求，部分支持原告赔偿经济损失之诉讼请求	被告未能证明已尽说明义务，原告对所购商品确有重大误解
叶某等与某某公司商品房预售合同纠纷上诉案[5]	维持原判（驳回原告撤销合同之诉讼请求）	对金山铁路的误解不属于法律规定可认定为重大误解的情形，且上诉人并无较大损失
孙某某与中国人寿保险股份有限公司北京市分公司人身保险合同纠纷上诉案[6]	驳回上诉人撤销合同并赔偿利息损失之诉讼请求	上诉人并未因误解而遭受重大不利后果
某某等与深圳市某某某股份有限公司等商品房买卖合同纠纷上诉案[7]	维持原判（驳回上诉人撤销合同并返还定金等诉讼请求）	原告的误解并不能够达到严重影响合同目的之实现的程度

[1] 参见上海市第一中级人民法院民事判决书，(2011) 沪一中民终字第 2842 号。
[2] 参见上海市普陀区人民法院民事判决书，(2004) 普民二（商）初字第 924 号。
[3] 参见江苏省无锡市崇安区人民法院民事判决书，(2013) 崇民初字第 0001 号。
[4] 参见北京市东城区人民法院民事判决书，(2000) 东民初字第 1100 号。
[5] 参见上海市第一中级人民法院民事判决书，(2013) 沪一中民二终字第 121 号。
[6] 参见北京市第二中级人民法院民事判决书，(2009) 二中民终字第 17760 号。
[7] 参见广东省深圳市中级人民法院民事判决书，(2010) 深中法民五终字第 427 号。

表6中的案件发生时,《民法典》尚未出台,最高人民法院《关于贯彻执行〈中华人民共和国民法通则〉若干问题的意见(试行)》(以下简称原《民通意见》)第71条是法院判决的主要规范依据。这一份表格表明司法实践中法院对原《民通意见》第71条的完全贯彻——将"合同目的不能实现"或"遭受重大损失"等结果要素充填进"重大误解"的构成要件,使重大误解制度横跨于保护行为人意思自治的欺诈制度与维护合同均衡性的显失公平制度之间,地位尴尬、责任难以构成,仅能够对极端个案下的虚假广告受害方提供有限的救济。

尽管对虚假广告仅有有限的规制力,但结合理论与司法实践对其构成要件进行总结和评析仍为必要。由于基于重大误解制度所产生之撤销权并不考虑过错,因此虚假广告的概念问题在此被淡化了。① 从主体来看,隶属于民法体系的重大误解制度以抽象程度最高、涵盖范围最为广泛的民事主体为调整对象,不以当事人双方的社会角色不同而区别对待,也未将任何一个群体排除出该制度的适用范围;从撤销权构成要件来看,广告受众需对被原《民通意见》第71条规定事项所涉及的事实有错误认识,并且因此导致合同目的不能实现或遭受重大损失;从撤销权行使可能遇到的障碍来看,撤销权的行使受限于一年的诉讼时效,自虚假广告受众知道或应当知道起算,且若虚假广告受众明确表示放弃该权利,则该权利归于消灭;从损害赔偿发生所需条件来看,根据《民法典》第157条,损害赔偿的发生以过错为要件,且适用"过错相抵"原则——即使广告主以虚假陈述诱使对方当事人缔结合同,广告受众的轻信仍然可能成为归责事由,从而为广告主减轻损害赔偿责任提供可能;从损害赔偿的范围来看,重大误解制度仅支持信赖利益损失,即将当事人双方的利益格局回复至合同未订立状态,这与意思瑕疵制度旨在保护行为人之合理信赖是相匹配的。

二、欺诈、缔约过失制度对虚假广告的规范效果

缔约过失责任制度源于德国。缔约过失责任在德国法上引发了极大的争议,主要原因在于其会对欺诈制度与瑕疵担保责任制度形成冲击,造成不必要的和复杂难

---

① 重大误解制度中"误解"的比对对象为客观事实,而非广告所营造之事实。而虚假广告概念构造之着眼点在于广告之于误解产生的作用力。因此当广告主的主观过错被屏蔽时,虚假广告概念的重要性便被淡化了。

解的竞合问题。后来经过德国学界的分析和努力,在解释论上扩张了瑕疵担保责任的适用范围,并将缔约过失责任基本定位于"一般条款"并确认其仅在特殊情形下对类似"过失做虚假陈述"等案例群提供有限的适用空间,从而从宏观上大概地解决了这一问题。我国的情况有所不同。尽管《民法典》第500条从语意上说,"故意隐瞒与订立合同有关的重要事实"和"提供虚假情况"意味着不同的构成要件,即在消极未承担告知义务时以故意为要件,而在积极告知错误信息时不要求主观过错,但是学界似乎并没有给予这种语意解释上的可能性以关注,而只是径行认为在该条款下行为人因故意而承担责任,①由此欺诈在事实构成层面并不比缔约过失责任中的虚假信息责任更为严苛。换言之,两者几乎完全一致了。学者因此提出两者仅为分工不同——欺诈制度处理意思表示的效力问题,而缔约过失责任则为受到损害的人提供救济手段②——的解释,但这一理论观点难以解释《民法典》第157条与《民法典》第500条的关系——《民法典》第157条从文义解释来看正是为遭受损失的合同当事人提供救济。如此一来,与德国缔约过失制度因为大幅度降低信息责任的主观过错门槛而惹起的轩然大波不同,我国由《民法典》第148、149、150、151条与第157条所构成的欺诈救济,与第500条所建立的缔约过失责任救济,从构成要件的角度,前者几乎可以完全作为后者的一个子类而被包含在内,然而从法效果的角度,前者依据《民法典》第157条而为损害赔偿是基于合同撤销后的损害赔偿当无疑义,但后者不同,其能否在合同未被撤销而有效成立的情形下为被欺诈方提供损害赔偿请求权,从条文构造上来看并不清晰。但是由于本文的研究目的并非协调欺诈制度与缔约过失责任制度,两者目前所存在的问题反而使这一部分的论证能够被简化——只需从欺诈或缔约过失制度中选择其一,论证其构成要件即可。

---

① 参见尚连杰:《先合同说明义务违反视角下的缔约过失与瑕疵担保关系论——德国法的启示与中国法的构造》,载《政治与法律》2014年第11期。尽管在部分专著中,缔约过失的主观过错要求被描述为"过错责任",但是这并非针对原《合同法》第42条第2项的解释,而是一个一般的具有概括性的表述,更大的可能是关于缔约过错责任的主观过错要求被原《合同法》第43条的"不正当"和第58条的"过错"这一措辞而降低。具体参见魏振瀛:《民法》,北京大学出版社、人民教育出版社2000年版,第420页;韩世远:《合同法总论》,法律出版社2004年版,第147页。

② 参见韩世远:《合同法总论》,法律出版社2004年版,第145页;尚连杰:《先合同说明义务违反视角下的缔约过失与瑕疵担保关系论——德国法的启示与中国法的构造》,载《政治与法律》2014年第11期。

（一）广告主的欺诈与缔约过失责任

1. 理论的支撑

尽管经济法学者对欺诈责任严苛的构成要件多有批评之声，但传统民法视角下，合同欺诈责任构成一直稳定。① 通说认为，欺诈首先需要有欺诈行为，通常情况下需要有积极的作为，默示欺诈只在法律规定行为人有作为义务时方有可能成立。其次欺诈必须具有故意，这里的故意是指欺诈人必须有意使相对人陷入错误，且有意诱使其作出意思表示。最后为因果关系，即相对人需因为欺诈而陷入错误，且因陷入错误而作出意思表示。② 与我国的欺诈责任通说相比，德国法上的欺诈理论通说大体相同，但更为细致，对欺诈中特殊情形例如默示欺诈以及第三人欺诈形成了更为完整成熟的判断标准，案例的积累也更为丰富。

将虚假广告带入欺诈的分析框架，则虚假广告受害方需要证明自己的决策是因为遭受了广告所包含的客观虚假信息的欺骗或误导而作出。事实上，只要受害方能够证明广告包含虚假信息，而自己只要声称是因为受到了虚假广告的误导，则除非广告主能够排除原告的决策与广告之间的因果关系，否则这一构成要件便应当认为已充足。当然原告还需要证明广告主的故意。但是，虽然欺诈人的主观过错难以被证明是欺诈制度饱受责难的主要原因，但是在广告这样一个具体的领域，再考虑我国虚假广告的主要形态，广告主的主观故意不难被证明。原因在于广告主对于广告所传达的信息通常情况下具有独占的优势，而我国最为普遍的虚假广告是将“无”说成“有”，将“劣”说成“优”，其故意可以说显而易见。德国学者将虚假广告比作整座冰山，而欺诈则只是其中浮出水面的一小部分，③以揭示欺诈制度对广告问题进行规范的困难。我国市场中的广告则更多为“简单粗暴”的客观虚假信息，诸如“不住院不开刀，7天根治颈椎病”的广告俯仰皆是。

---

① 关于知假买假是否能够适用《消保法》中的惩罚性赔偿制度可以说是经济法学界与民法学界对欺诈不同构成要件的认识矛盾的焦点。例如有学者主张以竞争法原理充填欺诈制度，参见谢晓尧：《欺诈：一种竞争法的理论诠释——兼论〈消费者权益保护法〉第49条的适用和完善》，载《现代法学》2003年第2期。

② 参见韩世远：《合同法总论》，法律出版社2004年版，第159～161页。

③ Vgl. Lehmann, Michael, Die bürglichrechtliche Haftung für Werbeangaben-Culpa in contrahendo als Haftungsgrundlage für vertragsanbahnende Erklärungen, NJW (1981), S. 1240.

2. 实务的立场

为展示法院立场，笔者选择范某某与郑州易初莲花连锁超市有限公司等产品责任纠纷上诉案①与赵某某与郑州易初莲花连锁超市有限公司产品质量损害纠纷上诉案②作为典型案例。两案件案情近似，一审均驳回原告关于认定被告行为具有“欺诈”的诉讼请求，然而尽管二审法院同为郑州市中级人民法院，但裁判结果却不尽相同。分析这样具有反差性的案例应当更能够解读出实务在分析欺诈构成上的真实立场。

在范某某与郑州易初莲花连锁超市有限公司等产品责任纠纷上诉案中，二审法院由“被上诉人所发布的广告违反禁止性规定”而征引出该广告构成欺诈：

……《国家工商行政管理局关于“极品”两字在广告语中是否属于“最高级”、“最佳”等用语问题的答复》明确规定在产品外包装上不得使用“极品”类绝对化用语，该规定属禁止性规定。李锦记公司在该公司生产的 X. O 酱产品上标注“极品”字样直接违反了广告法及国家行政机关的有关规定，使消费者产生错误认识，而购买该公司生产的商品。其上述行为已构成欺诈消费者的行为，侵犯了消费者的合法权益。……李锦记公司、易初莲花超市作为企业明知使用此类字样不当，但仍然生产、销售印有此类字样的产品属故意，对消费者已构成欺诈。故范某某要求李锦记公司、易初莲花超市对其进行“1+1”赔偿的请求，本院予以支持。另外，范某某请求赔偿交通费并提交了 1 元公交车发票，本院予以确认。……综上所述，原审法院以该用语未标注于包装的显著位置，不足以造成对消费者明显误导为由，驳回范某某的诉讼请求不当，本院应予纠正。依照《中华人民共和国民事诉讼法》第 153 条第(1)款第(2)项，《中华人民共和国消费者权益保护法》第 49 条、《中华人民共和国民法通则》第 130 条之规定，判决如下……③

而在赵某某与郑州易初莲花连锁超市有限公司产品质量损害纠纷上诉案中，一

① 河南省郑州市中级人民法院民事判决书，(2009)郑民二终字第700号。
② 河南省郑州市中级人民法院民事判决书，(2009)郑民二终字第1987号。
③ 河南省郑州市中级人民法院民事判决书，(2009)郑民二终字第700号。

审法院以原告并未能够证明被告具有欺诈的故意为由驳回了原告的诉讼请求，该判决得到了二审法院的支持。

……据此可知，欺诈行为须以“故意”为构成要件，被告销售该电视时使用“极品数字王”字样进行了宣传，该行为对消费者存在一定的误导，应承担相应的责任，故此，对原告主张退回购物款的诉讼请求，该院予以支持，同时，原告应将其所购电视机退回被告郑州市易初莲花连锁超市有限公司。创维作为国内知名品牌，被告在进行销售时对消费者的消费判断及选择是否存在影响及该影响对消费者权益的损害后果，原告赵某某未向法院提交相应的证据充分予以说明且加以佐证，现有证据不足以证明被告销售该电视时使用“极品数字王”字样进行宣传构成消费者权益保护法中所规定的欺诈故意，被告的宣传行为仅系违反了《中华人民共和国反不正当竞争法》中作为经营者禁止虚假宣传的禁止性规定，应当由行政机关对其作出相应的处罚，原告主张的“1＋1”赔偿，证据不足，该院不予支持。①

提取上述两案例的构成要件如表7所示：

表7 与“缔约过失责任”相关的虚假广告纠纷案

案号		过错	虚假事实	陷入错误	因果关系	影响决策	判决结果
(2009)郑民二终字第700号	初审	○	○	×	○	×	驳回
	终审	√	○	√	○	√	改判支持
(2009)郑民二终字第1987号	初审	×	○	√	○	√	驳回
	终审	○	○	○	○	○	维持原判

注：符号“○”表示法院裁判文书中未对该构成要件进行分析；符号“√”表示法院裁判文书中认为该构成要件得到了满足；符号“×”表示法院裁判文书中认为该构成要件未满足。

上述案例法院均未就广告是否包含一个可事后验证的虚假事实作出判断。这

① 河南省郑州市中级人民法院民事判决书，(2009)郑民二终字第1987号。

可能是公法优越论在司法实践中的具体体现——两案例所涉及广告皆直接违反了广告的管制性规范，于是法院便直接将广告内容违反管制性等同于虚假事实。另外，虚假广告对行为人的影响部分的论证粗糙，法院并没有具体去考虑行为人陷入错误与该错误导致行为人作出决策之间的关系。另外，尽管在原告诉求得到支持的案例当中，主观过错要件被纳入了考量范围，但是法院所理解的被告具有"故意"是指向管制性规范的，即故意违反管制性规范，而并非如欺诈的教义学所要求，故意使相对人作出意思表示。两者皆为故意，但内容完全不同。可以说，欺诈理论上的构成要件在司法实践只有轮廓残留，法院已不受欺诈具体构成要件的约束，判决表现出很大的随意性。

（二）广告代言人的欺诈责任

广告代言人构成欺诈最大的障碍是"恶意"要件难以被满足。由于广告代言人所掌握的产品信息少于广告主，因此相比广告主其更不容易满足"明知自己在广告中的推荐和证明活动的内容与客观事实不相符"这一主观构成要件。

以某明星在三鹿婴幼儿奶粉广告中的代言活动为例。三鹿集团作为广告主对于旗下奶粉添加三聚氰胺自然心知肚明，对将会产生的后果也应当有所预见。但其明星代言人则对三鹿集团这一举动既不知情，也不具有知情的可能性。通常情况，"不知道"便可以否认其主观恶意。但由于所涉事件关系重大，因此还需要对他的"并不了解"是否具有合理性作出判断，才能够决定是否可以排除"恶意"。这一更进一步的分析要求有其正当性：若对一个关系重大的事实的断言没有合理的基础，则可以认为行为人存在欺诈的恶意。德国法学教科书中最常用的例子便是一位二手车的卖家在没有经过任何检验的情况下便向买家声称标的车辆不曾经历任何车祸。明星代言人在三鹿婴幼儿奶粉的代言活动中有这样一句台词："专业生产、品质保证，名牌产品，让人放心，还实惠，三鹿慧幼婴幼儿奶粉，我信赖！"于是有主张其应当承担民事责任者质疑，该代言人向公众断言"我信赖"是否有正当性基础？言外之意是，该代言人为自己并不了解的产品作出品质保证，自然应当在其保证与事实并不相符时承担相应的民事责任。而持相反意见者则认为，奶粉成分复杂，对其进行安全性确认是国家质检机关的工作，演员能够做到的便是查验所代言产品的证明文件是否齐全，其对证明文件齐全的产品产生信赖，进行推荐是合理的。[①] 关于如何认定行为人信赖产生的合理性，德国民法理论上区分专业人士与非专业人士。[②] 专业人员的陈述必须以充分的事实基础为依据，而对于普通民众，则只要其陈述并非草率、马虎，则不会被认为具有足够的主观过错程度。从这个角度来看，若明星代言人确实已经查验了所需要的相关证明文件，则不应认为具有主观恶意。

而在另外一位明星代言排油减肥茶所引起的纠纷中，代言人的推荐和证明活动则有所不同。主要体现在：(1)排油广告具有可被外界观察到的、形式上的瑕疵，其所实际发布的内容与报送审核的内容不符。(2)代言人的代言活动包含可被理性主体不需花费过高注意力便可识别的，与事实不符的内容。包括“三个月抹平大肚子”的宣传，以及对该减肥茶功用在不了解情况下的推荐和保证。从央视“3·15”晚会对排油减肥茶广告进行“揭秘”后，其明星代言人的个人回应来看，他是明知“三个月抹平大肚子”并不符合事实的。但他认为，夸张是广告的天性，不应过于较真。可以看出，代言人认为自己没有义务去核查产品营销过程中的卖点是否属实。然而，这却是代言行为是否应受到法律规制的重要考量要素。

1. 代言人是否有义务核查实际广告内容与广告报审内容是否一致

以没有核实广告内容为由要求代言人承担民事责任，实际上向代言人施加了一个作为义务。但这无论是在《广告法》还是在《广告实施管理条例》，或是在《广告实施管理条例细则》中均没有条文依据。即使是《广告法》第38条也只是要求代言人的推荐、证明应当符合事实，对于所代言产品必须存在个人使用经历。另外，司法实践中也没有判决为广告代言人创设这一义务。最后，即使制度创设了这一核查义务，代言人未履行这一义务，也只能被认为具有过失，而不能够被认为存在构成欺诈所要求的恶意。

2. “三个月抹平大肚子”的陈述是否具有欺诈的恶意

广告并非对事实的平铺直叙。广告与艺术亲缘，必然伴随夸张，这会给法律判

---

① 《老太饮用奶粉不适状告代言人邓某　律师称太牵强》，载搜狐网，http://news.sohu.com/20080924/n259713349.shtml。

② Vgl. Kötz · Wagner, Deliktsrecht, 12. Auflage, Rn. 487.

断带来模糊性。虚假广告与艺术夸张的边界何在是一个至今困扰法律人的难题。①从进行商业陈述的一方来看，广告代言人认为该表述不应当被认真对待，这意味着他并没有认为广告受众会仅仅因为他的这一句广告词而作出购买决策，这已经能够说明代言人并不具有主观恶意了。

3. “挂羊头卖狗肉”的排油茶宣传是否满足欺诈中的恶意要求

对不甚了解之物，人们总是倾向于相信它们具有某种超出自己知识所及的神奇能力。于是，商家频频炮制新概念，宣扬新理念以诱导消费。从排油减肥茶所打出的系列广告来看，具有某种特殊成分是广告主劝诱消费的一个关键点，因此就以该特殊成分为噱头诱导消费这一点来说，当认定广告主具有恶意。那么作为这一广告的代言人是否同样应当被认为具有欺诈之恶意，则需要区别其对广告主“挂羊头卖狗肉”的营销手段是否明知来分析。

(1)若代言人明知

若代言人明知广告主炮制某种特殊成分减肥概念，产品实际成分却与该特殊成分毫无关系，并不必然意味着其具备欺诈的恶意。还需要考察，他对该特殊成分理念会促成其目标受众作出购买决策是否知晓。如果知晓，则代言人具有欺诈的恶意，若并不知晓，则恶意并不成立。但是否知晓深藏于内心，若消费者坚称正是因为信任该特殊成分的神奇疗效而作出购买决定，这会使广告代言人处于十分不利的地位。这时可以由法院根据具体情况进行推定。若有证据证明广告代言人对其商业言论所产生的影响并不知晓，则不宜认定该代言人“应当知晓”。原因是不同的人群对于相同的营销手段反应并不相同。代言人并不具有市场营销专业知识，不清楚这种以某种特殊成分为幌子的营销手段在不同广告受众中产生何种效果是可能的。代言人收入较高，而该排油减肥茶定价29元，显然是面向经济能力较低人群。如果代言人从自身的认识能力出发，推己及人，认为是否具有某种特殊成分对于购买决策不会有太多影响，也是可能的。

(2)若代言人对此并不知晓

若代言人并不知道某种特殊成分只是一个推动销售的幌子，则原则上不应当被

① 参见朱欣欣：《论夸张广告的法律边界——基于夸张广告案例的研究》，南京大学2012年硕士学位论文。

认为具有恶意。但如前文所言,根据欺诈理论,关系重大利益时没有根据的断言同样构成恶意。那么这里需要解决的问题便是代言人是否负有了解该排油减肥茶是否具有某种特殊成分的义务。如果该义务成立,则代言人未对排油减肥茶成分做专门了解便向广告受众进行推荐,可能构成欺诈。判断是否存在这一义务的核心是,某种特殊成分是否构成欺诈理论上的"事关重大利益"。可以注意到,德国法上,卖家不经证实便声称二手车辆未遭遇过车祸,是认定"事关重大利益"的经典案例。因为是否遭遇车祸是影响二手车价格一个至关重要的因素,同时也会极大地影响二手车的安全性和稳定性。如果从这一典型案例中抽取出判断"事关重大利益"的标准为:对产品价格和功能产生影响。将该标准带入排油减肥茶广告当中,则问题转化为:是否具有某种特殊成分会不会显著影响减肥茶的价格?是否显著影响减肥效果?通常情况,影响茶叶价格的因素有很多,茶的种类只是其中的一个影响因子。而且具有某种特殊成分的并非严格意义上的茶叶种类,因此不能说具有某种特殊成分的茶的一般价格高于普通的茶叶。至于减肥茶并不具有某种特殊成分是否显著影响其减肥效果,央视"3·15"晚会上播放的短片对此并无涉及。但无论如何,除非有相应的科学研究作为支撑,否则不能认为某特殊成分是影响减肥效果的决定性因素。因此,在代言人对排油减肥茶是否具有某种特殊成分并不了解的情形下,不能成立欺诈的恶意。

三、履行辅助人制度对虚假广告的规范效果

合同责任也可能涉及第三人。因此广告经营者、发布者同样可能因经营、发布虚假广告而受到合同法的规范。但是,如果我们对合同责任中涉及第三人责任的情形进行观察,便不难发现合同法中对第三人责任的规范从原则上来说是以强化合同的相对性为出发点的,即尽量排除第三人对合同一方当事人承担契约责任的影响,或者从保护受害方的角度将第三人对受害方造成的损失归结于合同一方当事人,以使受害方能够从另一方当事人处获得赔偿。然而这一方向与现行《广告法》第56条所规定的广告经营者、发布者与广告主承担连带责任恰恰相反——如果以合同的语境对这一条款进行解释,那便是将第三人(广告经营者、发布者)拉入广告主与广告受众这一合同关系当中,使广告经营者、发布者同样成为遭受损失的广告受众的债

务人。

以“履行辅助人”(Erfüllungsgehilfe)制度为例。有学者认为,我国原《合同法》第121条可以为“履行辅助人”提供规范基础。[①] 然而参考德国法,不难发现尽管广告发布者、广告经营者可能符合德国法学理论对履行帮助人的定义要求,[②]广告经营者、发布者条款却并不符合履行帮助人制度的价值取向——前者旨在使作为第三人的广告经营者、发布者加入债务人行列,而后者则旨在使合同一方当事人为履行帮助他人的过错而承担不属于自己的责任。从现实情况来看,尽管广告经营者、发布者对于广告受众所遭受的损害往往因为审查不严而具备过错,却一般并非直接引起损害发生的行为人,其责任的成立始终以广告主责任成立为必要(而不充分)条件。因此很明显,这两个制度存在本质差异,履行帮助人制度不具备对广告经营者、发布者发生规范作用的能力。

除此之外,如果合同法在具体规范中明文规定了广告经营者、发布者与广告主承担连带责任,那么广告经营者、发布者条款自然能够从合同制度中获得规范基础,然而在《民法典》第67、786、791、834、932条所规定的全部连带责任中,并没有能够将广告经营者、发布者与广告主涵射在内的规范。由此我们可以得出结论,《广告法》中的广告经营者、发布者条款不能产生合同法上的规范效果。

第二节　侵权责任制度对虚假广告的规范效果

一、侵权责任制度对广告主的规范效果

我国侵权责任以“合法权益”遭受侵害,而非具体的行为作为评价责任是否成立的核心。然而又与大陆法系的代表——德国侵权法严格依据遭受侵害的“权益”的不同等级以配置不同的责任构成要件相异,我国在立法上放开了对“合法权益”属性

① 参见叶金强:《旅游纠纷中的连带责任——以“焦某某案与中山国旅等旅游侵权纠纷案”为参照》,载《法学》2015年第2期。

② 履行帮助人根据债务人的事实意愿,作为债务人的帮助人,为债务人承担履行义务。Erfüllungsgehilfe ist, wer nach den tatsächlichen Gegebenheiten mit Willen des Schuldners als dessen Hilfsperson bei der Erfüllung der Pflichten des Schuldners tätig wird, Vgl. Dirk Looschelders, Schuldrecht, Allgemeiner Teil, Aufl. 9, Rn. 542.

的要求。这意味着，从立法层面来看，似乎虚假广告总是能够受到侵权责任的规范——如果法学家们及法院赞同将“决定自由”纳入受到侵权法保护的“合法权益”范畴。当然，与法定色彩浓厚的物权法有所不同，侵权法所实际能够产生的规范效果更多地取决于其背后的理论以及实务界的态度。

（一）因果关系

虚假广告可能直接侵害的权益只有自由权、知情权或导致纯粹经济损失，然而三者均不能够被纳入绝对权范畴。无论是《广告法》公布之初被视为侵权责任一般条款的原《民法通则》第106条第2款，①还是现今作为侵权责任一般条款的《民法典》第1165条，前者普遍被认为立法时并未考虑纯粹经济损失问题，②而后者虽然明确采取法国式的一般条款，但是司法实践和法学理论均不认为其对权利和利益采取了平等保护的态度。因为虚假广告导致健康权、身体权受损，往往是间接的。因此在因果关系的判断上，可能存在因果关系中断的情形。尽管在前文总结侵权类型案例时，并没有法院以因果关系中断为由拒绝原告的诉讼请求，但这很可能是因为广告主与合同缔结后向广告受众提供产品和服务的是同一人，因此法院没有必要仔细甄别虚假广告与嗣后的产品和服务对于权利遭受侵害所应当承担的原因力，但这并不表明法院完全不考虑这一因素的作用。例如，在施某与云南人民广播电台虚假广告纠纷上诉案③中，由于广告主下落不明，原告起诉广告发布者要求其承担民事责任，于是法院便对于虚假广告与遭受损失间做了切割，尽管法院“……原告财产损失与广告没有直接因果关系”的表述不算严谨，但是这至少表明了事实上广告对行为人所发生的引诱与影响，可能被嗣后行为人进行的更为具体的接洽，以及嗣后发生的事件所切断的可能。

（二）纯粹经济损失问题

发生纯粹经济损失时，法院可能面临法律适用的困难，尽管侵权法立法层面明示法律和利益均得到侵权法的保护，然而法院面临判决时仍然小心谨慎，在没有权

---

① 现为《民法典》第207条：国家、集体、私人的物权和其他权利人的物权受法律平等保护，任何组织或者个人不得侵犯。

② 参见葛云松：《纯粹经济损失的赔偿与一般侵权行为条款》，载《中外法学》2009年第5期。

③ 云南省昆明市中级人民法院民事判决书，(2004)昆云0102民终6号。

利受到损害时对原告的损害赔偿请求非常迟疑，正如有学者所言："如果法官决定支持原告的赔偿请求，则适用《民法通则》第 106 条第 2 款而不作论证，似乎本该如此，而如果不予支持则依照纯粹经济损失的有关知识而予以判断。"①这反映了纯粹经济损失处于我国侵权法保护领域的边缘地带，然而观察前文适用广告法中民事责任条款的侵权类型的案例，其中没有绝对权受到侵害的 3 个案例，法官均支持了原告的要求损害赔偿的诉讼请求，这或许可以归功于广告主民事责任条款——为边缘案例提供适用依据，减轻法院法条适用困难。但是，这并不意味着广告主民事责任条款为消费者提供了某种特殊的保护，而毋宁说是对侵权法一般条款边缘领域的一次固定，或者说是对一种特定类型的应当予以赔偿纯粹经济损失的确认，其请求权基础仍然在于侵权责任，并且也没有理由认为这一廓清边缘行为是以消费者的特殊保护为目的。这一点可以通过与在侵权法一般条款对纯粹经济损失进行保护的案例的比对得知。

（三）主观过错问题

无论如何，侵权法视野下在存在绝对权被侵害时，广告主对过失负责，这里的过失应当指向行为，即过失发布虚假广告。在司法裁判中，判决书中大多没有对主观过错进行论证，这有三种可能：第一，司法实务已经将广告责任认定为无过错责任；第二，司法实务认为只需要承担过失责任，而广告主过错往往显而易见，因此无须论证；②第三，司法实务认为需要承担故意责任，广告主的故意显而易见，因此无须论证。第一种可能性因为直接与立法目的冲突，且这种对现有民法体系造成冲击却不做任何说理的做法，既与法治精神不符，也与我国法院司法实践现状不符，其可能性基本可以排除。第三种可能完全可以被纳入侵权责任的框架之下，因此这里无须予以讨论。真正值得讨论的是第二种情形。第二种情形又可以分为两种情况，一种是存在绝对权受损，这种情况过失责任与侵权责任体系保持一致，而从前文搜集的案例来看，广告主存在过失应当没有疑义。因此其可以被纳入侵权框架下。而在另一种不存在绝对权受损的情形下，司法实务在援引旧广告主民事责任条款时是否得以放宽条件至过失，才是问题的关键之所在。我们首先观察，有没有判决书对于过失

---

① 参见葛云松：《纯粹经济损失的赔偿与一般侵权行为条款》，载《中外法学》2009 年第 5 期。

② 参见解亘：《论管制规范在侵权行为法上的意义》，载《中国法学》2009 年第 2 期。

虚假广告成立侵权所要求的主观过错程度作出明确说明。在王某诉东方肾脏病医院邮购药品赔偿纠纷案中,①尽管判决书中并无明确表示,但是法官在其后的评论中却明确地传递了这样一种思路:广告主东方肾脏病医院明知自己的行为违反了《广告法》中的相关强制性规定,因此成立欺诈。判决文书行文如下:

本案争议的实质问题是,王某与东方肾脏病医院之间是否构成消费关系;如果存在消费关系,东方肾脏病医院的违法广告又是否构成对患者的欺诈,从而应当双倍赔付的问题。……《药品管理法》对药品经营作了明确规定,对药品广告也进行了严格规范,它要求广告的内容必须真实、合法,以国务院药品监督管理部门批准的说明书为准,不得含有虚假的内容。药品广告不得含有不科学的表示功效的断言或者保证。发布药品广告须经药品监督管理部门批准,并对其批准的广告进行检查,禁止违反《药品管理法》和《中华人民共和国广告法》的情形发生。如前所述,《广告法》第14条已经对药品、医疗器械的广告作了限制性规定,《药品管理法》这一特别法再次对药品广告进行了规范,东方肾脏病医院的广告虽然在《药品管理法》实施之前作出,但是,其所做的广告发布在《广告法》实施之后,《广告法》已足以约束其广告行为。但其无视该法律规定,仍做虚假广告,误导消费者。东方肾脏病医院存在欺诈行为是明显的,由此造成患者王某购药的经济损失,应当承担相应的民事责任。②

严某诉张某等虚假广告纠纷案与前一个案例较为相似,但法官只表示:“依照法律规定,食品广告的内容不得使用医疗用语或者易与药品混淆的用语。本案中,松针胶囊为保健食品,并非药品,而《江海晚报》发布的广告中出现了‘治好了’‘快速改善各种慢性疾病’等关联词句,足以使公众产生该产品具有‘药品’功效的认知,并误导消费者作出违背真实意愿的购买行为,属于虚假广告。”③尽管裁判文书的表述不十分明确,但我们仍可以揣测,法院因为被告违反了某管制规范而径行推定过

① 四川省泸州市中级人民法院民事判决书,(2006)泸民终字第783号。

② 四川省泸州市中级人民法院民事判决书,(2006)泸民终字第783号。

③ 江苏省南通市崇川区人民法院民事判决书,(2013)崇民初字第0847号。

错要件满足。有学者在研究违反管制性规范与侵权责任构成之间关系时认为，违反管制性规范可以根据管制性规范的类别而认定主观过错要件是否已充足。① 质言之，当管制性规范具有保护受害方目的时可大致推定侵权构成要件已充足。但是这里的侵权构成要件是指一般侵权的构成要件，即过失。当主观过错程度要求为故意时，这一推定是否仍旧成立，不无疑问。但是若讨论广告主是否具备故意，认定前述两案例广告主出于故意而发布虚假广告应当没有问题，即使根据故意的理论通说，故意的射程应当及至结果，也当无问题，因广告主明知合同标的不具备广告所承诺之功效而诱导消费者与之缔结合同，而放任消费者购买目的落空，遭受价款损失，也就是纯粹经济损失。

崔某诉四联法硕案情况比较特殊，如果从违反管制性法规的角度考虑，这里广告主违反的管制性法规与保护受众不受误导距离较远，以违反管制性规范直接推导出主观过错以及违法性便显得牵强；如果从一般侵权构成的角度考虑，知情权不能被认作侵权法上的绝对权。因此从这一案例原告的获胜，我们似乎可以发现一个明确适用侵权法体系却无法被侵权法体系理论所容纳的案例。但是这一突破是不是基于旧广告主民事责任条款所构造的特殊要件降低了门槛呢？恐怕很难这么说，因为从法院分析来看，法院说理并没有基于修订前广告主民事责任条款条文构造，而是以违反行政法规和消费者权益保护法规定的知情权为由，在侵权的框架下作出判决，因此即使我们说对消费者作出了特殊保护，那也是基于消费者权益保护法而为，与旧广告主民事责任条款的特殊性无关。该裁判文书的论证如下：

……鉴于以上原因，四联中心所办四联法硕的项目没有取得相应的培训资质，违反行业相关法规，其提供的广告内容使公众认为其具备办学资质，系虚假宣传，对消费者造成误导，侵犯了消费者的知情权，应承担侵权责任。大学生杂志社作为广告经营发布者，没有尽到应尽的审查义务，使上述广告得以发布，应对此承担连带责任。该广告使原告崔某对四联法硕的项目产生误解，报名后发现问题却不能得到及时解决，使其合法权益受到损害，崔某起诉要求四联中心与大学生杂志社赔礼道歉、

① 参见解亘：《论管制规范在侵权行为法上的意义》，载《中国法学》2009 年第 2 期。

退还报名费及赔偿车费的诉讼请求于法有据,本院予以支持。①

可见,如果我们以侵权法视野看待广告主民事责任,确实有部分案例位于侵权理论框架的边缘地带,法院若仅依据侵权责任法可能会面临大量的论证任务和利益衡量的要求,因此广告主民事责任条款为法院判决提供了较为明确的指引,是对侵权边缘案例类型的一次明确化,降低了法官适用法律的困难。但是,这只是对模糊领域中一个类型的明确化,而非对侵权已有保护领域明确的突破。

(四)合法权益的厘清

"合法权益受到损害"始终为侵权责任是否成立的重要且充满争议的一环。由于发布虚假广告并非被我国原《侵权责任法》具体化的行为样态,因此应将虚假广告侵权置于一般条款的分析框架之下。在涉及立法论与解释论之间存有罅隙而可能带来的法律适用问题之前,先着力探清虚假广告是否损害以及损害何种绝对权,应当为一种符合逻辑的安排。

1. 精神自由

从虚假广告受众因误信广告内容而为一定意思表示的角度来看,意思表示发出方的自由决定权受到了损害。在比较法上,《德国民法典》第823条第1款虽包含有"自由权",但是德国学界主流观点却认为这里所列举的"自由权"与《德国刑法典》中的自由权属同一范围,即限于身体自由,而并不包含精神、决定自由。② 因此虚假广告受害方需要满足《德国刑法典》中的诈骗罪构成要件,而后绕道《德国民法典》第823条第2款方可凭借侵权责任以获救济。在此情形下,包含精神自由的"自由权",不属于我国侵权责任一般条款明确列举的保护对象。

2. 绝对权

虚假广告还可能造成他人人身及财产(物权)等绝对权被侵害。在这里再分两种类型讨论。类型一:虚假广告本身侵犯了他人的绝对权。例如,广告使用了他人的商标等知识产权,或不当的广告表达侵犯了他人的人格权。但此时虚假广告受到规制的原因在于其侵犯了他人受到法律强有力保护的权利,而与广告"虚假"与否无

① 北京市海淀区人民法院民事判决书,(2006)海民初字第21080号。

② Vlg. Münchener Kommentar zum Bürgerliches Gesetzbuch, band 12, Aufl. 13, § 823 Rn. 53, 54.

甚关系,因此与《广告法》中的广告主责任条款保护受众免于受到"欺骗"及"误导"的目的相去甚远,故不再赘述。类型二:虚假广告所指向的产品或服务造成受众绝对权受损。虽然此情形下受众绝对权受损与虚假广告的引诱存在事实上的因果关系,但虚假广告却并非造成绝对权损失的直接原因。因果关系链的延长为侵权诉讼增添了不确定因素——法院可能以因果关系缺乏"直接性"与"确定性"为由拒绝原告的诉讼请求,或参考原因力理论而限缩原告获得救济的范围。

3. 知情权

《消保法》第 8 条[①]规定了消费者的知情权,有学者就知情权的权利属性进行了精彩的论证。[②] 但由于知情权须他人之积极作为方可实现的特点与目前为法律所承认的绝对权通常以他人不为一定行为即可实现的消极属性不相符合,[③]因此若承认其为绝对权则在极大地限缩了他人行动自由的同时也会对传统的法律规制体系形成冲击。在实践中,法院对于"知情权"的性质亦有不同认识。

在崔某诉四联法硕案中,法院以崔某知情权受到侵害为由认定四联法硕行为违法,这是事实上将知情权视为一种"绝对权"。然而在廖某、刘某侵权责任纠纷案中,二审法院则明确表明"知情权"不属于"绝对权":

本案中,廖某、刘某在收房时间较短的情况下,便以投资回报未达到心理预期即主张案涉商铺价格过高,产生价款损失,而要求合肥万某投资有限公司承担相应侵权责任,本质上是要求合肥万某投资有限公司对双方签订的商品房买卖合同中的房屋价款进行下调,退还部分差价款。在双方的基础法律关系是商品房买卖合同关系的情况下,廖某、刘某仍选择以侵犯其知情权为由构成侵权的侵权关系提起诉讼,然"知情权"并不属于《中华人民共和国侵权责任法》第二条第二款"本法所称民事权益,包括生命权、健康权、姓名权、名誉权、荣誉权、肖像权、隐私权、婚姻自主权、监护权、所有权、用益物权、担保物权、著作权、专利权、商标专用权、发现权、股权、继承权

---

① 《消保法》第 8 条第 1 款规定:消费者享有知悉其购买、使用的商品或者接受的服务的真实情况的权利。

② 参见李友根:《论经济法权利的生成——以知情权为例》,载《法制与社会发展》2008 年第 6 期。

③ 参见易军:《"法不禁止皆自由"的私法精义》,载《中国社会科学》2014 年第 4 期。

等人身、财产权益”规定的权益范围,实质上应属于双方在商品房买卖合同签订前或磋商过程中对标的物的知情权,本案中并不存在合同关系与侵权关系的竞合,廖某、刘某却坚持以侵权责任纠纷提起本案侵权之诉。①

在此可对侵权责任框架下的虚假广告民事责任进行总结。从原《侵权责任法》一般条款与《广告法》中的广告主民事责任条款的关系来看,我们既不能说后者实现了对前者的具体化,更不能说后者存在对前者的突破。原因是,广告主民事责任条款虽然具体规定了侵权行为、责任主体,却对于受损权益类型、主观过错、责任承担方式等至关重要的因素仅进行了极为概括的表述。从侵权责任对虚假广告民事责任的涵射情况来看,一方面,由于我国侵权责任法一般条款采用了宽泛的法国模式,因此理论上可以将虚假广告民事责任完整地涵射在内;②另一方面,由于虚假广告通常并不会直接导致受众的绝对权受损,因此其处于侵权责任规制的边缘地带。③ 即这种看似无所不包的条文表述导致其或许可以对所有虚假广告致损情形提供救济,或许只能对其中或大或小的一部分提供救济,难以形成稳定预期。

二、“多数债务人理论”对其他责任主体的规范效果

“多数债务人理论”(Schuldnermehrheiten)可能为广告经营者、发布者、代言人与广告主一并承担连带责任提供正当性基础。如此便首先需要明确,抛开《广告法》中的特殊规则暂且不论,如果运用债法中的多数债务人理论,广告经营者、发布者究竟是否、在何条件下,以及如何承担连带责任。其他主体民事责任条款规定的广告经营者、发布者、代言人与广告主承担的连带责任,除可能由共同侵权而被触发之外,是否还可能由合同责任与侵权责任相结合而产生则并不明确,相应的立法材料并未

---

① 安徽省合肥市中级人民法院民事判决书,(2020)皖01民终第2568号。

② 若修订后的广告法在立法、司法、理论研究层面被认为承认过失也可导致广告主承担虚假广告民事责任,则在动态系统论的影响下,该民事责任被侵权责任体系所完整地涵射在内将出现困难——无绝对权直接受到损害应当导致主观过错要求的提升。

③ 尽管立法采取了宽泛的一般条款,但学界通说一般认为我国侵权责任法以保护绝对权为主要任务。参见王利明:《侵权责任法与合同法的界分——以侵权责任法的扩张为视野》,载《中国法学》2011年第3期。

对此作出说明。与此相反，比较法上位居《德国民法典》“债法总则”篇第 421 条所规定的连带债务人条款及其已发展成熟的理论，明确认可由不同责任基础形成连带责任。

德国通说认为，连带责任成立的一般性前提有三个。① 首先，要求至少有两个以上债务人。这一点涉及广告经营者、发布者是否具有独立承担民事责任的基础；其次，它要求所有的债务人均涉及全部的给付义务。这在虚假广告问题上具有相当的实践意义。广告主与广告经营者、发布者卷入交易的深度并不相同，广告经营者、发布者截止于广告的发布，广告主则往往有机会与潜在客户进行更多的缔约上的接触，而在我国，广告受众所遭受的损害往往在交易完成之后。由此产生的问题便是，当广告主与广告经营者、发布者涉入交易深度不同，广告经营者、发布者在除广告之外与广告受众的接触中提供了更多的虚假信息而最终促成了交易，那么仅仅处于交易“门卫”地位的广告经营者、发布者究竟是否应当为损害承担全部责任？最后，要求债权人仅享有一次给付请求权（不能够因为一次损害而获得多份赔偿）。这一点在虚假广告问题上通常可以得到满足。

除此之外值得注意的还有，不再要求请求权基础的性质一致。② 这意味着无论广告受众针对广告主的请求权基础与针对广告经营者、发布者的请求权基础的性质是否一致，均不会对债务人连带责任的成立产生理论障碍。最后值得重视的是“义务的同一层次性”（Gleichstufigkeit）要求。德国将不同债务人承担义务层次化，将不属于同一层次义务的连带债务称为“不真正连带”从而将其排除于适用《德国民法典》第 421 条至第 426 条。尽管我国是否接受这一理论在学者间存在分歧，③但其分歧主要集中于是否引入“不真正连带”责任，而对于不真正连带的区分意识及其理论内涵的价值却基本予以承认。

---

① Münchener Kommentar zum Bürgerlichen Gesetzbuch, band 5, Aufl. 13, § 421, Rn. 3, *Bzdlinski.*

② Münchener Kommentar zum Bürgerlichen Gesetzbuch, band 5, Aufl. 13, § 421, Rn. 5, *Bzdlinski.*

③ 参见李中原：《不真正连带债务理论的反思与更新》，载《法学研究》2011 年第 5 期；刘克毅：《论不真正连带债务——一种方法论的思考》，载《法律科学（西北政法学院学报）》2003 年第 6 期；张定军：《论不真正连带债务》，载《中外法学》2010 年第 4 期。

(一)其他主体单独责任的构成

1.广告经营者、发布者单独责任的构成

(1)以“四要件说”为分析框架

如果以我国侵权法学界的四要件说为框架对广告经营者、发布者因过错而经营、发布虚假广告造成广告受众合法权益遭受损害进行分析,则违法性要件和因果关系要件能够成立。《广告法》第二章广告准则部分有大量的禁止性规定,我国市场中充斥的虚假广告大多数可以被这些禁止性规定所涵盖,因此违法性要件能够被满足。如果广告经营者没有设计、制作,广告发布者没有发布,则该虚假广告无法到达广告受众,广告受众自然不会遭受损失。反之,对于广告经营者、发布者是否经营、发布了涉案广告则通常会引起广告受众遭受损失,由于其与广告主责任是否成立的判断相重合,且应当遵循的尺度一致,因此这里默认充分因果关系同样成立。是否符合法规目的也不应当存在争议——侵权法当然旨在为遭受损失的受害人提供民事救济。

值得讨论的是主观过错问题。一般认为,管制性规范为行为人创设了行为规范,那么当行为规范被违反时,行为人的过错也往往因此成立。[①]《广告法》第34条规定了广告经营者、发布者以查验相关证明材料、核实广告内容的义务,这意味着当虚假广告或广告主下落不明造成广告受众遭受损失时,广告经营者、发布者便存在因失察而被课以民事责任的可能。然而广告经营者、发布者究竟应当对相关证明材料进行何种程度的查验,便涉及在司法实践中屡屡产生分歧的“实质审查”与“形式审查”的区别。理论界并没有对广告经营者、发布者的实质审查义务或形式审查义务进行界定,但若借鉴不动产登记中的理论概念,则实质审查意味着广告经营者、发布者必须就广告内容以及广告主所提交的证明材料的真实性负担实质调查;而形式审查则只需对广告主所提交的书面材料进行审查,如果该书面材料本身没有瑕疵,则不考虑材料是否在实质上存在虚假。[②] 笔者认为,尽管采取实质审查将更有助于交易安全,但是却将导致广告经营者、发布者与广告主以及广告受众的利益格局处

---

① 参见解亘:《论管制规范在侵权行为法上的意义》,载《中国法学》2009年第2期。

② 参见朱岩:《形式审查抑或实质审查——论不动产登记机关的审查义务》,载《法学杂志》2006年第6期。

于严重不对等的状态，因此并不可取，广告经营者、发布者对于虚假广告所承担的责任应当以形式审查为限。这意味着：当广告经营者、发布者未能发现广告主证明材料不齐全或材料本身具有明显瑕疵（涂改等）而为其经营、发布广告的，应当认为具有过错而承担民事赔偿责任；当广告内容明显不实或违法时，[①]广告经营者、发布者的经营、发布活动仍然具有过错；然而当广告主以私刻公章、伪造材料等刑事犯罪手法掩盖真实身份或提供虚假信息的，则不能认为广告经营者、发布者“应当知晓”而具有过错。

除此之外，“损害”要件的满足在纯粹经济损失场合下面临困难。在动态系统论的理论基础上，过错要件或因果关系门槛的上升可以为纯粹经济损失获得赔偿提供正当性。然而尽管广告经营者、发布者对于广告内容的虚假有可能为放任的故意，但其怠于查验广告主的虚假证明文件则很可能为过失。如此，在因果关系也不具备进一步提高空间的前提下，构成侵权则存在理论上的障碍。由此可以得出这样的结论，以广告主责任成立为前提，赔偿纯粹经济损失的侵权责任在广告经营者、发布者主观过错为过失的情形下难以成立。

（2）以“违反保护性法规”理论为分析框架

由于《广告法》兼容行政规范和民事规范，因此该法律内部两种规范间的交互作用便值得深思。具体言之，《广告法》中设置了大量广告主、广告经营者、广告发布者、广告代言人因为违反《广告法》承担行政责任的规定。如果能够确认这些行政责任条款属于具体的、保护他人的规范，那么当其被违反时，则可能成立侵权法上的过错责任。我国侵权责任法由于一般条款具有较宽泛的容纳空间，因此具备内置“违反保护性法规”这一比较法上的规则的可能。由此产生的第一个问题是，《广告法》中的行为规则，以及与行为规则匹配的行政责任是否构成侵权法视野下“具体的、保护他人的法规”。一般而言，要求相应保护性规范至少以保护所涉及的人身、财产等为目的。仅一般化的保护，或者其虽然为具体保护，却仅是因为对其他客体的保护而产生的“反射性”效果是不能够满足要求的。[②] 例如，刑法规范通常情况被作为保

① 事实上这一类广告非常普遍，例如，“三个疗程增高15公分”“一个疗程根治高血压”等广告，作为理性主体的广告经营者、发布者从字面即应当能够判断其为虚假广告，仍然经营、发布。

② Vgl. Manfes Wandt, Gesetzliche Schuldverhältnisse, Aufl. 2012, § 17 Rn. 7.

护性法规，但也存在例外——虚假证明文件罪即因为其对财产的保护是间接的，是基于对安全和交易信赖的保护而产生的反射性效用而被法院拒绝认定为保护性法规。可以说，即使在德国法学界认定何为保护性法规的理论也并不成熟，目前处于理论确立了基本原则，由法院在具体案例中不断分析推进，学者逐步总结的阶段。笔者认为，《广告法》的直接目的在于规范广告行为，净化市场环境，尽管其第 1 条开篇名义时将保护消费者权益也包括在内，但其通篇规范却非如同《消保法》那样旨在为消费者设置权利以对其实现保护，而更像是《反不正当竞争法》通过保护竞争那样，通过净化广告环境以实现对消费者的间接保护。由此笔者得出结论，在“违反保护性法规”的理论框架下，链接适用《广告法》中的行政规范并不能够为广告经营者、发布者设定侵权责任。

2. 广告代言人单独责任的构成

与广告经营者、发布者不同，广告代言人的使命在于向公众树立其所代言产品的积极形象，因此其在广告中进行积极的推荐、证明便是在所难免。而这些积极的推荐、证明则使其有可能落入欺诈或缔约过失责任的规制范围。另外，若虚假广告导致广告受众的合法权益遭受损害，则其有可能受到侵权责任的规制。

(1) 是否因雇主责任而不具备承担民事责任的基础

雇主责任的兴起以及趋向于严格化使雇员很大程度上得以从由自己行为所引起的损害的民事责任中脱身。德国法学界对如何界定“雇员”（履行帮助人，Verrichtungsgehilfe）做如下阐述：履行帮助人即听从于“雇主”（Geschäftsherr）指令行事者。这种指令并不需要就每一个具体事宜单独作出。当雇主能够在任何时间对行为人的日常工作进行限制或取消或者确定其时间和范围即为足够。① 根据这一阐述，广告代言人似乎符合雇员的概念要求，即在相应广告的代言工作中，根据广告主的要求而为代言活动，从而似乎可以引入雇主责任原则，仅在自身存在重大过失或故意的情况下才具有可诉性。② 由此有学者提出，在雇主责任的框架之下，广告代言

① BGHZ 45, 311, 313ff.

② 关于雇员在何种情形下才具备单独承担侵权责任的可能性问题，理论界和司法实践有着不同的观点。具体参见班天可：《雇主责任的归责原则与劳动者解放》，载《法学研究》2012 年第 3 期。

人只是依照雇主指令而进行表演活动的雇员，因而没有承担民事责任的法律依据。① 有学者对这一观点提出了批驳，理由是，最高人民法院2003年颁布的《关于审理人身损害赔偿案件适用法律若干问题的解释》（以下简称《人赔司法解释》）第9条②关于雇员在故意和重大过失情况下承担连带责任的规定表明了其对“雇主免责论”的否定。③ 无论是认为广告代言人因为“雇主责任免责论”而不必承担民事责任的观点，还是对此观点进行的批驳，都是欠缺考量的。

我国理论界对于雇主责任的认识并不统一，有坚持“替代责任”说者，也有认为应当引入“组织过失责任”者。就雇主究竟在何种情况下承担民事责任，雇员单独责任的构成是否为雇主责任成立的前提，以及雇员是否具有以及在何种情况下具有单独的可诉性等问题在理论界和司法实务中都还存在分歧。广告代言人民事责任是否成立会随不同的理论学说以及其自身不同的过错程度而变化。仅以“雇员免责”而得出结论，着实是将复杂问题简单化了。至于《人赔司法解释》第9条当如何解释，对上述问题当如何回答，理论界同样争议甚多，④因而同样不能够简单得出结论。

笔者赞同雇主责任理论不能够对广告代言人承担民事责任产生阻却作用，原因在于广告代言人并不能够被纳入雇主责任所规范的雇员范畴，而是属于非受雇人的独立营业者（selbstständige Unternehmer）。最典型的是买卖合同订立后，其中一方所委托的货物承运人。事实上，雇主责任在现代社会中的发展很大程度上是基于经济考量。首先，对现代生产工具所造成的巨大损害，雇员往往不具有充分的经济能力对受害人进行赔偿，因此强化雇主责任从保护受害人的角度来说具有正当性。其次，使雇员在不具有重大过失或故意的情形下能够从巨额赔偿中脱身也有助于促进其提高谨慎义务。有学者举了这样一个例子：若一个雇员施加价值为80的注意力即可能使一项价值10000的损失降低1%，那就应当将这价值为80的注意力设置为注意力标准，因为这样一来社会总福利会上升100（10000×1%）。如果雇员应当对损害承担全部责任，那么他似乎应当受激励去降低这1%的损失。但问题在于，这个

---

① 参见杨涛：《名人做虚假广告的法律解读》，载《民主与法制时报》2004年9月28日。

② 该解释2020年修正时删除了该条的内容，雇员致人损害的情形，适用《民法典》相关条款。

③ 参见于林洋：《论广告法视野下虚假荐证责任制度之重构——“三鹿门”事件下的追问与反思》，载《法商研究》2009年第3期。

④ 参见班天可：《雇主责任的归责原则与劳动者解放》，载《法学研究》2012年第3期。

雇员仅有价值2500的财产可供支配。也就是说,他的财产只能够承担损失的1/4。因此在这个雇员的个人账单上,他支付了价值为80的注意力,但是却不能够获得价值为100的利益,而仅能够获得100的1/4,也就是25的利益。因此他将不会受激励去达到上述注意义务标准。[①] 最后,在德国司法实践中促使雇主责任严格化的"组织过失责任",也意在使生产及组织活动的风险内部化,同时促进雇主不断改良企业的组织结构。[②] 从规范目的出发,便不难发现雇主责任扩大化及严格化的基础在于雇员的经济劣势地位,以及雇主对雇员从组织结构角度的完全支配性。广告代言人,特别是明星,一般收入不菲,首先便未必符合经济能力有限的前提条件。且演艺明星往往隶属于某经纪公司,由该经纪公司决定并管理该明星的对外活动。因此尽管在某一个或几个项目中明星与广告主签订代言合同为其代言,但双方的权利义务关系却绝非雇主与雇员的关系,广告主对广告代言人仅享有有限的调配权,双方的关系更像是合作,而非管理与被管理。在广告主对广告代言人并不享有充分权利的情形下,却向其分配严格的雇主责任,显然扭曲了权责配置的基本原理,因而应当被排除在考虑的范围之外。因此,广告代言人可能单独成立侵权法上的侵权责任。

广告代言人所担负的注意义务的范围是一个难点。《广告法》第38条第1款规定,"广告代言人在广告中对商品、服务作推荐、证明,应当依据事实,符合本法和有关法律、行政法规的规定,并不得为其未使用过的商品或者未接受过的服务作推荐、证明"。根据目前理论界"公私法相互支援"的一般观念,[③]尽管《广告法》这一禁止性规定的性质尚不十分明确,但其对广告代言人注意义务的认定无疑是有意义的。根据学者分析,这一意义可以从两个方面来认定:一方面,若广告代言人违反了该条款的规定,那么可以大致推断其违反了注意义务;另一方面,若广告代言人遵守了该条款的规定,则可以大致推断其满足了注意义务的要求。《广告法》第56条第1款前半段规定十分宽泛,几乎可以作为一个口袋条款以在法政策发生改变时进行应对,因此对这一条款在缺乏案例支持的情况下不做过多分析。更易于产生直接规范

---

① See Schavell, *Economic Analysis of Accident Law*, Harvard University Press, 2007, p. 170.

② Vgl. Kötz · Wagner, Deliktsrecht, Aufl. 2013, Rn. 309.

③ 参见苏永钦:《从动态法规范体系的角度看公私法的调和——以民法的转介条款和宪法的整合机制为中心》,载苏永钦:《民事立法与公私法的接轨》,北京大学出版社2005年版。

效果的是该条款的后半段。由此带来的问题是,是否若产品代言人使用了其所代言的产品则可以认为其已经达到注意义务标准,反之则未达到?笔者尽管赞同学者上述关于管制性规范与侵权构成之间关系的论断,但却认为在《广告法》第56条第1款后半句这一具体语境下不适宜作如此推断。英美法系下的法律条文与大陆法系有着很大的区别,若将一个英美法系的条文不加转化地放入大陆法系的话语体系当中,自然会产生衔接上的问题。广告代言人必须使用所代言的产品或服务只是一个具体的行为,其背后更具有一般性的逻辑应当是,广告代言人对广告受众必须承担善良管理人的注意义务。

(2)广告代言人承担侵权责任的基础

运用侵权理论论证广告代言人责任最容易让人想到的"好处"便是可以免去证明代言人主观恶意这一艰巨的任务。但是伴随而来的却是其他要件的门槛升高。如广告主责任部分所论述,虚假广告多数情形并不会直接导致绝对权受到侵害,即使存在绝对权受到侵害的后果,虚假广告与这一后果之间的因果关系是否成立也面临挑战。而在一些同样常见情形中,虚假广告甚至不能够引起包括纯粹经济损失在内的被侵权责任所承认的任何损害。若虚假广告自身无法引起广告主责任,那么广告代言人责任自然也无从成立。

然而广告代言人构成侵权责任又存在一定的"特殊性":首先,从掌握信息多少的角度来看,广告代言人并非掌握与广告主相同的全面的信息;其次,从智识情况来看,与各个领域的专家相比,广告代言人并不具有高于普通人的识别能力;最后,从所负担的法定义务来看,相对广告经营者、发布者,《广告法》并没有向广告代言人分配查验广告相关证件的义务;而从市场经济、商业社会来看,以在社会公众中享有影响力的"名人"承担代言工作以强化公众对产品或品牌的认知以增加交易机会应当被允许,甚至从经济社会的本质来看应当被鼓励。如此便导致广告代言人承担侵权责任所必须回答的问题:除非广告代言人故意进行不实陈述误导或欺骗广告受众,广告代言人并不具有特殊的鉴别能力,或掌握更多的信息,促使其承担主动获取更多信息并以更高的注意义务进行甄别的作为义务是否具有正当性?如果有,正当性何在?目前我国社会对此种代言行为基本是容忍的,而只是对代言人施加一定的注意义务。那么问题的关键便在于:代言人究竟应当在何种程度上履行作为义务,才能够满足其所应当被施加的注意义务的要求?这时我们应当留意到德国法上作为扩张行为人作为义务工具的"交往安全义务"(Verkehrspflichten)理论。德国法上的交往安全义务,是指一项危险的开启或维持者应当承担该项危险引起他人损害的防免义务。一则包含不实信息的广告在经由广告代言人的推荐、证明之后被更多人关注,强化了该广告的影响力,使该广告造成损害的概率上升,因此可以认为虚假广告的代言人是危险的开启者。因此广告代言人应当对广告受众承担作为义务——交往安全义务。然而交往安全义务是一个宽泛的概念,其内容究竟是什么需要个案裁判以及学界在类型化方向上的不懈努力。总体而言,判断广告代言人承担何种程度的,以及如何承担交往安全义务,可以从以下几个方面进行考虑。①

第一,社会生活参与人的合理期待。社会生活参与人的合理期待,是指社会生活参与人。换言之,广告受众对广告代言人所寄予的期待是什么。总体而言,社会公众不应当对广告的客观真实程度寄予过高的期待。这是由广告自身的商业属性所决定的。但是区分不同的广告、广告代言人又会使不同的广告受众产生不同的期待。例如,若广告代言人以模糊的语言进行艺术性推荐,那么由于广告的商业性质应当为社会公众所认知,那么其受众不应当对此种代言活动寄予过高的期待。又如,明星在某化妆品广告中的广告语"你在看我吗,你可以再靠近一点",并无任何具有客观内容的推荐。社会公众对这一推荐所给予的关于化妆品功效的合理期待自然应当低于作出客观承诺的化妆品广告。除此之外,一位演绎明星推荐高科技产品,其可信度显然不能与一位专家的推荐相比。与此同时,专家也应当比演绎明星承担更高的交往安全义务。另外,"隐藏"了广告身份的软文广告更易于被广告受众寄予更高的可信度期待。最后,在软文广告中从事推介、证明活动的代言人应当承担更高的交往安全义务。因为社会公众对广告具有天然的防范意识,而软文广告则隐去了其广告身份,因而更容易使受众放松警惕。

第二,危险本身的特点。虚假广告可能带来的直接危险便是,使广告受众陷入一个本应不会陷入的合同束缚当中。接着可能产生的危险便是广告所指向的产品

---

① 参见周友军:《交往安全义务理论研究》,中国人民大学出版社2008年版,第110页。

可能导致受众纯粹经济损失，乃至绝对权遭受侵害。陷于非情愿的合同相比于人身、健康权遭受侵害所涉及危险层级较低。对于不同的产品，所可能触及的危险也并不相同。药品、保健品可能涉及人身安危，因此这些产品的代言人应当承担更多的交往安全义务。服装、鞋袜、装饰品等一般不会引起人身伤害，因此代言人承担较低的交往安全义务。另外，危险的可识别性同样对代言人承担交往安全义务的高低产生影响。

第三，危险防免费用的高低。相对于同样的损害，防免危险发生的费用越低，行为人承担的交往安全义务越高；危险所可能侵害的权利位阶越高，则所能够容忍的防免费用越高。但是，这并不意味着对于涉及人身安全的产品，代言人应当彻底调查这一产品所有的成分以及其产业链条，因为显然这并不是一个非专业的影视演员所能够做到的。另外，产品质量有相应的国家政府部门管控，在产品经受相应部门检验之后还会获得相应的证书。因此，产品质量问题有相应的政府监管部门负责，要求广告代言人承担产品监测工作既不合理也不具有现实可操作性，同时还会导致职能错位。因此，广告代言人针对产品质量问题的交往安全义务限于认真核查相应检测文件。由认真查验文件所引起的费用，才应当被纳入考量危险防免费用高低的范围。对防免费用的考虑还涉及另一个层面：在广告所涉及的产品或服务已满足了公法上的要求（技术标准、国家标准等）的前提下，广告必然在此最低标准之上向积极的方向进行吹嘘，这种吹嘘在一定的范围之内是应当被允许的，但是当这种吹嘘具有客观可验证性，且涉及产品的本质属性时，代言人仍为之做证明、推荐的，为违反交往安全义务。例如，一款珠宝的原材料为人工充填后的红宝石，而广告宣传却为"纯天然红宝石"。若广告主未能提供相应鉴定证书，代言人有义务要求对该珠宝进行鉴定，否则可能基于交往安全义务而被要求承担侵权责任。

第四，受害人自我保护的可能性。如果交往安全义务人认为潜在的受害人能够识别风险并采取手段进行有效避免，则其不必承担交往安全义务。① 广告所针对的特定群体越是受过良好的教育、具有较好的判断能力，越是能够理解广告的商业本质属性，也不会对代言人的一般性推荐信以为真。例如前文所述某化妆品广告。该

① OLG Köln VersR 1993, S. 1494f.

品牌化妆品定价高昂,其目标客户为收入较高的客户群体,因此可以期待这样一个消费群体能够正确认知代言人的代言活动,不会因为明星代言而对产品产生不相称的额外期待或信任。因此,代言人无须对该品牌化妆品产品负担过高的交往安全义务。而排油减肥茶则有所不同。售价29元的排油减肥茶的潜在客户是具有减肥需要的一般社会公众:因为收入有限,希望“花小钱,办成大事情”。他们对明星诸如自己之所以拥有骄人的身材和样貌是因为吃对了食物、喝对了果汁之类的言论,更可能产生信任。且在如今推崇瘦身的社会,有急迫减肥需求的人对于广告宣传的夸大其词更容易信以为真。因此,相比某品牌化妆品的广告语,为减肥茶做广告的代言人,应当承担更高的交往安全义务。

(3)广告代言人承担侵权责任的具体构成

①从四要件说的角度

广告代言人是否构成侵权,首先需要确定广告受众是否有绝对权遭受损害。广告代言活动导致广告受众绝对权受损从事实层面来看是可能的。例如,三鹿婴幼儿奶粉事件中某消费者是广告代言人的“铁杆粉丝”,出于对明星的“崇拜”在众多奶粉品牌中选择三鹿长期给婴儿食用,结果造成婴儿健康受损。但是这里问题的关键在于,这种事实上的因果关系是否能够在抽象的法律层面得到认可。

首先,考虑是否如果没有明星的代言活动,则不会导致该婴儿遭受人身损害。这里事实上已经涉及消费者作出购买决策的动机层面,深入个人内心因而极不易考察。但是在没有证据的情形下,若消费者坚持声称是出于对代言人的崇拜和信赖而作出购买行为,则通常情况可以认为这一必要因果关系成立。接着需要考察,是否该明星的代言行为通常情况可能导致婴儿遭受人身损害这一结果,即一般生活风险以外的损害结果应当被充分因果关系要件过滤。这时便应当注意区分代言行为与消费者作出购买决策之间的因果关系和代言行为与婴幼儿遭受人身损害之间因果关系的区分。诚然,企业(通常为广告主)斥巨资聘请明星充当代言人,那么可以产生的合理推测是,明星代言可以从整体上提高相应产品的成交量,因此从盖然性上来说,代言行为与三鹿婴幼儿奶粉的销量之间存在因果关系。但是问题在于,代言行为与三鹿婴幼儿奶粉质量问题,以及婴幼儿身体健康遭受损害之间是否存在充分因果关系。如果是在今时今日,大量的食品安全问题被曝光以后,明星对于所代言的食品是否存在安全隐患当提高警惕是毋庸置疑的,但是我们不能忽略三鹿婴幼儿奶粉事件的时代背景。当时食品安全问题尚未完全暴露,相应的制度缺陷不为大多数人所知。三鹿是在国内销售了20余年的老品牌,享有相对较高的企业信誉与市场份额。该产品存在严重的质量问题导致婴幼儿健康遭受损害,无疑是一个超出一般生活可能性以外的风险。于其代言人而言,自己所代言产品造成如此严重后果,实属“意外”。因此,其代言行为与食用奶粉者的人身伤害之间的充分因果关系有理由被排除。

值得注意的是,即使我国采用的侵权责任一般条款,也并不意味着可以对所有的虚假广告问题产生规制效果。例如,排油减肥茶广告。这一减肥茶采用中国传统中药配方,通常情况确实能够起到减肥效果,但这一配方却与该广告宣传过程中所一再突出的某种特殊成分无关。这里被突出的某种特殊成分是否吸引了本不会成为该减肥茶的顾客是一个市场营销学所需要研究的问题,如果我们这里假定答案是肯定的,那么法学上的问题随之而来,这一部分被额外吸引而来的顾客并没有遭受在侵权法上承认的,包括纯粹经济损失在内的损害,因此广告荐证人的相应侵权责任也并不存在。

②从违反管制性规范的角度

管制性规范与侵权责任的构成关系如何,各国法学理论对此均有不同的认识。《德国民法典》第823条第2款认可违反以保护他人为目的的法律同样构成侵权,从而为管制性规范进入侵权责任构成搭建了桥梁。然而,德国法上对于何为保护性法规限制较为严格,如前文所论证,与广告经营者、发布者侵权责任相同,《广告法》并不能够作为保护性法规为广告代言人责任的成立提供捷径。

我国也有学者针对这一问题阐述了自己的思考。质言之,有学者认为违反管制性规范得直接征引出违法性要件或过错要件已满足。[①] 也有学者从公私法接轨的角度出发认为违反管制性规范仅能够表明侵权责任很有可能因此成立,但究竟成立与否还要在个案中将具体案情与规范相结合进行判断。[②] 笔者赞同后一种观点。如此,《广告法》第38条将对广告代言人承担侵权责任产生影响。《广告法》第38条规

① 参见张民安:《过错侵权责任制度研究》,中国政法大学出版社2002年版,第293页。

② 参见解亘:《论管制规范在侵权行为法上的意义》,载《中国法学》2009年第2期。

定："广告代言人在广告中对商品、服务作推荐、证明，应当依据事实，符合本法和有关法律、行政法规规定，并不得为其未使用过的商品或者未接受过的服务作推荐、证明。"广告代言人不得为自己未使用过的商品或未接受过的服务做代言这一条文的表述缺乏如何与大陆法系法学语言对接的思考，可以预见在未来适用过程中将面临困境。以前文所分析三鹿婴幼儿奶粉代言事件为例，在引入《广告法》第38条的情形下，代言人究竟是在自己食用所代言的奶粉之后方得从事代言活动，还是其必须以所代言奶粉喂养自己的婴儿才能够满足要求？若是前者，那么成人与婴幼儿体质不同，成人食用并无大碍对于婴幼儿却可能造成人身或健康损伤；若是后者，那么又应当喂养多长时间为合适呢？部分食品安全隐患并非立即带来不良后果，只象征性地食用一两次未必具有实际意义，而若要求代言人必须以此奶粉哺乳两年或者三年，不具有现实可操作性。再退一步说，明星固然收入丰厚，却毕竟并非专业质检员，即使其查验所有证明材料后完全相信自己所代言奶粉品质如广告词所宣称，从而以该奶粉连续喂养自己的婴儿，最终结果除增加一个受害者外别无益处。有学者分析认为，当行为人的行为符合管制性规范的要求时，则大体上可以认为不构成侵权。① 那么若代言人虽然对于价格如此低廉的奶粉品质心存疑虑，但自行食用数次并无不良感受后，虽仍然不放心但还是承接了代言活动，后奶粉质量问题事发，代言人究竟是否应当承担连带责任，则因为《广告法》第56条这一增加的变量而变得不明确。

（二）其他主体承担责任的范围

1. 广告经营者、发布者承担虚假广告民事责任的范围

责任的成立与责任的范围是两个独立的命题。在处理完广告经营者、发布者单独承担责任的构成问题之后，现在对另一个困扰司法裁判的命题"承担责任的范围"进行分析。

假如广告受众在看到涉案广告之后便依据广告内容与广告主或销售者达成交易，那么广告经营者、发布者即按照广告所示内容承担赔偿责任无疑义。然而现实生活中的案例却往往是受害方根据广告信息与广告主取得联系后，具体商定交易细

---

① 参见解亘：《论管制规范在侵权行为法上的意义》，载《中国法学》2009年第2期。

节，其间还可能进行实地考察等。交易完成后广告主下落不明，受害方遭受损失。在此情形下，由于广告与交易形成在时间和内容上都存在错位，法院在认定广告经营者、发布者的连带责任范围时便发生犹豫。广告主与受害方的广告外接洽越多，交易达成内容与广告内容的偏离越大，法院越倾向于否认广告经营者、发布者承担全部连带赔偿责任。

如果采用侵权的分析框架考虑广告经营者、发布者承担责任的范围，则可用于控制责任范围的工具有两个：一个是与有过失制度；另一个是因果关系制度。

与有过失制度可以这样作用于广告经营者、发布者的责任范围：尽管社会公众有理由因为报纸、杂志、网络所具有的公信力而增加对其刊发广告的信赖，但是这种信赖并非总能够得到法律的支持，市场主体所应当具有的谨慎义务并不能够因广告经营者、发布者承担的某种类似于"保障性"责任被彻底排除。也就是说，广告受众有理由为自己不合理的信赖而承担责任。当然关于何为合理信赖便要回归于"理性人"的"老生常谈"当中。关于"理性人"的一般规则在这里都是适用的，但是具体如何适用则需要法院予以个案判断。可以得出的一般结论是，发布广告的媒介公信力越高，广告受众对其合理信赖程度也就越高；从事非职业活动的消费者负担的谨慎义务低于从事职业活动的商主体；广告受众与广告主（或销售者）在完成交易之前进行的接触越多，则意味着广告受众有更多的时间冷静思考、搜集信息、辨别真伪，因此法律对其也应当寄予相对更高的谨慎期待，其遭受损失也便更倾向于被认为与有过失。同时，广告主的主观恶意越深，意味着其他主体发现其诈骗行为所需的成本也就越高，在两个无辜的主体间分配责任本就是勉为其难，而且也违反侵权法的基本原则。因此这里应当明确的是，不应当因为广告受众遭受了损失而对广告经营者、发布者施加不公平的注意义务。广告受众承担了损失，除自身具有过失外，还很有可能是遵循了侵权法最古老的准则的结果——让损失停留在原处。①

因果关系向来复杂，而正是因为这一理论的复杂性使其即使在大陆法系内部，不同的国家也承担着不同的任务。正如克茨在《欧洲比较侵权法》一书中指出，因果

① 参见[美]小奥利弗·温德尔·霍姆斯：《普通法》，冉昊等译，中国政法大学出版社2006年版。

关系理论因为其不易操作和难以辨别的特征而在德国被谨慎地限制适用，而在法国则恰恰相反地以因果关系在个案中“暗中”承担限制宽泛的侵权法一般条款的任务。如果单纯从事实情况来看，广告经营者，特别是广告发布者起到为广告主与广告受众提供接触平台的作用，然而两者一旦依据广告提供的信息取得了单独的联系，之后的缔约接触便超出了广告经营者、发布者的控制范围，同时有更多的外在因素介入广告受众的决策过程，因此认为广告对于损害所贡献的原因力随着个别磋商的深入而不断衰减是合理的，同时其衰减的份额又是难以确定的。虚假广告造成损害一般以一项交易的达成为必要，而对购买决策形成的原因力的探讨无疑需要进入隐藏于行为人内心的动机层面，这极其困难，在民法的发展史上也被竭力避免。① 例如，在前文所提及的三谊公司诉视听导报社虚假广告纠纷案中，二审法院以原因力为由仅支持了原告损失30%的赔偿：

吉林省高级人民法院认为：广告发布者报社不能提供广告主的真实名称和真实地址，根据广告法第38条第2款的规定，报社应承担赔偿责任。但三谊公司前去福建宁德与港信公司洽谈，考察后签订了联营协议，又按联营协议购买了该机械设备，现因该机械设备系“三无”产品，造成三谊公司损失，此损失的主要原因是该公司考察设备不当所致。因而，对三谊公司的损失，报社应承担次要责任，三谊公司应承担主要责任。根据《中华人民共和国广告法》第38条第2款、《中华人民共和国民法通则》第131条之规定，该院于2000年9月6日判决如下：……二、撤销长春市中级人民法院一审民事判决的第一项。三、报社赔偿三谊公司损失70,865.30元人民币(236,317.72元的30%)，其余损失由三谊公司自负。②

……

评析：这是一起广告经营者、发布者不能提供广告主的真实名称、地址的虚假广告赔偿案。主要涉及以下两个问题：……二、被告承担全部民事责任还是由原、被告双方分担民事责任。由于《广告法》第38条第2款规定广告经营者、广告发布者不能提供广告主的真实名称、地址的，应当承担全部民事责任，所以一、二审中出现两

---

① 例如，《德国民法典》第119条对动机错误导致撤销权的原则性排除。

② 参见吉林省高级人民法院民事判决书，(2000)吉高法民终字第91号。

种观点。一种观点认为……另一种观点认为,报社不能提供广告主的真实名称、地址,应承担民事责任,但不是全部民事责任。因为三谊公司的行为也是造成损失的原因之一,应由双方分担民事责任。笔者认为,第二种观点是正确的。理由如下:分析本案,首先要考虑本案造成损害的原因力问题。如损害是由多个原因造成的,按照致害人的行为与损害结果之间的原因力确定各自的责任。致害人的行为是损害后果发生的主要原因,应当承担主要责任;致害人的行为是损害后果发生的非主要原因,则承担相应的责任。否则,让一个原因的行为人承担多因的后果,有违“为自己的行为负责”的原则。考察本案,是一因还是多因,首先得考察本案广告的性质,分清是要约还是要约邀请。如果是要约,那么,要约相对人承诺后合同即成立,则损失原因是广告这一个。如果是要约邀请,除广告经营者、广告发布者未提供广告主名称、地址,使相对人找不到广告主索赔,广告经营者、广告发布者的行为这一原因外,由于还有双方协商的过程,且协商结果超出广告范围,此后造成了损失,则介入了广告受要约的人过失这一原因,为多因一果。……三谊公司前去福建宁德与港信公司洽谈,考察后签订了联营协议,协议内容超出了广告内容的范围,又按联营协议购买了该机械设备,这一行为也是造成损失的一个原因,而且对结果来说,原因力较大。所以二审的意见是正确的。

笔者认为,这30%的得出更多的是基于法院公平正义的法感情,而缺乏具体的依据——三谊装潢公司究竟是基于细致的考察而决定缔结合同,还是因为信任广告而只是匆匆考察便订立合同?难以判断。与此相比,在过失客观化的大背景下,过错的程度越来越多地具有可量化性。例如,在同种可类比的商业交易中,对标的物的考察一般需要达到何种程度?哪一些属于显著的瑕疵应当在考察时便引起注意,哪一些属于隐蔽的瑕疵,因而事先未能发现可予以容忍?依据市场习惯进行同类交易时一般如何进行款项交割?未到货验收之前便交付全额货款是否过于大意?原告公司每一点偏离一般交易习惯的行为均有理由成立过失而导致责任自负,而仅有合理的信赖部分在视听导报社相应存在过失时才具有转移损害的正当性基础。因此笔者认为,因果关系在广告经营者、发布者承担民事责任中只适宜针对某一项具体的损害作“有”或“无”的判断,即这一因果关系在法律上是否得到承认,而不适宜以原因力对不可分割的一项损害进行程度上的划分。

以上论证表明,广告经营者、发布者单独构成侵权时所承担的责任范围未必与广告主所应当承担的范围完全重合。

2. 广告代言人承担虚假广告民事责任的范围

分析广告代言人承担责任的范围意在厘清其与广告主承担责任范围的重合度,以明确在多数债务人理论框架下其是否应当承担连带责任。

事实上行为人承担责任范围的大小取决于其侵权行为与权利受到损害之间的因果关系,以及其主观过错程度。当比较两个主体承担责任范围是否一致时也应当从这两个基点展开。从代言广告所涉及的广告样态来看,广告代言人多为实现广告主的劝诱意图而进行某种实质的表演活动,当广告主的行为引起虚假广告民事责任时,广告代言人根据广告受众所遭受侵害的权益不同而可能因为其自身的故意或过失而承担民事责任。当因故意而承担责任时,其所承担的损害赔偿责任的范围大体上应当与广告主相一致,而当其因为过失而承担责任时,则其承担责任的范围的确定便会因为涉及更多的考量因素而出现不稳定性。例如,经济因素必然会得到法官的关注——损害的大小将可能影响代言人承担责任的范围。

比如,假设三鹿婴幼儿奶粉的代言人明知其所代言的奶粉添加了有毒物质,会损害婴幼儿的身体健康。但其获取代言费心切,不顾可能产生的严重后果,仍为代言。后问题爆发,预计对患者家属的赔偿金额将高达1000万元。这时从多数债务人理论视角看,代言人与广告主承担连带责任并无疑义:广告主行为所可能导致的后果十分严重——触犯《刑法》,而代言人已认识到了这一后果,却对这一后果持放任态度,其应当与广告主一起,就所有赔偿金额对外承担连带责任。

但是,若代言人因为更青睐价格高昂的进口奶粉,因此违反《广告法》第56条的规定,自己未使用三鹿婴幼儿奶粉便为其代言,是否应当与广告主三鹿集团一起为1000万元的损害承担连带责任呢?连带责任成立与不成立,以及在多大范围内成立都有其理由,法院如何判决,事实上很大程度上取决于法政策学上的考量。

（三）其他主体与广告主义务层次关系

1. 广告经营者、发布者与广告主的义务层次关系

虚假广告受害方可否在广告主具有支付能力的前提下，未起诉广告主而单独起诉广告经营者、发布者要求承担赔偿责任？若广告主单独承担了赔偿责任，是否能够向广告经营者、发布者追偿？相信大多数人的第一反应都是不能，但是这一自然的反应是否确实具有合理性，以及如何为这一"不能"提供理论上的合理解释却需要费一番周折。

如前文所述，为描述连带责任中给付义务履行的先后顺序，德国理论创造"不真正连带责任"概念。我国理论界对于是否接受这一概念存在一定的分歧，但是无论如何对于其理论内核"义务层次"基本持支持态度。如何判断不同债务人的义务是否处于同一层次并非总是一目了然，一般而言其判断是被不当得利思想所主导，兼顾过错程度的结果。

德国用以阐释这一理论的经典案例是：一家银行因为疏忽违反以专门账户保管货款的合同义务而必须承担赔偿责任，因为其对合同义务的违反致使一宗交易的卖方经纪人（Verkaufskommissionär）得以侵吞货款。这时德国联邦最高法院否认了银行与卖方经纪人赔偿义务的同一层次性，理由主要在于卖方经纪人获得了不当利益。①

与上述案例相比，广告经营者、发布者与受害方并不具有合同关系，双方法律关系更为松散。广告经营者、发布者被要求承担的民事责任实质上是基于社会风险而产生的，是被国家强制力通过立法的方式而"强行"分配的。广告经营者与广告发布者所获得的经济利益（广告费）是通过出售自身获得公众注意力的能力而获得的对价——在报纸、杂志等传统媒介表现为广告所占版面的大小，在电视、广播等媒体则表现为占用时间的长短，在网络等新型媒体则表现为该网页自身能够赚取的点击率。广告经营者、发布者并不参与广告主通过广告从广告受众获取利益的分配，因此对于广告主所获取的利益不存在直接的不当得利。② 再加上通常情况广告主的主

---

① Münchener Kommentar zum Bürgerlichen Gesetzbuch, band 5, Aufl. 2009, § 421 Rn. 66, *Bzdlinski*.

② 当然，广告主为经营、发布广告而支付费用的高低与广告经营者、发布者所能够获取的来自广告受众的注意力多少以及信赖的高低有关。

观恶性高于广告经营者、发布者——广告主往往为直接故意,而广告经营者、发布者一般为过失或最多为间接故意。故不难得出结论,广告经营者、发布者与广告主多数情况下并非处于同一义务层次。因此广告受害者仅能够在广告主丧失偿付能力时,才能够要求广告经营者、发布者承担民事责任,广告经营者、发布者承担赔偿责任之后则有权向广告主全额追偿。

2. 广告代言人与广告主的义务层次关系

如前文所论述,判断多数债务人是否处于同一义务层次主要从过错程度,以及经济利益的归属两个角度进行判断。广告代言人与广告主可能同为故意,也可能一为故意一为过失,还可能同为过失。当行为人过失程度不同时,一般不会认为其处于同一义务层次。

从经济利益的归属来看,由于代言人知名度的高低很大程度影响其代言收入。广告主作为理性的市场主体,一方面,希望通过代言人的知名度使自己的产品获得更高的关注从而得到更多的交易机会;另一方面,其必然希望出售产品所获得的利润足以填补其所支付的巨额代言费同时获得巨大利润。因此可以说,广告代言人(特别是明星)的广告代言收入事实上与其所代言产品的销售情况具有相关性。但是这种相关性通常情况下是间接的:广告代言人按照与广告主签订的合同获取固定的代言费,而并非从成功出售的每一件商品或服务里抽取一定的比例。这意味着广告代言人事实上并不真正关心所代言产品的销量,而广告主也必须为是否能收回作为成本的代言费用而承担风险。正如央视"3·15"晚会报道排油减肥茶的违规行为时所提供的一段录像所显示:画面中排油减肥茶厂方负责人坦言,广告投入以后产品能不能增加销量是关键,光是代言费就200万元,得收回成本。另外,影响产品销量的因素很多,可以说广告经营者、发布者、代言人均是按照广告主的要求行事,并没有太多个人主观意见的表达,因此也不应当分担由消费者购买决策所决定的销量所带来的风险。可以说,广告代言人从广告代言活动中所获取的经济利益与广告主从商品或服务的出售中所获取的经济利益尽管具有关联度,但在本质上并不相同。因此不能认为广告代言人与广告主处于同一义务层次。

在这里可以对多数债务人理论下的广告经营者、发布者责任做一个总结:由于广告经营者、发布者与广告主并不处于同一义务层次,因此虚假广告受害方并不能够从上述主体中任选其一作为诉讼对象，而必须以广告主为第一义务人，仅在其损害不能够从广告主处获得填补时方能够向第二义务人，即广告经营者、发布者要求赔偿。同时值得注意的是，即使广告主已不具备履行能力，广告经营者、发布者的赔偿责任也并非总是成立，而是需要法院对广告经营者、发布者是否单独构成侵权进行分析。当广告受众所遭受为纯粹经济损失，且难以断定广告经营者、发布者具备至少为间接故意的主观过错时，则其承担责任存在理论上的障碍。另外，因果关系也同样可能阻隔广告经营者、发布者承担赔偿责任。当虚假广告所引起的后果不合理地或出乎意料地扩大化，则广告经营者、发布者侵权责任的构成可能搁浅于判断因果关系的"充分性"的沙滩之上。一言以蔽之，根据债法总则中的多数债务人理论所提供的理论基础，《广告法》第56条第3款关于广告经营者、发布者、代言人的过错连带责任已然赋予了广告受害方超出一般理论框架的优惠。

在多数债务人理论框架下，从广告代言人是否成立单独责任来看，即使广告代言人的推荐、证明活动对广告受众决策的作出产生了正面影响，也并非总是需要承担责任，还需要结合考虑广告代言人是否具有可归责性来判断。一般而言，广告代言人成立单独责任须以故意为要素，除非虚假广告所指向的产品或服务导致了广告受众绝对权遭受损害，则可将代言人的主观过错程度降低至过失。然而代言人应当承担何种程度的注意义务并不明确，还有待判例和学说进一步的发展。从广告代言人与广告主之间的内部责任关系来看，由于广告代言人与广告主并非处于同一义务层次，因此广告代言人不应当承担终局责任。

三、侵权责任制度对其他责任主体的规范效果

侵权责任作为债法分论极为重要的部分正在悄然发生变化，利益衡量的天平渐渐向受害人方向倾斜是其中一个重要的方面。这一点在承担责任的主体上也有所体现：例如，我国《民法典》第1168～1172条不仅秉承了多数债务人部分限制受害人因一份损害而获得多份赔偿的"限制"功能，同时还增加了以方便受害人实现权利为目的的"扩张"功能。当然，相对于上位法律规则的每一点变更和突破都必须有其合理性并得到充分论证，侵权法中承担"扩张"功能的规范主要以共同的主观过错与因

果关系的关联性作为其合理性基础。[①] 这意味着若广告经营者、发布者在主观过错或因果关系处能够与广告主构成满足侵权要件的相关性要求,则其承担连带责任的门槛以及范围都将重新定位。因此,这里有必要将广告经营者、发布者置于侵权责任框架下来观测其法效果。

《民法典》所规定的连带责任的不同类型中,第1170条规定的危险行为明显不符合广告经营者、发布者因为违反对广告主身份,以及广告内容真实性的审查义务而承担责任的具体情形。第1171条规定客观行为关联的连带责任的设立旨在"限制"——避免受害人因一份损害而得到多份赔偿。因此这一规范条款强调行为人各自的行为除却因果关系认定中的"若无则不"要件可能存在困难外,其余侵权要件均必须分别得到满足。这与前文所讨论的多数债务人的情形基本一致,因此这里不再列入讨论范围。第1172条按份责任与"连带责任"的概念相异,从法解释学的角度也应当排除。

如果广告经营者、发布者连带责任条款必须在侵权责任框架内找到条文接口而获得理论支撑及合理性,那么剩下的可能便只有第1168条所规定的一般共同侵权与第1169条规定的教唆、帮助侵权条款了。这两个条款均以行为人主观过错的一致性为成立连带责任的基础,而这一点与广告经营者、发布者连带责任确有相似之处。然而若详加分析却不难发现,相比侵权责任法中的这两个条款的张力,广告经营者、发布者连带责任条款还是走得更远了一些。

(一)广告经营者、发布者在侵权责任框架下的连带责任

1. 主观过错程度的界定

作为连带责任成立的依据和正当性基础,主观过错的一致性是极其重要的因子。因此与单独侵权中原则上不考虑过错程度不同,这里主观过错程度的变化将影响连带责任的成立。因此在分析侵权法中的具体条文之前,须对虚假广告纠纷中广告经营者、发布者的主观过错程度做一个分类。

(1)直接故意

直接故意以广告经营者、发布者积极追求广告受众遭受人身或财产损害为必要

---

① 参见叶金强:《共同侵权的类型要素及法律效果》,载《中国法学》2010年第1期。

条件。这虽然存在理论上的可能性，但在实践中却极为罕见。

（2）间接故意

放任的间接故意是可能的，即广告经营者、发布者明知广告违法或相关证明文件造假，却只追求制作或刊登广告的利润而对此将引发的损害持漠不关心的放任态度。对一些内容虚假的广告可以径行推定广告经营者、发布者对于该广告将导致的损害为明知。例如，在林某与广西民族报社侵权纠纷案中，被告广西民族报社刊登广告"诚信代办信用卡，银行直接合作单位，凭身份证即可、下卡快、额度高、手续简单、成功率百分百。大额度刷卡、取现、点数全市最低。王某：137688××××× "[①]作为一个理性的经济主体，广西民族报社应当能够从广告文字本身认识到广告的虚假性：信用卡具有较高的人身属性，银行通常根据信用卡申请人的收入情况以及信用记录来决定是否发放信用卡，以及给予怎样的信用额度。因此，广告中关于"手续简单、成功率百分之百"之类的承诺显然并不可信。据此可以认为原告报社对于广告虚假为明知的间接故意，其承担连带责任的主观要件满足。而对于以虚假身份获取刊登广告权利的广告主，由于其往往已采取了一些违反刑法（如私刻公章、伪造证件）的手段，因此较难认定广告经营者、发布者主观状态为故意。但是，若广告主在广告经营者、发布者处留存的文件能够显示明显有篡改的痕迹，或其他根据广告经营者、发布者的职业经验应当能判断广告主存在不诚信行为，则可以推定广告经营者、发布者具有放任的故意。

（3）过失

广告经营者、发布者存在过失同样是较为常见的情形。如未严格执行行业惯例所要求的查验力度，怠于查验证明材料原件，以及未核实部分证明文件等。司法实践中法院很少直接将广告经营者、发布者的主观过错定性为过失，但法院关于两主体未尽到审查义务的论述便可得出他们具有过失这一结论。

2. 在共同侵权条款上的法效果

以《民法典》第 1168 条为规范基础的共同侵权条款是以共同故意为核心案例群

---

① 参见广西壮族自治区南宁市中级人民法院民事判决书，(2011)南市民一终字第 1836 号。

的。后因司法实践的需要扩张至过失与过失的结合，[1]由于本文所论述之虚假广告案例一般并不涉及过失与过失相结合的情形，因此这里不再深入论述。对于构成广告经营者、发布者连带责任核心案例群的故意与过失的结合究竟是否能够满足《民法典》第1168条的要求，虽有学者概括为有条件的承认，但究竟限制条件为何，理论界并没有揭示。然而从实践的角度，由最高人民法院公报刊载的一篇案例值得注意：

在李某某诉南京艺术学院、江苏振泽律师事务所纠纷案中，被告南京艺术学院故意捏造事实损害原告李某某名誉，而江苏振泽律师事务所则未经审查径行发布律师声明。法院以律师事务所在发布律师声明之前有义务核实内容为由，认定江苏振泽律师事务所具有过失，因此应当承担连带责任。[2]

该案件虽然并非虚假广告案件，但被告江苏振泽律师事务所承担连带责任的理由却与广告经营者、发布者承担连带责任的理由相类似，即均未对其发布的内容进行合理审查从而给他人造成了损害。那么是否可以运用归纳的方法从这么一则受到最高人民法院支持的案例得出“故意与过失的结合原则上能够满足成立共同侵权”的实践立场呢？笔者认为答案是否定的。原因如下：

首先，这一公报案例的着力点在于为律师创造审查义务。我国最高人民法院公报刊登的案例往往更具有“抽象规范”的属性。即最高人民法院可能仅对“审判要旨”部分表达了赞同，并意在“审判要旨”这一点上统一全国法院判决，而非意在使整个判决文书如同英美法系一般具备从中抽取一般规则的属性。公报案例的裁判摘要如下：

律师事务所或者律师接受委托人的委托发布律师声明，应当对委托人要求发布的声明内容是否真实、合法进行必要的审查、核实。律师事务所或者律师未尽必要的审查义务，即按照委托人的要求发布署名律师声明，如果该律师声明违背事实，侵

---

① 参见曹险峰：《数人侵权的体系构成——对侵权责任法第8条至第12条的解释》，载《法学研究》2011年第5期；孙维飞：《单独侵权视角下的共同侵权制度探析》，载《华东政法大学学报》2010年第3期。

② 参见《最高人民法院公报》2008年第11期（总第145期）。

犯他人名誉权，律师事务所或者律师应对此承担连带侵权责任。①

可以看出，最高人民法院的裁判摘要着力点在于为律师及律师事务所创设注意义务，从而为其承担侵权责任增加依据。② 文末确定了此时律师事务所或律师承担连带侵权责任，而非按份责任、补充责任等，虽然可以说明故意与过失的主观过错结合是可能引起连带责任的，却不能由此推出，这一主观过错的差异不会对连带责任的形成产生阻碍。

其次，两被告诉讼价值相当。上述案件当中并不涉及巨额经济利益（仅为2000元精神损害赔偿），且第一被告南京艺术学院与第二被告律师事务所均具有诉讼价值，因此基本不存在诉讼不能实现的风险。当外部连带责任完成之后，两被告之间的内部责任仍然可以依照协商或过错公平分配内部责任。因此在结果上可能出现的不公未被考虑的情形下，不能一概认为主观过错的差异不会对连带责任的成立造成影响。

再次，律师事务所的特殊性质使其具有更高的可责难性。尽管依照主观过错理论，被告律师事务所具有过失，但是由于律师事务所所具有的专业素养以及应当被期待的谨慎性使其过失具有较高的可责难性。因此，虽然不能将本案中律师事务所的过错认定为故意，但是其疏忽的主观可责难性却使其与南京艺术学院主观故意的差别被缩小。

最后，不存在与有过失置喙的余地。另一个可能对法院判决连带责任产生影响的因素可能是原告并无过错。与有过失规则对于损害承担的影响视故意与过失而有所不同——例如，欺诈情况下原则上被欺诈人的轻信不构成欺诈人减轻责任的条件。这一可能对两被告单独侵权时承担责任份额造成影响的因素在本案中并不存在。

可以在这里做一个简要的总结：构成广告经营者、发布者承担连带责任的主要案例群的主观过错结合模式，在《民法典》第1168条所规范的案例群中属于例外而

---

① 参见《最高人民法院公报》2008年第11期（总第145期）。

② 参见吴宏：《“律师声明”中专家过错标准和责任形态——首例律师对“律师声明”承担专家责任案评析》，载《法学》2009年第9期。

非一般。也就是说,广告经营者、发布者承担连带责任尽管并不违反《民法典》第1168条,能够被该条款所容纳,但这一条款本身却无法解释究竟在何种情况下可以构成连带责任。可以将《民法典》第1168条理解为类似《民法典》第110、114、123、124、125条的一般条款,即根据其宽泛的解释并没有将利益排除保护范围之外,纯粹经济也并非必然在其保护范围之内。

3. 在帮助、教唆条款下的法律效果

《广告法》第56条第3款的文义解释的结果是明确的:但凡广告经营者、发布者存在过错,则应当与广告主一起对广告受害方承担连带责任。但是这一解释结果已经明显超出了共同侵权所能够到达的范围——通常情况下,若广告经营者、发布者已构成故意,则连带责任能够依据共同侵权理论成立,然而当广告经营者、发布者仅具有过失时,虽然因为《民法典》第1168条在理论上的扩张而不能够认为过失便不具备构成连带责任的可能,但是却无法为其成立连带责任而提供合理性,而需要《广告法》相应条文自身教义的发展以补足,当这一教义缺位时,便不难说这一条文突破了共同侵权的理论框架。

(二)广告代言人在侵权责任框架下的连带责任

如前文所述,当广告代言人与广告主的主观过错或因果关系存在紧密联系时,则可能突破多数债务人这一上位理论的限制,不必讨论单独侵权责任是否成立而径行在侵权的语境下与广告主成立连带责任关系。但是值得说明的是,广告代言人成立侵权上的连带责任必须以广告主同样构成侵权为前提,[①]如此一来,至少将没有造成广告受众财产损失(包含纯粹经济损失在内)的虚假广告代言人排除在侵权连带责任之外。

1. 从共同过错的角度

若将广告代言人与广告主承担连带责任的联结点视为共同的主观过错,那么其在侵权法上的规范基础则为《民法典》第1168条一般共同侵权条款或第1169条教

① 当然,广告代言人与广告主成立连带责任并非必须要求双方均构成侵权责任,一方构成侵权责任、另一方构成合同责任同样可以成立连带责任。但若成立侵权上的连带责任则必须双方均以侵权为责任基础进行评价。

唆人、帮助人责任条款。① 当广告代言人的主观过错为直接故意时，则在广告主自身成立侵权责任的情况下必然与其成立侵权上的连带责任。例如，如果代言人明知所代言奶粉含有损害婴儿健康的三聚氰胺，但却因个人经历而仇视社会故对这一可能产生的后果持积极追求的态度，那么无疑，其不仅成立与三鹿厂家的连带责任，还应当被追究刑事责任。但是现实中这种情况非常少见，尤其是明星代言。广告代言人还有可能为间接故意，即其明知自己的代言活动将使他人遭受损害却为获取代言费用仍为其证明、推荐。由于间接故意一般被划入故意的范畴而统一适用故意的法效果，因此也可以认为在代言人间接故意的情形下同样应当与广告主构成侵权上的连带责任。值得注意的是，代言人并非总是明星，一些较为低端的广告，其目标客户为轻信的、易于被劝诱的人群时，非明星的普通民众以消费者的身份在广告现身说法，误导广告受众作出购买商品或接受服务的决策的广告同样大量存在。② 在这一类广告中，由于进行证明和推荐的代言人并非名人，其个人身份难以被识别，因此在进行劝诱时反而更加肆无忌惮，其主观过错更可能为间接，甚至是直接故意。但是这一类“普通民众代言人”，根据《广告法》第 2 条、第 56 条第 2 款与第 3 款的官方释义，则因为其不能够被纳入“代言人”的概念范畴而不存在承担责任的基础。这是否具有合理性值得理论界更深入的研究。

最为常见的情形是广告代言人具有过失是否能够成立与广告主的连带责任。这又可以分为两种情形，即广告主和代言人对于注意义务的违反均为过失，或者广告主隐藏了真实的信息，而代言人违反注意义务未能发现，从而导致损害发生。下面分情况讨论：

(1)过失与过失的结合

尽管目前没有案例支撑，但是从理论上来说，广告主尽管控制信息源，对广告的设计也是多加考虑，但毕竟其并非信息的接受方，广告受众对广告的理解偏离广告

---

① 《民法典》第 1168、1169 条主要以行为人之间具有主观意思联络所形成的共同过错为主要规范目标，也有学者指出《民法典》第 1171、1172 条为过失与过失的结合构成连带责任提供了规范基础。参见曹险峰：《数人侵权的体系构成——对侵权责任法第 8 条至第 12 条的解释》，载《法学研究》2011 年第 5 期。

② 例如，大量的电视购物广告中有不知名者声称为所推荐产品的实际使用人，大肆宣扬该产品的功效，言辞极为肯定，用语夸张。

主可预见的范围并引发自身损害的情形尽管并不常见,但也并非不可能。在这种情况下,广告主有可能构成过失发布虚假广告而承担侵权责任,这时评价广告代言人是否应当与广告主承担侵权上的连带责任,则需要解决"过失与过失的结合是否能形成侵权连带责任"这一理论问题。

目前,法学界一般承认过失与过失构成连带侵权的可能,[①]但同时对此施以严格限制——例如,有学者提出过失与过失的结合构成共同侵权,行为人间必须存在意思、行为和场合的一致性。共同的过失、分别的场合,或分别的过失、单独的行为均不能使条件已足,共同侵权人必须在同一点上引发风险。[②] 例如,广告代言人遵照广告主的指示在一则目标客户为未成年人的广告中展示"飞檐走壁"及高空坠落安然无恙的"神功",以推介某品牌的少儿气垫运动鞋。其本意在于希望以夸张的手法吸引受众注意力,宣传该气垫运动鞋具有良好的减震功能。通常情况,一个理性的消费者并不会相信一个功能良好的气垫鞋能够使普通人从高空坠落而毫发无损,但是未成年人缺乏辨别能力,很有可能对夸张的广告宣传照单全收,而后模仿,从而造成损害。广告主对于这一损害的发生是负有责任的,因为其应当知晓其广告受众为心智尚未成熟的未成年人,对于损害的发生应当避免却未能避免。广告代言人对于这一后果的发生从交往安全义务的角度来看同样负有责任。在"未能充分考虑未成年人的认知能力"这一点上,广告主与广告代言人产生了共同的过错,引发了风险,导致了一个不可分割的损害后果,因此两者应当承担侵权连带责任。但若是另外一种情形,生产商(广告主)因为过失使用了不合格的原材料,质检机关由于过失未能检验出质量问题,广告代言人在认真查验所有证明文件后同意进行代言,然而代言词却显著偏离了其实际功效。这时尽管广告主与广告代言人均存在过失,但过失却各不相同,所引发的风险也是不同的。因此,广告主与广告代言人仅可能在满足条件的情况下承担多数债务人理论框架下的连带责任,而不能成立共同侵权理论框架下的连带责任。

(2)故意与过失的结合

在虚假广告引起侵权责任的现实责任类型中,广告主的故意与广告代言人的过

---

① 参见王利明:《侵权责任法研究》(上卷),中国人民大学出版社2010年版,第525页。

② 参见叶金强:《共同侵权的类型要素及法律效果》,载《中国法学》2010年第1期。

错相结合是更加常见的情形。例如，广告主违反规定发布广告，广告代言人怠于查验证明文件而代言，最后引发损害。对故意与过错的结合是否能够构成共同侵权，理论界没有太多的研究，只是概括地表明了有限承认的态度。笔者认为，从连带责任构成的正当性基础来看，故意与过失的结合、过失与过失的结合并没有本质的不同。可能会对是否以共同侵权处理主观过错为故意与过失的结合造成影响的应当是：在动态系统论的理论框架下，过错程度与承担赔偿范围应当为正相关。[①] 这意味着，从外部关系上来看，主观恶性程度为过失的行为人可能承担了额外的，在其他共同侵权人丧失偿付能力情形下所产生的风险。目前学界对此没有专门的研究。笔者认为，相对于为故意与过错的结合是否能够构成侵权划出一道统一的分界线，倒不如如同过失与过失的结合一样，先给予一般意义上的承认，再由法官在个案中，可以通过明确连带份额来阻止不公平结果的出现。当然值得强调的是，故意与过失构成共同侵权同样需要满足过失与过失构成共同侵权的基本要求，也就是：在同一个点上引发了风险。

2. 从因果关系的共同性来看

当责任人不明或责任份额不明时，因果关系的共同性可能为共同侵权的成立提供正当性基础。虚假广告所引起的广告主与广告代言人之间的侵权连带责任有可能涉及责任份额不明的情形。其规范起点可能为《民法典》第1171条。试想一位购买三鹿婴幼儿奶粉的消费者遭受了损害，却难以判断代言人对该消费者的购买决策起到了多大程度的促进作用。其可能是基于三鹿婴幼儿奶粉“优惠”的价格而成为其顾客，可能是因为对代言人的信任而决定购买，也有可能兼而有之。另外，从宏观上来看，三鹿婴幼儿奶粉的受害者当中有多少比例是因代言人代言活动而成为三鹿婴幼儿奶粉的客户群同样并不清晰。当然，若有数据显示在明星担任代言人前后的市场占有率变化，或可使代言人的责任份额明确化，从而进入按份责任的调整范围。但是需要强调的是，仅责任份额不明不足以成立广告代言人与广告主的连带责任。广告代言人承担连带责任还必须满足除因果关系以外其他的单独侵权的构成要件的要求。

---

① 参见叶金强：《论侵权损害赔偿范围的确定》，载《中外法学》2012年第1期。

值得注意的是,无论是以共同过错还是以共同的因果关系作为连带责任成立的基础,除非各侵权行为人之间具有共同的故意,否则连带责任的成立必须建立于单独侵权成立的逻辑体系之上——若因果关系因为相互粘连无法判断,则除因果关系以外的侵权构成要件必须全部得到满足。

四、损害的分割、与有过失与损失分担

(一)损害分割对主体间损失分担的影响

一般认为,对于一项损害的产生,如果加害人的行为与损害部分的因果关系是能够被确认的,则这一项损害被认为是可分的,否则为不可分损害。[①] 欧盟专家委员会在调研欧盟各国损害的分割与合并问题,综合各个国家的国别报告后作出总结:尽管成员方报告专家均表示没有一个针对损害的分割与合并这一问题的一般规则,但是该问题却隐而不彰地潜伏于侵权问题的深层土壤之中,实实在在地对实践产生影响。[②] 我国尽管针对损害的分割问题同样没有太多的直接讨论,但这一问题却在司法实践中同与有过失一起对虚假广告民事责任的分配产生影响。《广告法》中的民事责任条款多处以"连带责任"对广告经营者、发布者、代言人所应当承担的民事责任进行描述,而这里的连带责任份额当如何确定,受害人自己的过错应当如何对行为人的责任份额产生影响则不甚明确。

若将广告主、广告经营者、发布者、广告代言人视为侵权人,多数情况广告受众因虚假广告而遭受的损害是统一的、不可分割的,因为上述主体以经营、发布、代言虚假广告为手段所导致的损害在通常情况下依附于一个完整的因果关系。这意味着,法院即使因为受到政策考量的影响而倾向于在多名虚假广告侵权人之间分配责任,也只能够将损失按照一定的比例分摊给位于因果链上的主体,而不能够将损失的不同部分分配给不同的责任主体。

---

① 参见焦艳红:《无意思联络的数人侵权——以类型化研究为目的》,载《安徽大学法律评论》2007年第1期。转引自竺效:《无过错联系之数人环境侵权行为的类型——兼论致害人不明数人环境侵权责任承担的司法审理》,载《中国法学》2011年第5期。

② 参见[奥]肯·奥利芬特主编:《损害的合并与分割》,周学峰、王玉花译,中国法制出版社2012年版,第589页。

(二)与有过失对主体间损害分担的影响

相比之下,与有过失对广告主、广告经营者、发布者、代言人之间损害分担的影响更为复杂。与有过失在我国法上的规范基础有《民法典》第1173条,[①]2003年颁布的《人赔司法解释》第2条则根据侵权人与受害人双方主观过错程度的不同而对与有过失的适用进行了限制。质言之,当侵权人承担过错责任时,若侵权人有故意或重大过失,而受害人仅有一般过失的,不适用与有过失规则;当侵权人承担无过错责任时,若受害人仅有一般过失,不适用与有过失规则。[②] 另外,由于原《侵权责任法》没有关于严格责任是否可以适用与有过失的一般性规定,但《民法典》第1239、1240、1245条中具体规定了严格责任适用与有过失的情形,从而在解释论上引发了关于严格责任与与有过失关系的争议。[③] 虚假广告涉及多个责任主体,各责任主体所承担的责任形式又各有不同,再虑及作为受害方的广告受众常常存在过于轻信、不够谨慎的问题,因此若广告受众被评价为具有过错,那么这份过错应当如何对各个主体所应当承担的损害赔偿的份额产生影响则需要讨论。

1. 与有过失与过错责任

首先值得讨论的是,若广告主故意以广告为媒介进行虚假陈述,广告受众因过失而相信并与之缔结合同后遭受财产损害,广告主所应当承担之损害赔偿额是否应当因受害者之过失而为扣减。从我国《民法典》第1173条的规定来看,答案为肯定的,因前述两条款并未规定主体间过错程度的差异将阻碍与有过失的适用。然而若从比较法上来看,则或有他解。例如,《德国民法典》第123条所规定之欺诈制度的法教义学便明确表示,受欺诈人的过于轻信不得为阻碍恶意欺诈之成立。[④] 且从德国司法实践所发展出的经验法则来看,侵权行为人一方的故意,将排除对受害方在

---

① 《民法典》第1173条规定:"被侵权人对同一损害的发生或者扩大有过错的,可以减轻侵权人的责任。"

② 《人赔司法解释》第2条第1款规定:"受害人对同一损害的发生或者扩大有故意、过失的,依照民法通则第一百三十一条的规定,可以减轻或者免除赔偿义务人的赔偿责任。但侵权人因故意或者重大过失致人损害,受害人只有一般过失的,不减轻赔偿义务人的赔偿责任。"

③ 参见程啸:《过失相抵与无过错责任》,载《法律科学(西北政法大学学报)》2014年第1期。

④ Vgl. Münchener Kommentar zum Bürgerlichen Gesetzbuch zum BGB, band 1, Auflage 2009, § 123 Rn. 8, *Krame.*

过失,有时甚至为重大过失情况下对于损害之发生的与有过失的考量。[①] 这一处理方法在欧盟境内具有普遍意义。[②] 我国虚假广告司法实践当如何选择,是有疑问。笔者赞同在不涉及健康、生命权利受到侵害的情形下,且无特殊规定时无论侵权行为人是否为故意,均应当依照一般性原则适用与有过失。原因在于,与有过失规则一大优点在于其可以软化侵权责任在构成要件模式下的"全有或全无原则"(Gemeinschaftlichen Alles-oder Nichts-Prinzip)[③]的僵硬状态,给予行为人承担责任一个弹性评价的空间。在广告主为故意时仍然适用与有过失规则,法院可以通过在个案中控制对受害人的个人特征的识别度以使其进入或逃离过错的范畴以维护个案正义;而若一概地否认广告主为故意时与有过失规则的适用,则剥夺了法院可以进行个案调节的工具,从而可能导致极端个案下的不公。值得注意的是,若虚假广告与消费者的人身损害之间具有法律上的因果关系,那么《人赔司法解释》便应当作为特殊条款而被触发。这意味着,若广告主对于消费者所遭受之人身损害具有故意或重大过失,消费者本身的一般过失不能够为扣减广告主的赔偿数额提供正当性。但是,这里所要求广告主之故意或重大过失,必须指向损害的结果,即消费者所受之人身损害,而不能为消费者作出缔结合同之意思表示。例如,三鹿婴幼儿奶粉的厂家对于造成食用其奶粉的婴儿人身损害为故意(间接故意),因此纵使受害婴儿之父母有怠于送其婴儿至医院检查并接受治疗之过失,也不能够使三鹿婴幼儿奶粉厂家得以减少承担损害赔偿责任。然而若购买排油减肥茶的某消费者因为减肥心切而过量饮用,终至腹泻而不得不接受治疗,则不能认为广告主对于这一人身损害结果具有故意——制造噱头促使消费者作出意思表示之故意,与造成消费者人身损害之故意并非等同,因此对于后一种情形,应当适用与有过失的一般规范,而无须适用《人赔司法解释》第 2 条这一特殊规范。

2. 与有过失与无过错责任

如前文所述,无过错责任是否能够适用与有过失规则,理论界意见并不统一。

---

① BGHZ 57,137,145ff.

② 参见[德]U. 马格努斯、[西班牙]M. 马丁 - 卡萨尔斯主编:《侵权法的统一:共同过失》,叶名怡、陈鑫译,法律出版社 2009 年版,第 384 页。

③ Vgl. Dirk Looschelders, Schuldrecht AT, Aufl. 2016, Rn. 1015.

持肯定意见者认为与有过失乃公平正义之体现,不应当因责任形式之不同而为不同。另外,与有过失规则可促使受害者积极采取措施减轻损害,有利于社会整体福利的提高。持反对意见者则强调无过错责任之特殊性,认为严格责任原本就意在实现保护弱者之社会功能,不应以私法原理评价之。[①] 从直观的比较法层面来看,各国立法又似乎有不同之选择。再具体到《广告法》中,其民事责任条款两处涉及针对责任主体的无过错责任,而广告受众与有过失的情形并不少见。因此,究竟是否当允许受害广告受众之过错而为责任人所承担责任之折抵,自然对司法实践产生影响。让我们仔细分析学界反对无过错责任适用与有过失的论据。关于前文所述因《民法典》第1239、1240、1245条所作出的规定而引发的解释论上的困惑,已有学者做全面之阐释,[②]这里不再赘述。但笔者认为,"无过错责任具有特殊性,故而不再适用民法之一般准则"的论述值得商榷。纵使无过错责任更多立足于社会的弱者保护功能,也并不意味着其当然获得了全面偏离私法一般准则的合理性。私法之特殊规则,当在一般规则之上做加减乘除,然而每一处或上或下或左或右的偏离,都应当经过充分而具体的论证。一个极为笼统的、类似"弱者保护"的概念不能赋予一项规范偏离一般的正当性。这意味着,除非在法条中明文规定,在某情形下无过错责任不适用与有过失,否则应当追随一般规则。除此之外,在《广告法》中的民事责任条款中适用与有过失规则,可以使许多原本让法院感到"棘手"的案件处理起来变得容易。特别是在广告主行使诈骗后消失,广告经营者、发布者因《广告法》第56条第2款而须承担补充责任时,采用与有过失规则以限制广告经营者、发布者责任,可以有效避免判决结果的不公。

---

① 参见[德]克里斯蒂安·冯·巴尔:《欧洲比较侵权行为法》(下卷),焦美华译,法律出版社2001年版,第657页。

② 参见程啸:《过失相抵与无过错责任》,载《法律科学(西北政法大学学报)》2014年第1期。

第四章　《广告法》与传统民事责任制度对虚假广告规范效果的比较与分析

在对《广告法》民事责任条款的适用现状，虚假广告在法律行为法、侵权责任制度框架下的法律效果进行分别的探讨之后，有必要将《广告法》民事责任条款对虚假广告所产生的规范效果与其他相关民事责任制度所产生的规范效果相比较，以明确《广告法》中的民事责任条款相比传统民事责任制度究竟是否有特殊性，若无，则须处理其条文性质以及与传统民事责任制度所产生的竞合问题；若有，则须首先判断其特殊之处在私法视野下是否具有合理性，而后根据所得出的结论分析如何在解释论允许的框架下充分利用传统民事责任制度的既有理论资源丰富这一条款的理论支撑，同时与传统民事责任制度融合。

第一节　《广告法》与契约责任制度对虚假广告规范效果的比较与分析

一、广告主民事责任条款与欺诈责任制度

尽管没有线索显示广告主民事责任条款与《合同法》规定的欺诈条款具有体系上的衔接关系，但是由于两个条文在功能上天然的相似性，导致它们在司法适用过程中关系不

清,这主要体现在受害方诉请依据1993年《消保法》第49条获得双倍赔偿的情形之中。多数判决中法院将两者直接等同视之,随意替换,以广告主民事责任条款的构成要件的满足替代原《合同法》第54条中的"欺诈"概念,从而以偷梁换柱的方法避开对欺诈的直接论证而径行适用1993年《消保法》第49条的双倍赔偿制度。① 例如,在郭某诉精品购物指南报社、北京万方园宾馆赔偿案中,法院便是以被告的行为构成发布虚假广告为由绕开了对欺诈构成要件是否得到满足的讨论。

……被告郗梦虹违法经营,刊登虚假广告欺骗消费者,给原告郭某人身造成伤害,其行为已构成欺诈,应双倍返还郭某隆胸费并赔偿经济损失。……综上所述,依照《中华人民共和国广告法》第24条、第38条第1款以及《中华人民共和国消费者权益保护法》第41条、第49条之规定,判决如下……②

也有的判决书将欺诈的构成要件充填进入"虚假宣传"的概念之中,从而阻止虚假广告的相关规范被激发,由此否决原告在广告主民事责任条款上所可能享有的权利。③ 例如,在李某诉中央电视台虚假广告纠纷案中,即使被告所发布之广告尚不能满足欺诈的构成要件,但却已然符合虚假广告的概念要求,法院却以事实上的欺诈内涵作为标准否认虚假广告的成立,从而使被告中央电视台未能落入《广告法》的规范之中。该判决书行文如下:

……此3项广告内容均是关于产品功能的介绍。虽然第1、6项内容并没有明示五大功能技术指标的实现需要消费者另购1G的SD卡,但根据上海橡果公司提交的2006年检验报告中第16、18、19、20项检验项目可知,涉案商品内置存储器为128MB,支持的介质SD卡最大可支持1G。在SD存储卡为1G的情况下可以实现

① 参见北京市西城区人民法院民事判决书,(1999)西民初字第2321号;海南省海口市龙华区人民法院民事判决书,(2013)龙民一初字第446号;湖南省湘西土家族苗族自治州中级人民法院民事判决书,(2003)州民一终字第77号。

② 参见北京市西城区人民法院民事判决书,(1999)西民初字第2321号。

③ 参见北京市第一中级人民法院民事判决书,(2007)一中民终字第904号;湖北省武汉市中级人民法院民事判决书,(2012)鄂武汉中民二终字第00295号。

广告内容宣传的五大功能和技术指标。因此,上述涉案广告内容的表述方式虽存在瑕疵,但尚不足以认定虚假。……关于李某提出的第2、7、8、9项内容。此四项广告内容是针对该产品广告方式的问题。对于第2项内容,广告中虽模拟了一种比赛场景,但并未提及其他对比产品名称,其内容并不虚假。对于第7项内容,由于附赠的销售方式目的在于促销,一般意义上的赠品与实现销售商品的基本功能之间不应存在不可或缺的关系,否则应视为销售商品自身的一部分,而不应称之为赠品。在本案中,涉案广告所称的赠品系《视乐奇摄手星使用者指南》中的"原厂物件",上述物件对于实现涉案商品的功能是不可或缺的。因此涉案广告中关于赠品的表述存在瑕疵,应当予以纠正。……故本院对于李某主张的第2、7、8、9项中涉及的广告内容虚假及违法的主张不予采信。①

已有学者专文对欺诈与虚假宣传的不可等同性作出了论证,②然而由于一直以来存在的对欺诈"条件严苛责任难以构成"的批判,③以及对消费者特殊保护的呼吁,法院这种做法却在"降低欺诈构成要件门槛以实现消费者特殊保护"的猜测下获得了一个可能合理的解释。而广告主民事责任条款整个条文的立法目的以及规范功能都十分模糊:"虚假广告""误导""欺骗"均非严格的法学概念,其概念内涵本已难以廓清,辅以"和""或"之争使之更增变数。除此之外,如前文所述,条文的整体构造风格杂糅,难以明确其究竟应当被置于何种体系之下以受既有规则的约束,因此应当说,无论从文义解释还是体系解释或是目的解释,均不能认为广告主民事责任条款负载了消费者特殊保护的任务。同时,赋予其这种特殊保护,又是具有危险性的,由于倾斜性权利配置所可能伴随的风险,④修改传统的利益格局一般尽可能追求焦点清晰,使其在实现既定目标的同时不致对传统体系造成不必要的冲击。例如,《德国民法典》尽管已被德国学者戏谑地称为"油浸的私法",但是其在实现例如消费者保护的社会主义思想时还是体现出了十分的谨慎——消费者保护一直在具

① 参见北京市第一中级人民法院民事判决书,(2007)一中民终字第904号。

② 参见马一德:《虚假宣传构成欺诈之认定》,载《法律科学(西北政法大学学报)》2014年第6期。

③ Vgl. Claus-Wihelm Canaris, Wandlungen des Schuldvertragsrechts, Tendenz zu seiner "Matriealisierung", Acp 200(2000), S. 273 -364.

④ 参见应飞虎:《权利倾斜性配置研究》,载《中国社会科学》2006年第3期。

体的条款中附带明确的目的出现。① 然而广告主民事责任条款所可能容纳的宽泛的解释范围,则存在对传统法学体系造成较大冲击的可能。但是从另一个角度来说,由于条文弹性的现实存在,法官在适用该条文过程中发展其消费者特殊保护的功能具有现实的可能性。如果是这样,则必须从案例出发去观察,广告主民事责任条款是否已经由法官发展出了弱者保护的功能。如果答案为肯定,那么在确定广告主民事责任条款的条文性质时则必须注意到这一点——若将旧《广告法》第 38 条定位于说明性法条,那么原先依附的特殊功能则可能失去实现的渠道而诱发问题。我们还是按照前文案例分析时用来分析欺诈的德国框架来进行分析。

笔者首先注意到的便是主观过错问题。在文章案例类型化部分整理所得出可以归入欺诈分析框架的案例群中,原告诉讼请求得到支持的 3 个案例中,仅在一则判决书中法院提到了被告故意的主观态度。而在原告诉讼请求遭到法院驳回的 5 个案例中则没有一例提及广告主的主观状态。如前文所论证,法院对主观过错要素的"沉默"并不能直接征引出广告主民事责任条款构建了一种虚假广告的无过错责任的论断,这可能是法院简化论证的结果。在这里以理论和司法实践进行验证。

如果运用欺诈理论所要求的故意标准去判断广告主民事责任条款相关判决书所体现出的事实,会发现法院支持的 3 个案例并不能真正满足理论对故意的严苛要求。换言之,在适用广告主民事责任条款的案例中,故意的射程相对缩短了——判决书中所体现的事实仅能够表明广告主对于陈述事实的虚假性的明知,却不能够延伸致使对方陷入错误并因此缔结合同的程度。② 例如,在获得法院支持的湖北润海房地产开发有限公司与赵某某等虚假广告纠纷上诉案中,③涉诉标的为房屋配套设施,由于购房所考虑的因素众多,在不能证明原告对于配套设施有明确的要求和偏好的情形下,是否被告明知配套设施的虚假陈述就导致了购房合同如此签订,并非

---

① 例如,《德国民法典》第 475 条明确规定当一方为消费者时,双方根据《德国民法典》第 433 ~ 435 条、第 437 条、第 439 ~ 443 条约定排除瑕疵担保责任不发生效力;第 476 条则明确规定关于瑕疵举证责任的倒置,等等。

② 根据德国对《德国民法典》第 123 条的通说解释,故意是指欺诈者明知所陈述内容的不真实性,同时意识到并且希望通过这一具有误导性的陈述使意思表示相对方陷入错误,并且因该错误作出了一个否则不会或不会如此作出的意思表示。Vgl. Münchener Kommentar zum Bürgerlichen Gesetzbuch zum BGB, band 1, Aufl. 2009, § 123 Rn. 8, *Krame.*

③ 湖北省高级人民法院民事判决书,(2002)鄂民一终字第 97 号。

没有商讨的余地。而在刘某某等诉宜登学校纠纷案中，由于教育服务的特殊性，校方是否预见到家长相信了自己夸张的许诺而与自己缔结合同，是具有很大的不确定性的。

但是，如果我们将适用原《合同法》第54条第2款的案例判断故意的标准与广告主民事责任条款判断故意的标准相比对，则会发现两个案例群的评价尺度并没有明显不同，从言辞标准来说，法院论述同样均仅到达明知为虚假陈述层面，而从案件事实分析的角度，适用欺诈条款案例群下所能够满足的故意射程与广告主民事责任条款所适用案例所能够满足的过错程度是基本相当的。在笔者搜集的能够代表最高人民法院态度的5篇适用欺诈条款的公报案例中，原告诉讼请求获得法院支持的有2篇。欺诈方以虚假陈述诱使对方订立合同的主观意图在这2篇文书中是明确的。例如，在刘某某诉安邦财产保险公司保险合同纠纷案中，原告欲撤销的是其与被告签订的销案合同，尽管文书中法院论述故意时仅分析到达"故意隐瞒原告可以获赔的重大事实"，但是被告保险公司以虚假陈述诱使刘某某签订销案协议的故意是十分明确的：

……本案中，被告安邦公司在原告向其要求理赔时出具的拒赔通知载明的拒赔理由是"上述车辆未投保货险且车辆所载货物超高"，但直至诉讼中也未能提供相应的合同条款依据，双方订立的保险合同中亦无任何条款约定车辆所载货物超高属于免赔情形，且根据该合同约定，涉案保险事故属于约定的保险责任范围，故被告以根本不存在的条款拒赔显然存在欺诈，而原告口头同意销案则以被告为实现欺诈而实施的诱问为基础。原告在接到该拒赔通知与被告达成的销案协议，显然违背了原告的真实意思表示，原告请求撤销该协议，法院依法予以支持。①

在黄河实业集团与北京然自中医药科技发展中心一般股权转让侵权纠纷案中，被告谎称自己拥有某"医学科学城"的一级开发权，必然是认识到若不如此宣称则无可能与原告签订涉案合同以骗取资金。

① 参见《最高人民法院公报》2013年第8期（总第202期）。

……依据现有证据，能够证明2006年11月22日然自中心与黄河公司签订《股权转让协议书》之前，然自中心法定代表人刘某某虚构特殊身份，虚构可一级开发土地的事实，采用欺诈手段，使黄河公司误以为真，作出错误的意思表示，在违背真实意思表示的情况下，签订了协议书。双方在签订协议书时，黄河公司的目的是取得46,800亩土地的开发权，双方是以高于所转让股权的价格转让的，且协议书附件已经对在大厂县境内开发中国中医药科学城有所体现，可见股权转让协议的真正目的是取得所谓的46,800亩土地的一级开发权，但实际上然自中心根本不具有该土地开发权。刘某某以虚假身份采用欺诈的手段骗取了黄河公司的信任，签订了协议书，使然自中心从黄河公司获得1000万元的股权转让款。……①

然而在另外3项原告诉求未获得法院支持的判决文书当中，被告的虚假陈述则不能被认为是导致原告缔结了涉争合同的原因。例如，佛山市顺德区太保投资管理有限公司与广东中鼎集团有限公司债权转让合同纠纷案中，②太保公司以中鼎公司隐瞒其在转让给自己的债权上设置了其他物权的事实要求适用欺诈条款以撤销合同，然而这一事实是否意味着被告认识并希望以这一隐瞒事实诱导原告缔结合同，则并不能明确。

……关于中鼎公司的行为是否构成欺诈而导致《债权转让协议》可撤销的问题。……在本案中，中鼎公司与太保公司签订的《债权转让协议》的前言载明："根据中鼎公司和东方公司广州办事处于2002年11月25日签订的《债权转让协议》，中鼎公司取得了东方公司广州办事处从中国银行受让的位于顺德地区的相关债权及其债权项下担保权益。双方协商，并依与东方公司广州办事处约定的规则和程序取得合法认可，而达成的协议。"由此可见，在签订本案债权转让协议之时，太保公司对中鼎公司和东方公司广州办事处签订的《债权转让协议》的内容应当知晓，对本案债权的情况也有了解，故太保公司认为中鼎公司故意隐瞒其与东方公司广州办事处签订的《债权转让协议》的内容，诱使其作出错误意思表示，从而签订本案的《债权

---

① 参见《最高人民法院公报》2009年第1期（总第147期）。

② 参见《最高人民法院公报》2005年第12期（总第110期）。

转让协议》缺乏事实依据。对于中鼎公司和东方公司广州办事处签订的《债权转让协议》对债权再转让约定的条件,要求新的拟受让方作出的声明与保证主要是承认东方公司广州办事处的企业法人地位、理解并认可东方公司广州办事处原据标的债权对中华人民共和国国家及政府并不享有任何形式的索偿权等内容,上述内容对太保公司追索本案的债权并不构成其所谓有实质性限制和约束。至于中鼎公司和太保公司签订转让协议时东方公司广州办事处尚未对债务人和担保人履行债权转让通知义务,以及中鼎公司将标的债权出质给东方公司广州办事处的问题,根据前述,既不影响中鼎公司从东方公司广州办事处受让本案债权,也不影响中鼎公司与太保公司签订的《债权转让协议》的效力。虽然太保公司在向债务人主张债权时会因债权转让通知尚未到达债务人和债权被出质而暂时受阻,但从本案的事实来看,中鼎公司和太保公司签订的债权转让协议约定,太保公司在支付完全部债权转让款后,中鼎公司才向太保公司移交该协议项下全部债权的资料,以及向债务人及保证人发出转让通知有效回执或者其他可证明已通知的证据材料。……太保公司请求撤销《债权转让协议》不符合《中华人民共和国合同法》第54条第2款的规定,不予支持。①

尽管从结果导向来看,故意范围无法延伸的案例均被法院驳回诉讼请求可能会模糊判断,但若仔细分析文书便会发现法院驳回原告诉求并非依据被告不构成故意,而是对原告所主张事实的不予认可。而从另一个角度来说,法院分析而未否认,已经可以作为其不反对故意认定的证据了。再退一步说,即使由故意的射程构成了某种极其细微的差异,这种差异也可能在随后的决策因果关系分析中被抹平。

接下来考虑欺诈构成的另外两个前提:(1)虚假陈述事实与相对方陷入错误;(2)陷入错误与受欺诈方的决策具有因果关系。这两个要件在欺诈理论上并无疑义,但在广告主民事责任条款的理论中却可谓空白。但是这一理论断层却使法院在适用广告主民事责任条款处理虚假广告,特别是涉及日常消费品交易时遭遇困难。现如今产品往往是集多功能为一体,因此难以判断其中哪一项功能对于消费决策起

① 参见《最高人民法院公报》2005年第12期(总第110期)。

到决定作用，也就难以判断究竟广告对哪一个功能的不实表述能够引发《广告法》中的民事责任。例如，对一款游泳手表的潜在购买者来说，声称该手表防水性能良好的广告必然对购买者的购买决策起到决定性作用——没有人会愿意买一款不能防水的游泳手表。然而对于防水功能的虚构究竟在购买者挑选手表时起到多大的影响作用，则很难判断了。但是，法官并没有因为难以判断而放弃判断，观察文章案例梳理部分的表格会发现，法官在原告诉讼请求得到支持的4个案例中均从不同的层面对两个层次的因果关系进行了考察，①而在更能够说明问题的7个驳回案例中②，则有3篇文书的驳回依据是以因果关系不成立为依据而作出的。但是还有另一个问题，法院是否就某一构成要件进行判断与依据何尺度进行判断有所不同。例如，北京中联安公司案中，法院只是笼统地表示被告与事实不符的陈述与原告的经济损失之间存在因果关系，但是经营者承租商铺考虑因素众多，被告是否将与所称的大型企业联合究竟是不是导致合同订立的决定性因素则未得到分析。③

二、广告主民事责任条款与缔约过失责任制度

《广告法》中的广告主民事责任条款更多地涉及在合同有效成立情形下的损害赔偿。因此缔约过失责任是否能够支持原告在合同未撤销状态下所要求的损害赔偿则是问题的关键。

通过对理论文献的梳理可以发现，尽管早期关于缔约过失的基本类型并不包含合同有效成立的情形，④且其基本理论也在于为合同双方开始接触至合同订立时的阶段提供保护，而原则上不能将保护延伸至被契约责任包含在内。但是后来，有学者主张缔约过失也应当适用于合同有效成立的情形。⑤ 值得注意的是，这些理论主

① 参见海南省海口市龙华区人民法院民事判决书，(2013)龙民一初字第446号；湖北省高级人民法院民事判决书，(2002)鄂民一终字第97号；刘某某等诉宜登学校纠纷案，载《人民法院案例选——二〇〇二年第二辑》(总第40辑)，人民法院出版社2002年版。

② 参见湖北省武汉市中级人民法院民事判决书，(2012)鄂武汉中民二终字第00295号；上海市第二中级人民法院民事判决书，(2001)沪二中民终字第958号；广东省广州市中级人民法院民事判决书，(2013)穗中法民二终字第1065号；上海市黄浦区人民法院民事判决书，(2000)黄浦民初字第1811号等。

③ 参见北京市第一中级人民法院民事判决书，(2006)一中民终字第6250号。

④ 参见韩世远：《合同法总论》，法律出版社2004年版，第144页。

⑤ 参见彭世权、周泰山：《论合同有效中的缔约过失责任》，载《西南大学学报(人文社会科学版)》2006年第2期；韩世远：《合同法总论》，法律出版社2004年版，第145、146页。

张往往只是泛泛而谈,而对缔约过失责任延伸所可能带来的竞合问题却缺乏深入的分析。这一理论立场在司法实务中也能够得到某种印证——法官出于避免撤销已部分履行合同后所可能带来的更为复杂难解的利益分割问题,也往往倾向于在欺诈或者重大误解构成之时绕道原《合同法》第42条,以较为灵巧的损害赔偿替代相对笨重的撤销合同。① 极端情形如在饶某某与陈某某买卖合同纠纷案中,法院在原告已明确要求撤销合同时以"饶某某对水厂已经营一年且重新进行了投资、搬迁,如若解除该协议将导致双方更大经济损失,继续履行更有利于保障双方当事人经济利益,故对双方转让协议确认有效继续履行"为由拒绝适用原《合同法》第58条,而依据原《合同法》第42条第2款判决损害赔偿:

本院认为,饶某某举出2009年7月1日某军区房屋管理局天水办事处向广济医院发通知告知其关闭水厂的函件,证明陈某某在已知水厂不能经营的情况下,仍与其签订水厂转让合同,并对该事实隐瞒,陈某某的行为存在欺诈,造成饶某某的重大误解。……因涉案水厂饶某某已实际经营至今,如要撤销,双方无法按原物返还,必将造成双方更大损失和新的纠纷,根据《合同法》鼓励交易、保护交易安全的原则,合同以继续履行为宜。而陈某某应按照《中华人民共和国合同法》第42条第(2)项之规定承担损害赔偿责任,赔偿饶某某因此受到的损失。②

由此一来,可以说在司法实践当中,原《合同法》第42条第2款规定的缔约过失责任制度为避免僵硬撤销合同,而以损害赔偿提供了代替通道。

在将缔约过失责任对虚假广告可能产生的规制效果与广告主民事责任条款相比较时,立即产生的问题便是,缔约过失责任是否可以为积极利益提供保护。对此

① 例如,徐某某诉都福企业管理(上海)有限公司缔约过失责任纠纷案,上海市浦东新区人民法院民事判决书,(2014)浦民一(民)初字第36048号;吕某某诉邢某某、孙某某租赁合同纠纷案,河南省嵩县人民法院民事判决书,(2011)嵩城民初字第150号;河南绿野种业有限公司与被告南阳高新区勇盛金属建材有限公司建设工程施工合同纠纷案,河南省新野县人民法院民事判决书,(2012)新民商初字第013号。

② 参见甘肃省天水市中级人民法院民事判决书,(2011)天民二终字第00039号。

学界通说的回答是明确的：缔约过失责任赔偿信赖利益而非履行利益。[①] 但是这一抽象的概括可能是具有误导性的，若仅凭此便得出广告主民事责任条款为广告受众提供了更为优惠的利益格局的结论则可能是仓促的。原因在于：一方面，合同未撤销情形下积极利益与消极利益的边界往往是模糊的；另一方面，信赖利益与履行利益事实上只是合同语境下的利益类型化，而作为一种独立类型的缔约过失责任由于提供保护义务还常常涉及侵权责任语境下的固有利益。例如，在吕某某诉邢某某、孙某某租赁合同纠纷案中，被告隐瞒租期将至等重大信息而与原告缔结租赁合同，致使原告营业一年便被迫搬迁。法院在未撤销合同的情形下判决被告向原告赔偿原告所缴纳转让费的利息："……考虑到二被告在缔约时隐瞒当时房主是乔某的重要事实，存在缔约过失，依照《中华人民共和国合同法》第四十二条的规定，被告应当承担缔约过失责任，赔偿原告的信赖利益损失。结合本案具体情况，以由二被告承担原告支付款项23000元的利息损失（按中国人民银行同期贷款利率自第二次交付之日2010年11月12日计算至判决确定的宽限期内的实际给付之日）较妥。"[②]然而，这一利息赔偿的性质却是模糊的。如果由于可以显示原告有意从事营业活动，即使其未与被告缔结租赁合同，也可以推测其必因与他人缔结租赁合同而同样须缴纳转让费，因此将转让费的利息纳入信赖利益的范畴是值得被质疑的。而在河南绿野种业有限公司与被告南阳高新有限公司建设工程施工合同纠纷案中，被告隐瞒自身不具备相应施工资质的重大信息与原告缔结建设工程合同，后其所建造工程遇不可抗力而遭受的损害则是无论如何不能被认为是信赖利益损失的，然而法院却支持了原告的部分损害赔偿请求：

……本案中，被告的经营范围为金属材料，二三类机电的销售，没有取得钢结构建筑施工企业资质，被告与原告签订钢结构工程施工安装合同，承建原告的钢结构仓库，该合同违反了《中华人民共和国建筑法》关于禁止无资质承揽工程的强制性规定，故该合同为无效合同。《中华人民共和国合同法》第58条规定：…… 由于被告故

---

① 参见魏振瀛主编：《民法》，北京大学出版社、高等教育出版社2000年版，第422页；崔建远：《缔约上过失责任论》，载《吉林大学社会科学学报》1992年第3期。

② 参见河南省嵩县人民法院民事判决书，(2011)嵩城民初字第150号。

意隐瞒自己没有钢结构建筑资质的事实，且未严格按照施工图纸进行施工，擅自将设计图纸上的推拉门施工为卷闸门，降低了安全性能，被告存在较大过错。原告在工程竣工后未经验收即投入使用，亦存在过错。根据本案实际，原被告应承担同等责任。……《中华人民共和国合同法》第117条规定："因不可抗力不能履行合同的，根据不可抗力的影响，部分或者全部免除责任……"被告辩称，原告的损失是因不可抗力造成的，其不应承担责任。本院认为，原告的钢结构仓库出现问题虽有不可抗力的因素，但不能据此全部免除被告的责任。综上，依照《中华人民共和国合同法》第42条第（2）项、第52条第（5）项、第58条、第117条、最高人民法院《关于审理建设工程施工合同纠纷案件适用法律若干问题的解释》第1条之规定，判决如下……①

但是相反，司法实务中法院支持超出信赖利益范围的损害赔偿请求并不意味着司法实践中承认了缔约过失责任对积极利益的保护——将上述案例所涉及的利息损失以及不可抗力所带来的损害纳入积极利益的范围同样是难以令人接受的。究竟是缔约过失责任提供了与广告主民事责任条款所能够提供的对积极利益保护相同的救济范围，还是存在某种积极利益与消极利益之外的区分，可以在更细致的层面将缔约过失责任与广告主民事责任条款的保护范围作出区别。我国理论界对此研究不多，在同为大陆法系的德国则相关理论研究更为丰富。从原则上来说，德国法同样认可缔约过失通常情形仅为信赖利益提供保护，②但德国联邦最高法院却以判例明确承认在例外情形下也可为履行利益提供保护。③ 尽管有学者撰文对该案例中所涉及的损害赔偿的"积极利益"属性表示质疑，认为其实质上为可以通过《德国民法典》第249条第1款的分析得出的"财产损失"，但是其却在更进一步的论述中认可了缔约过失责任以事实上的"减价"来实现对积极利益保护的功能，④然而该功能的实现需要满足这样一个限制条件，即可以表明，合同另一方当事人于合同订立

① 参见河南省新野县人民法院民事判决书，（2012）新民商初字第013号。

② Vgl. Looschelders, Schuldrecht AT, Aufl. 2016, Rn. 192.

③ 所谓例外情形是指，当根据具体情形可以确定，如果合同一方当事人无过错，那么合同另一方当事人将与他人缔结合同并在通常情形下可通过该合同获得其所主张的履行利益。参见BGH NJW (1998), S. 2900。

④ Vgl. Lorenz, NJW Haftungsausfüllung bei der culpa in contrahendo: Ende der, Minderung durch c. i. c. (1999), S. 1001.

之初不会拒绝进入这样一个减价后的合同之中。①

再来观察前文所提及的北京中联安公司案和刘某某案，两者皆为法院未撤销合同而判决损害赔偿的案例。北京中联安公司案中，法院所支持的一万元“经济损失”显然并非可以根据由《德国民法典》第249条所确立的“完全赔偿原则”(Naturalrestitution)推导出的恢复原状，②而是事实上的对于原告未获取的履行利益损害的填补。然而，在缔约过失责任的语境下，获取该积极利益的损害填补虽然并非不可能，但也是极其困难的：由于缔约过失责任的一般条款性质，③首先，其只能在其他的制度没有适用空间的情形下才有被适用的可能；其次，由于该案中“经济损失”的赔偿违反了“信赖利益”赔偿的范围，因此只有在可以表明原告若未与被告订立合同，根据通常情形也能够与他人缔结合同并获得其所主张的经济利益，同时被告于订立合同之时不会因为降低了支付对价而拒绝进入合同的情形下才可能实现。

三、广告主民事责任条款与瑕疵担保制度

尽管近年来由于虚假广告的泛滥，关于如何让广告进入合同以强化对广告受众保护的研究逐渐兴起，④但在我国传统民事法律制度体系当中，广告进入契约从来都是可能的，只是进入契约的通道宽窄有所不同罢了。在我国传统法律体系框架下，广告因“明确具体”且有“受到广告约束的意思”转变身份为要约从而可以进入合同是最广为人知的通道。除此之外，类似于最高人民法院《关于审理商品房买卖合同纠纷案件适用法律若干问题的解释》(以下简称《商品房买卖司法解释》)第3条⑤，

① Vgl. Lorenz, Lehrbuch zum neuen Schuldrecht, 2002, S. 194.

② 参见李承亮：《损害赔偿与民事责任》，载《法学研究》2009年第3期。

③ 参见王洪亮：《物上瑕疵担保责任、履行障碍法与缔约过失责任》，载《法律科学(西北政法学院学报)》2005年第4期。

④ 参见綦骏：《论广告进入契约的可能性及其实现》，载《法商研究》2005年第1期；隋彭生：《论要约邀请的效力及容纳规则》，载《政法论坛》2004年第1期；王敬华：《论要约邀请的内容与合同内容之间的容纳关系——兼论我国〈合同法〉相关条款的完善》，载《法学杂志》2010年第5期。

⑤ 《商品房买卖司法解释》第3条：“商品房的销售广告和宣传资料为要约邀请，但是出卖人就商品房开发规划范围内的房屋及相关设施所作的说明和允诺具体确定，并对商品房买卖合同的订立以及房屋价格的确定有重大影响的，构成要约。该说明和允诺即使未载入商品房买卖合同，亦应当为合同内容，当事人违反的，应当承担违约责任。”

《消保法》第23条第2款①(修订前第22条)等零散的规定也为广告进入合同提供了新的通道。因此可以说,广告主民事责任条款究竟是否在为广告进入合同提供通道层面突破了传统民事责任框架,关键在于评价其所蕴含的广告进入合同的通道宽窄。具体而言,关键不在于广告是否能够进入合同,而在于进入合同需要满足怎样的前提条件。这时需要找到一个比较框架。从最显而易见的条文构造与行文风格上来看,广告主民事责任条款与原《合同法》第107条所规定的违约责任、第111条所规定的瑕疵担保责任相差甚远;从理论研究角度来看,广告主民事责任条款是否为广告提供进入合同的通道的研究一片空白。这时的分析应当被聚焦于:广告中是否有可以被事后验证的事实描述,以及该事实描述是否具有重大性。换言之,该事实描述是否对购买决策形成影响。这几点其实与前述欺诈与缔约过失责任构成要件的评价部分重合,因此这里仅作有限补充。

在"广告描述必须为可事后验证的事实描述"这一点上有一个细微的区分应当注意。德国法上被称为"可被验证的事实"与"可以从中提取出一个事实内核"是有所不同的:前者被用于描述欺诈要件,后者被用于描述竞争法中的误导性要件,前者的客观性要求高于后者。例如,在德国反不正当竞争法中,"最好"这一描述并不一概被认为是泛泛的吹嘘,而是在不同的广告类型中做具体的探讨。又如,对于驾校广告,"最好的驾校"通常要求该驾校能够在其考试通过率方面提供相应证据;而对于哺乳用品广告,"妈妈总是给我最好的"则由于哺乳方式的不同而不具有可验证性。② 瑕疵担保责任由于隶属于合同责任,且与积极损害相连接,因此应当适用更为严格的界定标准,即将所有泛泛的商业吹嘘,诸如"最好""极好""一铺养三代"等排除在"客观可验证性"要件之外。在适用广告主民事责任条款的案例当中,部分被判决文书称为"损害赔偿"的责任承担形式,在实质上具有"减价"的性质。例如,在湖北润海房地产开发有限公司与赵某某等虚假广告纠纷案中,判决书中明确以"7%折价赔偿"较为明确地表达了减价的意图。而刘某某案件中"损害赔偿"的真实属性则相对模糊。一审判决法院支持了赔偿"学杂费"的诉讼请求而驳回了"补课费"的

① 《消保法》第23条第2款:"经营者以广告、产品说明、实物样品或者其他方式表明商品或者服务的质量状况的,应当保证其提供的商品或者服务的实际质量与表明的质量状况相符。"

② 参见范长军:《德国反不正当竞争法研究》,法律出版社2010年版,第257页。

诉讼请求。但二审判决中法官则进一步细分了学费和杂费，进而剔除了诸如住宿费、书本费等与教学质量无关的费用赔偿。由于初中教育属于九年义务教育，因此无论如何家长都必须为孩子支付学杂费，只是费用高低有所不同，因此不能将这一无论如何都会发生的学杂费认作信赖利益。法院应当是认为，学校未能达到所承诺的教学结果，因此推定其教学质量低于其被期待的水平，这一部分教学费用的对价也应当相应降低，从而成为事实上的减价。北京中联安公司案中法院判决的赔偿范围是“租金、物业费、电费”。尽管这些赔偿对象不尽正确——电费不应当被列入赔偿范围，因为电费不因出租率等广告描述因素而改变对价，但是这一差别应当是法院考虑欠周全所致，这些赔偿的本质仍应当为减价。另外，与广告主民事责任条款的行文风格极为相似的《消保法》第40条（修订前第35条）便被法院认作专门适用于消费者的瑕疵担保责任。①

在确定湖北润海房地产开发有限公司与赵某某等虚假广告纠纷上诉案②、刘某某诉宜登学校纠纷案③、北京中联安公司案④为实现减价的案例之后，便会发现这3个案例的论证说理十分简略，且语言概括而模糊，难以判断哪些因素被纳入了考量范围。例如，在湖北润海房地产开发有限公司与赵某某等虚假广告纠纷上诉案中，⑤法院的说理只有一句：“宜昌润海公司所售房屋周边环境及配套设施没有达到广告、宣传册所承诺的内容，其发布的广告、宣传册不实，确能误导他人购买房屋。”“误导他人购买房屋”可以理解为，对购买决策产生了影响，然而对这一结果的论证却并非从案件事实出发，而是由“发布虚假广告”径行得出的。也就是说，法院的论证逻辑是，发布了虚假广告便推定对他人的购买决策产生影响，这其实绕开了“重要性”和“影响性”两个要素。如果这一判决逻辑能够在抽象规范层面成立，那么确实是法院借助广告主民事责任条款对广告进入合同拓宽了通道。然而事实恐非如此。在另一则与此十分相似的案例黄某某诉武汉奇祥汽车纠纷案中，法官则以影响汽车购买

① 参见宋亚辉：《论广告管制规范在契约法上的效力——基于海峡两岸司法判决的整理与研究》，载《华东政法大学学报》2011年第3期。

② 参见湖北省高级人民法院民事判决书，(2002)鄂民一终字第97号。

③ 参见刘某某等诉宜登学校纠纷案，载《人民法院案例选——二〇〇二年第二辑》（总第40辑），人民法院出版社2002年版。

④ 参见北京市海淀区人民法院民事判决书，(2005)海民初字第19213号。

⑤ 参见湖北省高级人民法院民事判决书，(2002)鄂民一终字第97号。

的因素很多,安全性只是其中之一为由,驳回了原告的诉讼请求:

本案二审争议的焦点问题是奇瑞公司、奇祥公司在销售奇瑞A3汽车的广告中是否存在虚假宣传、欺诈消费者的行为。根据查明的事实,奇瑞公司、奇祥公司在广告中并未发布与实际情况不相符的虚假信息,并不存在欺诈消费者的行为。即使奇瑞公司、奇祥公司的宣传方式可能给消费者带来一定误解,但是,众所周知,汽车作为大件消费商品,消费者在作出购买决定前,都会从安全性、舒适性、操控性、性价比等多方面考虑,车辆安全性并非唯一的、决定性的考虑因素,并且车辆的价格与配置是密切相关的,而奇瑞公司、奇祥公司的广告强调的只是车辆安全性,不会导致消费者因此购买的必然后果,因此,上诉人黄某某的退还货款74,800元并赔偿74,800元损失的诉请,缺乏事实和法律依据,本院依法不予支持。①

而在北京中联安公司案中,法官以"招商手册对决策的影响程度"来决定减价的数额,是事实上以广告内容对购买决策"产生影响"取代"决定"从而降低了构成要件的门槛:

对于金源时代公司就招商宣传手册内容不构成虚假宣传、与北京中联安公司的损失没有关系的主张,本院认为从事广告活动,应当遵循诚实信用的原则,广告中不得含有虚假、误导性质的内容。但金源时代公司的招商手册中宣称与北京亚运村汽车交易市场等单位共同组建北京金源亚运村汽车市场,并将北京亚运村汽车交易市场的经营业绩列入招商宣传手册,但有关单位并未参与组建汽车交易市场;在缺乏依据的情况下,对出租率、客流量等进行了不客观的描述,同时对该购物中心及汽车市场使用了引人误解、夸张的比喻,上述内容势必会对相关受众对于该广告介绍的商品或服务产生不真实的认识。……原审法院判定该招商宣传手册构成虚假广告,并无不当,应予维持。②

① 参见湖北省武汉市中级人民法院民事判决书,(2012)鄂武汉终民二终字第00295号。

② 参见北京市海淀区人民法院民事判决书,(2005)海民初字第19213号。

在适用广告主民事责任条款的案件中,存在少数法院似乎降低了瑕疵担保责任构成要件的门槛而给予广告受众更多优惠的现象,但这并不能够说明司法实践已经从广告主民事责任条款中提炼出了稳定的使广告进入合同的构成要件。原因在于这一类案例罕见,且论证说理含糊不清。或许更符合实际的推测是,法官在个案中以碎片化的论证方法力图实现自己对公平正义的法感情的追求,从而使广告主民事责任条款的构成要件在一定范围内波动,这一范围主要体现在影响决策这一要素上,波动范围为从"决定性影响"至"产生影响"。但这一波动并不能真正突破瑕疵担保责任的范畴。

第二节 《广告法》与侵权责任制度对虚假广告规范效果的比较与分析

一、广告主民事责任条款与侵权责任制度

值得思考的是,与理论界多数情形"理所当然"地将《广告法》中的民事责任条款定位为侵权责任不同,在适用《广告法》中的广告主民事责任条款且被笔者归于侵权类的案例,没有一篇文书以原《侵权责任法》中的条文为依据作出判决,而是纷纷绕道原《民法通则》,联合适用诸如原《民法通则》第118条①、第120条②、第122条③等更为上位和抽象的侵权条款。避免适用更为明确具体的条文,向更为抽象的条款逃逸可以从某种程度上体现了法官内心对《广告法》中广告主民事责任条款的性质、构成要件以及法效果的不确定。根据我国侵权责任制度的立法论、解释论以及司法实践的通行做法,过失侵害受害人的绝对权必然可以纳入侵权责任的评价体系,但当受害人的绝对权以外的利益遭受损害则是否成立侵权责任并不明确。在动态系统论以及欧洲侵权法的通说理论框架下,当行为人的主观过错为故意时,若受害人

① 原《民法通则》第118条规定:"公民、法人的著作权(版权),专利权、商标专用权、发现权、发明权和其他科技成果权受到剽窃、篡改、假冒等侵害的,有权要求停止侵害,消除影响,赔偿损失。"

② 原《民法通则》第120条规定:"公民的姓名权、肖像权、名誉权、荣誉权受到侵害的,有权要求停止侵害,恢复名誉,消除影响,赔礼道歉,并可以要求赔偿损失。法人的名称权、名誉权、荣誉权受到侵害的,适用前款规定。"

③ 原《民法通则》第122条规定:"因产品质量不合格造成他人财产、人身损害的,产品制造者、销售者应当依法承担民事责任。运输者、仓储者对此负有责任的,产品制造者、销售者有权要求赔偿损失。"

仅遭受纯粹经济损失同样能够在侵权法上享有损害赔偿请求权。争议较大之处为过失造成纯粹经济损失,欧洲法学通说目前采取类型化推进的方法,即原则上不予认可,但以认可有限类型的方法逐步构建例外名单。① 这意味着,若广告主故意使广告受众陷入认识错误,作出购买决策,进而承受纯粹经济损失,则受害方通常情况下可以得到侵权责任法上的支持;而若广告主过失导致发布虚假广告,致使广告受众遭受纯粹经济损失,则受害方一般不能够在侵权责任制度中找到损害赔偿请求权基础。

如本书开头分析指出,《广告法》中广告主民事责任条款本身所包含的规范功能极为模糊,具有较为广泛的解释空间,因此对其规范效果的判断更多地需要倚赖案例的分析。以案例作为判断不同制度框架下规范效果间比对的起始,基于侵权责任构成的属性,以及虚假广告案例行为人的可归责程度的一般特征,《广告法》广告主民事责任条款与侵权责任制度对广告主的规范效果比较应当以"可损害赔偿的范畴"为核心展开。

通常情况下,广告主对于广告受众缔结合同而支付的价款并由此导致的不利益皆为直接故意。② 例如,在王某诉东方肾脏病医院邮购药品赔偿纠纷案③、崔某某诉北京四联教育文化发展中心等虚假广告纠纷案④、严某某诉张某某等虚假广告纠纷案⑤中,广告主发布虚假广告,或谎称疗效,或试图制造自身具有独立办学资质的假象,皆为诱使潜在顾客与自己订立合同以实现交易。对于上述三个案例,法院皆支持了原告的诉讼请求,然而若以侵权责任理论端视之,不难发现上述三个案例中所谓"损害"在侵权责任法上未必成立。值得指出的是,广州市恒信印刷有限公司诉广州市日用杂品公司恒信商场等不正当竞争纠纷案中,虽然被告对于原告所遭受之损

---

① 参见[意]毛罗·布萨尼、[美]弗农·瓦伦丁·帕尔默主编:《欧洲法中的纯粹经济损失》,张小义、钟洪明译,法律出版社2005年版。

② 广告主发布广告推销产品或服务,除非是以骗取合同款为目的的诈骗,否则多以争取交易机会为目的。而成交后的产品或服务可能衍生出的损害,例如,广告所吹嘘的药品功效不符合实际导致交易相对方延误医治,从而损害对方健康权,或使对方获得治愈的概率下降。对于这样一些"衍生"的后果,一般并非广告主所追求,因此其应当不具有直接的故意。但是由于侵权责任体系下过失即可满足主观过错要件,因此这里一般不会发生问题。

③ 参见四川省泸州市中级人民法院民事判决书,(2006)泸民终字第783号。

④ 参见北京市海淀区人民法院民事判决书,(2006)海民初字第21080号。

⑤ 参见江苏省无锡市崇安区人民法院民事判决书,(2003)崇民初字第0847号。

失同样应为故意,但双方当事人之民事关系,为典型的竞争关系;被告的行为,为不正当竞争行为。无论《广告法》中虚假广告民事责任条款中的"消费者"做何解释,均应当受到"广告受众"这一上位概念的限制,而无论如何不能够扩张至将有竞争关系的市场主体涵射在内。可以说,法院援引《广告法》中民事责任条款作出判决是有失谨慎的,因此这一案例被排除在分析范围之外。

尽管"纯粹经济损失"问题目前在侵权法语境下的讨论十分热烈,却并不意味着一切非直接由绝对权遭受侵害而带来的损害均能够被"纯粹经济损失"概念所吸纳。"纯粹经济损失"尽管包罗万象,但终究需要服从于上位概念"损害",而何为损害仍必须服从于主流的"差额说"(Differenzhypothese)①。质言之,单纯地陷入一个自己所不欲的合同并不能被当然视为遭受了纯粹经济损失,否则将导致与合同法上的欺诈制度相混淆。② 上述王某诉东方肾脏病医院邮购药品赔偿纠纷案、严某某诉张某某等虚假广告纠纷案、崔某某诉北京四联教育文化发展中心等虚假广告纠纷案三个案例中,原告方究竟是否遭受了能够得到侵权法承认的"损失"值得讨论。

所谓差额说,是指损害的赔偿额度,由受害人现有的财产总体数额,与假设没有该侵权行为受害人所拥有的财产总额的差值所决定。③ 其在德国法上以《德国民法典》第 249 条为规范基础。这意味着广告受众受广告之影响而与广告主(或第三人)缔结合同后支付价款,广告主(或第三人)而为对待给付。由于广告的虚假性,广告受众对于交易标的物的期待落空,但这并不意味着广告受众必然遭受了损害——广告受众所支付的价款与其所得到的对待给付很有可能相对应,如此一来,广告受众的财产总额并未减少,因而并不遭受侵权法意义上的损害。而只有在证明广告受众所支付的价款与广告主(或第三人)的对待给付显著不相符合时,方存在侵权法上的损害。观察前文所述之三个案例的法院说理部分,均未涉及对买卖或服务的标的物的实然价值的论述,而是当然地认为:产品或服务与广告描述不符,因而作出购买或接受服务决定的交易相对人必然遭受了价款损失,并且在判决书中简单地将受害方

① Vgl. Hermann Lange/ Gottfried Schiemann, Schadensersatz, Aufl. 2003, S. 27.

② 欺诈固然可能导致侵权,但是构成侵权的欺诈必须同时满足受害人遭受财产损失这一要件。单纯地受到所不愿进入的合同的束缚不能够满足这一构成要件的要求。

③ Vgl. Hermann Lange/Gottfried Schiemann, Schadensersatz, Aufl. 2003, S. 27.

所支付的价款等同于所遭受的损失。严格意义上来看,这在侵权理论视野下是不应当被承认的。原因在于,若将差额理论中的比对基准由“受害人未遭遇侵权行为的财产总额”变更为“受害人取得所期待取得的利益后的财产总额”将使侵权责任对利益的保护从固有利益延伸至可得利益,从而蚕食合同法的适用空间,并进而引发竞合问题。[①]

但是这种对保护利益范畴的扩张却未必是由于《广告法》中广告主民事责任条款的特殊性所引起,还有可能是法学研究发展尚未进入如此精细化的阶段,法院的分析说理不够细致所导致。最具有对比价值的是欺诈构成侵权所引起的惩罚性赔偿制度。[②] 由于我国具有诸如“假一赔三”“假一赔十”的民间传统,惩罚性赔偿制度的构造也多以产品或服务的售价作为赔偿基准,而并不以不符合广告所声称、或不符合出售方所承诺、或不符合国家所制定的技术标准的产品或服务的实际价值为参考标准——当然,若在极端情形下如此行事将引起明显的不公,法院则会以惩罚性赔偿制度的前提未得满足为由避免适用。而究竟所谓“价款损失”应如何确定,在侵权的构成问题上扮演何种角色,理论界并没有深入的研究,而在司法实践中法院的做法则不尽相同,且体现出一定的随意性。有学者在研究2009年颁布的《食品安全法》第96条第2款的适用情况时总结发现,法院或者以购买者不具有“损失”为由驳回原告的诉讼请求,或者则认为,过期食品不能够被食用,因而原告所支付的价款即所遭受的财产损失。[③] 由此可以说,从适用旧《广告法》第38条第1款的案例中所体现的部分情形下“可赔偿范围”相对侵权法的应然状态有所扩张,并不必然是基于这一条文的特殊性,而可能是法学研究尚未更加细致而深入地发展所致。

二、广告经营者、发布者无过错补充责任条款与侵权责任制度

为应对现代社会发展所带来的变迁,侵权责任在最近的一百年间发生了明显的变化,其中的一个体现便是,特殊规则急剧膨胀,一般规则似乎有被淡化的趋向。在

---

① 也有学者分析论证指出,当侵权构成要件的圆满程度很高时,可赔偿的范围也应当相应扩张。参见叶金强:《论侵权损害赔偿范围的确定》,载《中外法学》2012年第1期。

② 当然,这并不是说欺诈必须构成侵权才能够适用惩罚性赔偿制度。

③ 参见陈承堂:《论“损失”在惩罚性赔偿责任构成中的地位》,载《法学》2014年第9期。

这样一个大背景下，评价何为一般侵权行为、何为特殊侵权行为便不再是一件简单的事，正如同何为一般民法、何为特别民法一样，不同的立足点可能带来不同的结论。① 由于这一形式上的问题对本文的论证不具决定意义，因此这里以《侵权责任法》中的共同侵权规范群对虚假广告案例群是否具有直接的涵射力作为标准，进行一般与特殊的分隔。②

这样一来，可以根据前文的分析作出这样的总结：广告经营者、发布者过失条件下与主观过错程度为故意的广告主成立连带责任并不总是能够在多数债务人以及共同侵权理论框架下得到解释，因而应当被作为特殊规则而需要得到合理性论证。举轻以明重，既然广告经营者、发布者因过失而与广告主承担连带责任已进入"特殊"的范畴，那么他们在无过错条件下承担民事责任则更应当因为背离了传统民事责任制度所确立的基准而需要进行合理性审查了。

（一）故意与过失成立连带责任的合理性

按照文义解释，若广告经营者、发布者怠于履行查验证明文件的义务而致使虚假广告捕获受害者，则应当被认为是"应知广告虚假"而需要与广告主一起对所造成的损害承担连带赔偿责任。然而如前文所述，若将上述情形代入严格共同侵权理论之中，则连带责任是否成立将视案件事实的具体构成而定。至于虚假广告的一般事实构成是否已经能够作为一个固定的案例类型而使广告经营者、发布者总是能够因过失而与具有故意的广告主成立连带责任则有待具体的探讨。

1. "专家责任"是否成立

专家伴随社会分工出现，与公众信赖息息相关。所谓专家责任通常是指医生、律师、注册会计师等具有特别知识和技能的专业人员在专业活动中给他人造成损害所承担的责任。③ 如何建构专家责任制度以使在促进专家更为谨慎地对待自己的职业活动的同时又不至于给他们造成过重的责任负担，从而迫使他们退出专业服务领域，是法学理论界近年来所面临的一大难题。世界各国所采取的进路有所不同，但大体上可以被归纳如下：有限地放开过失情形下的专家连带责任，但严格限制专家

---

① Vgl. Franz, Bydlinski, System und Prinzipien des Privatrechts, 1996, S. 112.

② 参见王泽鉴：《侵权行为》，北京大学出版社 2009 年版，第 342 页。

③ 参见孙颖：《服务侵权的无过错责任》，载《法学》2008 年第 11 期。

承担无过错责任。① 现如今,无论是对于传统媒介如报纸、杂志,还是新兴媒介如电视、网络,发布广告均为它们的主要收入来源。那么广告发布者作为一个需要经常与广告主打交道的主体,是否应当在识别广告主身份、辨别虚假广告方面已经形成了一种专业技能,因而应当承担专家责任呢?尽管学界目前尚未出现主张广告发布者承担专家责任的论调,但却已有学者尝试论证广告经营者的专家鉴证人责任。②笔者并不赞同使广告经营者、发布者承担专家责任。除前文已进行的论证——广告经营者、发布者所担负之公众信赖不可与诸如律师、会计师等受到严格执业资格限制的专业责任所产生的公众信赖相提并论以外,采取举重以明轻的方法也可以佐证前述观点。

最高人民法院2004年发布的《关于金融机构为企业出具不实或者虚假验资报告资金证明如何承担民事责任问题的通知》(下文简称《21号通知》)对于验资单位在何种条件下承担何种民事责任进行了具体的规定。尽管对于这一规定学术界有批判的声音,③但是这一在实务界产生重大影响的司法文件仍不失为一个良好的研究样本。与德国等大陆法系国家的一般做法相同,《21号通知》在承认了验资机构能够对第三人(投资人)承担赔偿责任的同时,又从承担责任的顺位、赔偿额度的上限、与过错相适应的责任、责任性质多个角度对验资机构的责任进行限制。也就是说,并非只要金融机构对于虚假验资报告的出具具有过错便要承担连带责任。那么,既然严格意义上的专家(注册会计师)承担过失连带责任尚且受到严格的限制,那么将广告经营者、发布者过失经营、发布虚假广告直接作为与广告主承担连带责任的一个类型自然难谓合理。

2. 诱发的风险是否总是一致

很多情形下,广告主与广告经营者、发布者因为过错而引发的风险是一致的;例

---

① 参见吴宏:《"律师声明"中专家过错标准和责任形态——首例律师对"律师声明"承担专家责任案评析》,载《法学》2009年第9期;张新宝:《侵权责任法原理》,中国人民大学出版社2005年版,第396页;参见[日]能见善久:《论专家的民事责任——其理论架构的建议》;[日]浦川道太郎:《德国的专家责任》;[日]下森定:《论专家的民事责任的法律构成与证明》,载梁慧星主编:《民商法论丛》第5卷,法律出版社1996年版。

② 参见张保红:《论广告经营者专家鉴证责任》,载《河南大学学报(社会科学版)》2015年第4期。

③ 参见张忠野:《论虚假验资的民事责任——兼评最高人民法院关于虚假验资责任的五个司法解释》,载《法学》2004年第4期。

如,广告主所发布的广告词包含客观不实信息,而广告发布者怠于查验广告内容而致使虚假广告得以发布;广告主要求制作宣传"力度"到位的广告,广告经营者遵照执行,做极具煽动力的不实表述。但是广告主与广告经营者、发布者的过错所引起的风险各不相同的情形在广告主以触犯《刑法》的手段进行诈骗活动时经常出现:广告主所提供的证明文件有些许瑕疵,例如缺乏某项许可,或者经营范围与营业登记不相符合等,广告发布者未能发现而发布广告。而后广告主获得合同款后携款私逃下落不明。这种情况下广告发布者的过错在于未能发现广告主违反了行政法上的规定,由此引发的风险是扰乱了工商行政管理秩序;而广告主则是意图实施诈骗行为,由此引发的风险是致使他人遭受财产损失,两种风险类型迥然不同。尽管可以通过将广告主相关证明材料的不实也纳入"虚假广告"的概念当中从而适用《广告法》第56条第2款、第3款,使广告经营者、发布者与广告主承担连带责任,但如此为之实属牵强,且若采纳共同侵权理论,则上述情形难以被认定广告主与广告发布者具有共同的故意。在实务当中不难发现,法院倾向于避免依据《广告法》第56条第2款、第3款(旧《广告法》第38条第1款后半段)将具有过失的广告发布者拉入连带责任中。典型如在施某某与云南人民广播电视虚假广告纠纷上诉案中,法院认为"尽管被告在查验广告主营业执照时未能审查出广告内容中该公司的经营范围和设计时间等方面与营业执照及实际情况不相符合之处,发布了存在虚假内容的广告,但是其与广告主不具有共同的故意",从而驳回了原告的诉讼请求。① 类似的判决还有廖某某诉惠州日报社赔偿经济损失案:

……《广告法》第38条第2款规定:……本案中,登记的广告主是力兴公司,其法定代表人张某在被告处留下广告词,被告按其广告词制作了"诚寻加工合作"广告,报刊广告中并无力兴公司的名称。而原告依据广告中提供的地址、电话前往广州找到张某,张某告诉原告,毅兴公司就是在惠州日报上刊登广告的公司,原告遂与毅兴公司签订生产合作协议,并按协议约定将购原材料款交给毅兴公司,毅兴公司也出具了收款收据给原告收执。而力兴公司与毅兴公司不论真假,在法律上并不是

① 云南省昆明市中级人民法院民事判决书,(2004)昆民六终字第6号。

同一主体,那么,在被告处做广告的是力兴公司,诈骗原告的是毅兴公司,而被告与毅兴公司并无任何联系,在没有其他证据证明的情况下,仅仅因力兴公司与毅兴公司的法定代表人均是张某,原告就要求被告赔偿其被毅兴公司诈骗所造成的损失,理由不足。另外,本案还涉及的一个重要问题是:力兴公司提供了虚假的法人身份证明文件,被告作为广告发布者应作何种程度的审查?本院认为,广告发布者只是对身份进行形式上的审查,而不可能对做广告的任何人(含自然人和法人)身份进行实质性的审查。……四、被告不应对原告之损失承担责任,理由如下:……第二,被告主观上不存在过错。被告具有经营报刊广告的主体资格,在刊登广告前,对广告主身份——营业执照原件进行核对,并复印存底,履行了形式审查之义务。①

3. 因果关系是否可分

有学者认为,广告经营者、发布者与广告主在造成广告受众遭受损害上所贡献的因果关系份额不明时,连带责任可被正当化。② 但若仅以此为基础,则连带责任可能被泛化。试想在虚假广告导致广告受众因信赖而缔结合同并因此遭受经济损失的实例中,广告必须经媒体发布才能够到达广告受众,且广告发布者自身的信誉直接影响广告受众对广告的信赖程度。例如,央视播放的广告难免给人以国家公信力背书的直接观感。其播放的广告,特别是高科技、高价值产品所能够对潜在客户产生的影响力,街边小报所刊载的广告是无法与之相比的。例如,在“e租宝”事件爆发后,笔者在深巷中亲闻一投资者电话宽慰其亲友:“不要担心,钱会回来的,国家不会不管的。”因此可以说,广告主与广告发布者的行为对于广告受众决策的作出很有可能具有因果关系,且此时因果关系的份额不明。若广告主与广告发布者的连带责任由此成立,那么可以说,在虚假广告案件中这一连带责任几乎总是成立的,但该推论的结果既不符合常理,也不符合法学理论的要求。无论是由我国原《侵权责任法》第11条所确立的“分别行为,同一损害”而形成的连带责任,③明确表明此种情形下

① 广东省惠州市中级人民法院民事判决书,(2002)惠中法经初字第37号。

② 参见叶金强:《共同侵权的类型要素及法律效果》,载《中国法学》2010年第1期。

③ 参见曹险峰:《数人侵权的体系构成——对侵权责任法第8条至第12条的解释》,载《中国法学》2011年第5期。

连带责任成立的基础是:为了避免出现因因果关系难以辨明而使行为人的侵权责任皆无法成立的荒唐局面,同时避免行为人因一份损害而获取多份赔偿。作为对这种连带责任成立的必要的限制,这一情形下成立连带责任要求所有责任人都必须在不考虑因果关系要件的条件下成立单独侵权。这意味着,如果仅仅因为因果关系无法分割便满足了连带责任的成立条件,则会使前述行为结合型共同侵权的制度设计被釜底抽薪,因此难谓合理。

另外值得指出的是,从因果关系的角度来看广告经营者并非与广告发布者相同。广告经营者通常情况并未贡献单独的因果关系份额。也就是说,广告经营者的信誉一般对广告受众的决策并不产生影响。

(二)无过错承担民事责任的合理性

尽管随着风险社会的到来,侵权责任框架下的无过错责任急速扩张,已与过错责任呈现"二分天下"之态势。但侵权责任理论始终对无过错责任这一挑战传统的归责原则抱有戒心。尽管一个不具有过错的行为人与很可能主观过错程度为过失,甚至是故意的行为人对所共同造成的损害承担连带责任并不常见,但终究并非不可能,因此仍有必要对这一种情形进行具体的理论分析。具体至本文所研究的广告经营者、发布者承担无过错责任的合理性,需要将其置于侵权责任无过错归责原则这一大的理论框架之下予以观察。尤其需要注意的是,尽管我国对"例外"的研究不如对"一般"的研究深入透彻,对无过错责任的研究也不能与过错责任相提并论。但正因如此,谨慎的态度才尤其重要,这样才能促进特殊制度向制度化方向不断发展。若留心对德国法上的雇主责任的归责原则之变迁历程予以分析,德国法学理论界对于强化一方当事人责任时的谨慎态度便可见一斑。①

回到广告经营者、发布者承担无过错的连带责任究竟是否具有合理性这一主题,笔者认为当借助无过错责任已有理论基础,从一般原则和具体制度比对两个角度进行。质言之:一方面,侵权责任视野下的无过错责任的适用已经被理论界提取出了一些共通的要素,尽管这些要素仍较抽象,但已经具备了一定的指引作用。② 通过分析广告经营者、发布者责任基础与这些要素之间的契合度,可以大致地把握赋

① 参见班天可:《雇主责任的归责原则与劳动者解放》,载《法学研究》2012 年第 3 期。
② 参见叶金强:《〈侵权责任法〉第 24 条的解释论》,载《清华法学》2011 年第 5 期。

予其无过错责任是否具有合理性。另一方面,已经被通说认可,适用无过错责任的具体制度可以从微观的视角提供一个参照系,以为评价合理性提供一个较为精确的度量标准。另外,由于连带责任的承担始终以单独责任的成立为逻辑起点,因此前述分析也应当分为两个层次进行,首先以广告经营者、发布者是否成立单独的无过错责任为分析起点。

1. 广告经营者、发布者单独承担无过错责任是否具有合理性

(1)原则性角度

这里以欧盟侵权行为法小组(European Group in Tort Law)在总结受邀请成员方专家所提交的关于严格责任的报告而得出的"检验清单",作为评价广告经营者、发布者承担无过错责任合理性的基础。①

首先,从所涉及的利益处考虑。一个人为了实现自己的利益而实施某种活动,那么也应当为这一活动可能产生的负外部性承担责任,这符合公平的原则。如果将广告进入公众视野因而可能对公众产生误导视为一种危险,那么广告经营者、发布者确实从扩散危险的过程中获得了利益:依据媒体覆盖面的不同,广告发布者收取价格不等的费用。最突出的是中央电视台黄金时段的广告费,可谓一秒值千金。②再考虑侵权行为人实施的活动是否符合公共利益。也就是说,该活动的实施必须符合这样一种假设:如果潜在的受害者也即潜在的受益人,那么侵权行为人所实施之活动应具有某种正当性。广告具有传递信息、促进交易的功能,通常情况下广告受众可以从广告中获取自己所需之信息,从而实现交换活动以满足自身生活及发展的需要。

其次,从风险的开启、维持与控制的角度。广告经营者、发布者承担无过错责任似也符合这一要件。若无广告经营者的设计,广告无以成型;若无广告发布者的公之于众,广告无以使不特定公众知晓。可以说,两主体是风险的开启与扩大者。若不考虑大幅度提高注意义务可能给两主体带来的负担,或许确可通过无过错责任制

---

① 参见[奥地利]伯恩哈德·A.科赫、赫尔默特·考茨欧主编:《侵权法的统一:严格责任》,管洪彦译,法律出版社2012年版,第571~581页。

② 参见央视网站所公布的插播广告价目表。载中国中央电视台官网,http://www.cctv.com/profile/adver/guang5.html,最后访问日期:2022年5月2日。

度的施加使虚假广告的泛滥得到有效控制。但这里隐含了一个问题。从靠近信息源的角度来看,是广告主而非广告经营者、发布者最贴近信息源,因此将承担损害赔偿的责任配置给广告主当最为有效率。然而广告主为虚假广告一概承担无过错责任无疑是不能成立的,那么使距离信息源较远,控制风险成本较高的广告经营者、发布者承担无过错责任,其合理性又何在呢? 再考虑损害分散的可能性。责任人是否能够有效分散风险也是考虑责任分配的重要因素,这也正是现代社会保险业与无过错责任同向发展的原因之所在。分散风险有两种通道,一为通过价格机能,一为通过责任保险。① 通过价格机能分散风险对于广告经营者而言几乎不可能实现。广告经营者并非面向社会公众,而是以缔结合同的形式与广告主发生交易。同为商事主体,广告经营者制作广告所收取的费用是与广告主协商达成的,充分体现双方的意思自治,因此在没有形成行业惯例前想要广告经营者以抬高价格的方式将部分风险逆向转移给广告主几乎是不具有现实意义的。广告发布者则确实有可能提高定价从而向广告受众转移风险,但是这同样十分困难,原因是对于大多数媒介来说,向广告主所收取的广告费是其收入的主要来源。而广告受众则对该媒介的费用十分敏感,当媒介所收取的费用显著上涨时,将很可能面临广告受众流失的风险;而对于户外广告等部分新型传媒,则完全对社会公众免费开放,更加无从分散风险。至于通过连接责任保险的方式分散风险固然是个不错的思路,但是我国目前保险业尚未发展出与广告经营者、发布者相适应的保险产品,因此这一途径在现阶段并不具有操作可能性。从受害人信赖其所处领域为安全的合理性来看。商业广告具有夸张、吹嘘的天性应当广为人知,因此广告受众若对广告持有无理由的无限信任,则既不符合商业社会以及法律规范的预设,也不符合社会学的相关调研结论。②

最后,考虑赔偿的可获得性。德国学者在严格责任的调查问卷报告中表示,若原告一方存在结构性的举证责任困难,则立法者引入无过错责任具有正当性。若如此,广告经营者、发布者无过错责任或可得正当性——广告经营者、发布者是否尽查验义务属于其经营机构的内部活动,广告受众并无从知晓,因此自然存在举证上的困难。然而正如《侵权法的统一——严格责任》一书的编者所质疑,举证责任上的困

---

① 参见王泽鉴:《民法学说与判例研究》(第2册),北京大学出版社2005年版,第124页。

② 参见应飞虎:《信息、权利与交易安全》,北京大学出版社2008年版,第167页。

境可以通过举证责任倒置来解决,并不必然需要配置严格责任。[①]

(2)类比其他无过错责任制度

如果说抽象层面的分析已然可以发现令广告经营者、发布者承担单独的侵权上的无过错责任之正当性不足,若再辅以类比被通说确定为行为人承担无过错责任的具体类型,便更可以佐证前述之论断。原《侵权责任法》中涉及无过错责任的制度有15项。[②] 其中被安排承担无过错责任者大多为最靠近风险源,且控制风险成本最低者:例如产品生产者的无过错责任、民用核设施与民用航空器的经营者无过错责任等。由实际控制风险源者承担无过错责任这一逻辑在原《侵权责任法》第74条中体现最为明确——通常情况下,危险物所有人实际控制危险品,因而应由所有人承担无过错责任,而当所有人将危险品交由他人管理时,则由管理者实际控制风险,因而无过错责任的承担者发生移转而由管理者承担。如前文论述,若将广告视为一种可能对不特定公众产生误导的"危险",那么最合适控制风险源者当为广告主而非广告经营者、发布者。接下来观察原《侵权责任法》所规定的无过错责任制度所涉及的风险的性质。无论是民用航空公司还是民用核设备,或是高空高压挖掘作业、高度危险品,皆为极有可能造成灾难性后果的危险。即使原《侵权责任法》第78、79、80、82条所规定的动物致害责任虽不致产生灾难性后果,但却依然威胁不特定公众之人身安全。虚假广告所带来的风险显然无法与前述风险相提并论。[③]

2.广告经营者、发布者承担无过错补充责任的合理性

如前文所论证,广告经营者、发布者不具有承担无过错责任的合理性,因此一般也不具有在无过错情形下与广告主承担连带责任的合理性。然而《广告法》第56条

① 参见[奥地利]伯恩哈德·A.科赫、赫尔默特·考茨欧主编:《侵权法的统一:严格责任》,管洪彦译,法律出版社2012年版,第578页。

② 原《侵权责任法》第32条规定监护人责任;第34、35条规定雇主责任;第41条规定产品生产者责任;第48条规定机动车交通事故责任;第65条规定环境污染责任;第69条规定高度危险作业损害责任;第70条规定民用核设施损害责任;第71条规定民用航空器损害责任;第72条规定占有、使用高度危险物损害责任;第73条规定从事高空、高压、地下挖掘或高速轨道运输工具损害责任;第78、79、80、82条规定饲养的动物致人损害责任;第86条规定建筑物倒塌致人损害责任;第91条规定公共场所等挖坑损害责任。参见叶金强:《〈侵权责任法〉第24条的解释论》,载《清华法学》2011年第5期。

③ 固然,存在缺陷的产品可能通过广告的传播而增加了销量,从而使受害者增多。但如此一来,问题的关键在于缺陷产品,其应当被纳入产品责任的规范之中。强制归因于广告而增加广告经营者、发布者为连带责任人,实在牵强。

第1款后半段所规定的却也并非一般意义上的连带责任:“广告经营者、发布者不能提供广告主真实名称、地址和有效联系方式的,消费者可以要求广告经营者、广告发布者先行赔偿。”这一表述可以被理解为具有这样的规范意旨:广告经营者、发布者无法提供第一顺位的责任承担人——广告主的相关信息,致使广告受众相对广告主的求偿权无从实现,因此应当替代广告主向广告受众承担赔偿责任。当广告经营者、发布者完成向广告受众的赔偿责任之后则获得向广告主追偿的权利。这在理论上可以被描述为补充责任。

这时首先需要注意补充责任与不真正连带责任的区别,学界一般认为,在不真正连带责任情况下,债权人有权利自由选择任一债务人要求其先行承担责任;在补充责任情形下,债权人只有在第一顺位的债务人不具有履行能力时方可请求第二顺位债务人履行债务。[①] 不过在本文语境下,结合全国人大常委会法制工作委员会(以下简称人大法工委)颁布的条文释义,[②]这一区别并不具有太大的实际意义,原因在于条文中“广告经营者、发布者不能提供广告主真实名称、地址”的措辞旨在描述“广告主下落不明,已不具有诉讼价值”的情形。而此时,无论债务人之间是否存在履行顺位,广告受害方均可要求广告经营者、发布者承担民事赔偿责任。但是从条文所传达的立法目的来看,这一条款当为补充责任条款。因此下文将着重讨论补充责任的理论基础是否能够为旧《广告法》第38条第2款提供正当性基础。补充责任视角下问题的关键点在于,补充责任所蕴含的理论基础是否能够为旧《广告法》第38条第2款提供正当性支撑。这就需要考证,补充责任的责任基础究竟是什么,是一种自己责任,还是一种为他人行为承担责任的制度。这同样可以从抽象的概念层面与具体制度的类比两个角度进行分析。

(1)原则性角度

如前文所论述,尽管在补充责任框架下,最终由多数债务人中的某一个债务人承担终局责任,但补充责任成立的前提却仍然以自己责任的成立为前提,因此补充

---

① 参见李中原:《违反安全保障义务的补充责任制度》,载《中外法学》2014年第3期;杨立新:《论竞合侵权行为》,载《清华法学》2013年第1期。

② 参见卞耀武主编:《中华人民共和国广告法释义及相关法律法规》,中国方正出版社1995年版,第117页。

责任的本质仍然为自己责任,部分债务人只是由于过错程度与不当得利的归属而不必承担终局责任。在广告经营者、发布者不存在过错的情形下,其自身责任依侵权法一般理论是无法成立的。另外,补充责任的本质在于引入交易往来安全义务(Verkehrssicherungspflicht),赋予开启、持续某一风险的主体对该风险进行控制的义务。广告为针对不特定公众所发布的信息,而在广告发布者借助媒介公开发布该广告之前,该广告并不能够为不特定公众所知晓。从这个层面来看,广告发布者控制着广告进入社会的通道,因此其应当对发布广告负有查验义务以防止广告所包含的信息向社会扩散后在更大范围内诱发侵权问题。然而值得注意的是,补充责任必须与具有结果责任属性的危险责任严格相区别。质言之,补充责任的理论内核“交易往来安全义务”以违反注意义务为要件。尽管如何确定存在过错有赖于个案判断,但理论界坚决地反对使补充责任滑向危险责任。① 也就是说,广告经营者、发布者只有在过错违反审查义务的情形下方有成立侵权责任的空间,而无过错责任是不能够得到补充责任的理论支持的。

(2)类比其他补充责任制度

德国法中补充责任的具体制度可以被大致分为三种:②第一种为行为人怠于履行法定安全保障义务因此致使他人遭受损害。典型的有公共场所的管理人或教育机构的管理人等。第二种为根据行为人与他人所签订的合同,行为人对他人之人身或财产安全负有保护义务。例如,保管人疏于管理致使标的物被盗或被毁损。第三种为责任的竞合——一个行为既违反了责任法又引起了保险法上的赔偿责任,则通常情况下保险法上的责任居于补充责任的地位。广告经营者、发布者与广告受众通常没有合同关系,且从形式上来看,广告经营者、发布者并非广告主不具清偿能力时的保证人,因此当属广告经营者、发布者所承担的补充责任与我国原《侵权责任法》第37条第2款③所规定的安全保障责任最为接近,故此处以安全保障责任为类比标

---

① 参见王泽鉴:《侵权行为》,北京大学出版社2009年版,第264页。

② 参见李中原:《论民法上的补充债务》,载《法学》2010年第3期。

③ 原《侵权责任法》第37条分为两款,第1款规定由于安全保障问题直接导致受害人受到侵害的损害赔偿问题,第2款规定在有直接侵权人情况下的安全保障人责任。虚假广告问题中广告主一般负有直接责任,因此广告经营者、发布者责任更贴近于原《侵权责任法》第37条第2款规定的情形。

准。显而易见,无论是从法条的表述,[①]还是从司法实践的做法,或是从理论研究所达成的共识来看,[②]一个无边无际的安全保障义务都是不存在的。换言之,安全保障义务人只在存在过失的情况下才承担补充责任。因此可以说,即使在补充责任体系框架之下,广告经营者、发布者的无过错补充责任仍然是不能够成立的。

(3)社会连带责任角度

如果笔者这里说,应当换一个角度,以社会保障的理念作类比以评价广告经营者、发布者无过错补充责任是否具有合理性,则几乎必然遭到社会保障法学者的激烈反对。[③] 的确,社会保障法与这里的无过错补充责任条款有着显著的不同:社会保障法关注公民的生存权以及公民参与社会基本生活的权利,而广告法则旨在净化市场环境及实现消费者保护;社会保障法由国家强制力保障实施,具有针对特定风险的事先预防功能,而广告经营者、发布者的无过错补充责任条款则是由立法机关事先作出利益分配,但只有在损害产生以后,经由司法机关判断,方可发挥个别调节的功能;社会保障制度实行全社会连带,向全部公民分散风险,而广告经营者、发布者无过错补充责任条款则仅仅能够使损失向广告经营者、发布者这样个别的私主体分散;社会保障机制被触发需要损害达到一定的阈值,例如公民失业或罹患重大疾病等,而广告经营者、发布者无过错补充责任条款的适用则无此前提条件。

尽管有种种不同,但是若我们抛开不同制度的具体构建模式,以及它们所属的法域,而从一个较为宏观的层面去探求前述不同制度背后的机理,则可以发现社会保障制度与广告经营者、发布者的无过错补充责任在“社会连带”以及“损害转移”这两个基本出发点上是相通的。

我们从务实的角度出发,推测立法者设置这一条款的目的。从人大法工委的法条释义来看,旧《广告法》第38条第2款旨在使消费者无法向广告主主张权利时,得以依据该条款向广告经营者、发布者主张之。[④] 简言之,立法者希望以这一条款使消

---

① 原《侵权责任法》第37条第2款规定:因第三人的行为造成他人损害的,由第三人承担侵权责任;管理人或者组织者未尽到安全保障义务的,承担相应的补充责任。

② 参见李中原:《论违反安全保障义务的补充责任制度》,载《中外法学》2014年第3期。

③ 这里感谢江苏大学文法学院杜乐其博士对本书这一部分的论证所给予的批评和建议。

④ 参见卞耀武主编:《中华人民共和国广告法释义及相关法律法规》,中国方正出版社1995年版,第117页。

费者在损害无法向广告主转移时,得以向广告经营者、发布者移转。可以这样推测,立法者深知虚假广告在国内时有发生,也深知其危害性,对被其蒙蔽的民众怀有同情。鉴于我国目前的发展阶段无法建立一个完善的全民医疗保险以解决这类问题,因此立法者只得试图在具体的民事关系当中做一些个别调节,以使原本就处于经济困境中的受害方所遭受的损害能够在当事人之间转移。同时正如学者研究指出,对于这一类显而易见的违法性广告,广告经营者、发布者本身就负有很大的责任。[①] 于是这一无过错责任条款或许还被立法者寄予另一期待:立法者可能从广告经营者、发布者怠于履行义务的实际情况出发,以立法的方式对负有责任的媒体下猛药——干脆对他们施以无过错责任,以使消费者的诉讼对前两者产生实际压力,以迫使他们真正承担起对所经营、发布广告的信息查验工作。

无论是从我国侵权责任所面临的现实责任,还是广告经营者、发布者无过错补充责任这一具体条款所被寄予的目的,将由虚假广告导致的损害向更多的主体分散均存在合理性空间。事实上已经有学者力图以"社会连带义务"论证紧急避险状态下第三人对损害的容忍义务的正当性。[②] 同时,学者也试图以"社会连带"与"损害转移"对环境侵权责任主体所呈现的扩张倾向予以正当化。[③]

然而到这里还远不能证明"广告经营者、发布者的无过错补充责任条款"是合理的。因为以一个宽泛的原则作为"大口袋"为一切不能够被成熟精致的制度所承认的规范提供公式性论证是尤其应当被避免的。因此,有必要向业已成型的制度靠拢,通过制度类比的方法,明确立法者的目标与手段是否相匹配,以及其合理性如何(或称成本如何)。于是下列问题应当被考虑:向广告经营者、发布者转移损失是不是合理的?在何种条件下是合理的?倒逼广告经营者、发布者承担更高谨慎义务是不是合理的?立法者以旧《广告法》第38条第2款作为手段是否能够达到其目的?

---

① 参见应飞虎:《信息、权利与交易安全:消费者保护研究》,北京大学出版社2008年版,第173页。

② 参见王钢:《紧急避险中无辜第三人的容忍义务及其限度——兼论紧急避险的正当化根据》,载《中外法学》2011年第3期。

③ 参见郑少华:《试论环境法上的社会连带责任》,载《中国法学》2005年第2期;[荷]威廉·范博姆、米夏埃尔·富尔主编:《在私法体系与公法体系之间的赔偿转移》,黄本莲译,中国法制出版社2012年版,第283页。

①损害转移的合理性及限定

除非有特别的理由，损害应当保留在原处。因此立法者移转损害，首先面临的问题便是：为什么要移转？转移损害的正当性在理论层面有三个：第一个为校正正义，校正正义的核心是道德理由——过错。然而我们正在讨论的条款却是无过错责任。第二个为分配正义。分配正义常常作为侵权法中过错责任向无过错责任转化的正当性基础——多数情况下损害总是落在无法保护自身利益的群体当中，因此若引发损害的活动从整体上有利于社会总体福利，那么由从社会中获得利益的人承担损害将更为合理。这样看来，分配正义着眼于在社会生活中处于不利地位的群体，这似乎与弱者保护的思路暗合。第三个为市场失灵，即可能由于市场失灵和逆向选择，受害人无法通过意思自治的方式防范风险。这里笔者努力通过比对市场保险和公共赔偿制度两种模式来对所讨论的补充责任制度进行评价。

a. 与公共赔偿制度的比对

广告经营者、发布者没有配套的强制保险，在损失向广告经营者、发布者转移之后无法进一步传递至全社会分担，而只能聚集于广告经营者、发布者之处。当涉及数额较小时，通常企业的广告经营者、发布者可以支付赔偿而不至于产生明显的不公；一旦涉及损害数额巨大，不公平之处便会显现。借助广告的诈骗活动而一次性导致数量巨大的社会公众蒙受损失尽管目前尚未在被收录的诉讼文书中体现，但广告涉及不特定多数公众利益，前述情形的出现完全是有可能的。这种情况下要求广告经营者、发布者承担事实上的“兜底”责任并不公平。当然，或许《广告法》第 56 条第 1 款第 2 句作出的限定“广告经营者、发布者不能够提供广告主的真实名称、地址的……”能够起到降低前述事件发生的可能——毕竟以虚假身份进行大规模的长期诈骗活动并逃离监管并不容易，但不能因为是小概率事件便去违背立法所要求的逻辑上的严密性。从另一个角度来看，我国目前的公共赔偿制度皆保护公民基本生活及生存的权利，强调当公民的人身、健康权遭受损害时的保障，而对于公民财产遭受损害时则并不总是予以保护。而广告受众因为虚假广告而遭受的损失则很多时候都为财产损失或者纯粹经济损失。这样一来，依据《广告法》第 56 条第 1 款第 2 句，广告经营者、发布者虽处于比社会保障制度的保险人更加不利的地位，却需提供高于社会保障水平的保护，显然是不合理的。

b. 与市场保险制度的比对

对于广告经营者、发布者来说，其所经营、发布的广告给广告受众造成损害，且广告主不具有诉讼价值或丧失履行债务的能力时可能被要求依据《广告法》第56条第1款第2句承担补充责任。如果将此种补充责任的承担视为对广告受众所遭受的损害的转移，则广告经营者、发布者处于类似担保人的地位。应当说，广告受众因虚假广告遭受损害这一风险是具有偶然性的、独立的、非灾难性的，(有可能)是可确定、可测量的。简言之，这种风险是具有可担保性的。① 那么从市场保险的角度来说，广告经营者、发布者有两种途径能够合理地募集到用于承担补充责任的资金：一种是向广告主这一引起危险的源头收取保险费用，但是显然在市场状态下没有广告主愿意承担这一保险费用；另一种是向"被保险人"收取一定的费用投入风险池，待损害发生时支出。后一种途径看似基于意思自治，实则强制收取，且对于广告经营者而言不具有可实施性。对于广告发布者而言，虽然具有一定的合理性但却并非总是能够得到实施。例如，以报纸、杂志为媒介的广告发布者可以通过提高所出售的报纸、杂志的售价以变相筹集保险费用；而以广播、电视或者户外广告为媒介的广告发布者则无法向其受众收取费用。

c. 与销售者因缺陷产品致损承担补充责任制度的比对

除非由于销售者的过错导致缺陷的产生，否则缺陷产品致人损害应为产品制造者之过错(或无过错)。然而，尽管在我国销售者应当对缺陷产品承担何种责任尚不明确，但是主流意见倾向于销售者至少应当向消费者承担无过错的补充责任。② 在比较法上，对缺陷产品的销售者施加无过错责任也得到普遍认可。例如，美国法上直接对销售者配置严格责任，③而欧盟1985年出台的《关于缺陷产品责任的指令》则规定：当供货商不能够在合理期间内指明生产者时，则被视为生产者而承担生产者的无过错赔偿责任。④ 销售者所承担的补充责任与本文所讨论的广告经营者、发

① 参见[荷]威廉·范博姆、米夏埃尔·富尔主编：《在私法体系与公法体系之间的赔偿转移》，黄本莲译，中国法制出版社2012年版，第112页。

② 参见张江莉：《论销售者的产品责任》，载《法商研究》2013年第2期。

③ Brooks v. Aircraft Corp., 120 N. M. 372, 902 P. 2d 54 (1995).

④ 85/374/EWG, § 3 Abs. 3: Kann der Hersteller des Produkts nicht festgestellt werden, so wird jeder Lieferant als dessen Hersteller behandelt, es sei den, dass er dem Geschädigten innerhalb angemessener Zeit den Hersteller oder diejenige Person benennt, die ihm das Produkt geliefert hat.

布者的责任看起来情况非常接近，既然前者的正当性在较广范围内得到认可，探讨后者的正当性时当有类比分析之必要。

由于在承担责任的层面，销售者的缺陷产品责任与广告经营者、发布者的补充责任是大体相当的，我们考察的重点便应当转到责任构成的要件上来。从美国法上来看，“产品缺陷”是首先要满足的第一个责任要件。一般认为，“产品缺陷”是指产品不能够提供被消费者所合理期待的安全，其重点在于产品的安全性能，即该产品是否会对使用者的生命、健康造成意料以外的损害。与之相对应的概念是“产品瑕疵”，指产品生产商、销售商就买卖标的物的使用性、效用性或其他品质对买受者承担的默示或者明示责任。① 广告的本质乃是一种信息，由其所引起的损害大多具有“产品瑕疵”的属性，但产品瑕疵则仅仅可能引发过错责任。这意味着，若对比销售者的无过错缺陷产品补充责任来对部分涉及重大人身、健康安全的虚假广告的经营者、发布者的无过错责任提供合理性是可能的，但这以对广告的细致的类型化考察为前提。再来考察欧盟指令中的规定。《欧盟缺陷产品责任指令》第 9 条对可赔偿的“损害”进行了严格的限定：制造人只对因死亡或身体受到侵害所产生的损害，以及所造成他物损害承担赔偿责任。对于他物损害赔偿的限制更为严格，要求“他物”必须是私人消费品，且被作为私人消费品而使用，制造人才对超过 500 欧元的部分承担赔偿责任。② 至于纯粹经济损失则不在赔偿范围之列。相比之下，广告经营者、发布者在交易地位上更处于劣势——不能够如同销售者那样通过价格分散风险，却需要承担法条所规定的无过错补充责任，且既无最低起赔额，也没有最高赔偿数额，难谓合理。

②广告经营者、发布者承担更高注意义务的合理性

前述分析认为，立法者有可能希望借助《广告法》第 56 条第 1 款第 2 句倒逼广告经营者、发布者承担更高的注意义务。这一意图可以从大陆法系的特殊侵权规范

---

① 参见董春华：《中美产品缺陷法律制度比较研究》，法律出版社 2010 年版，第 14 页。

② 85/374/EWG, § 9 Der Begriff “Schaden” im Sinne des Artikels 1 umfasst a) den durch Tod und Körperverletzungen verursachten Schaden; b) die Beschädigung oder Zerstörung einer anderen Sache als des fehlerhaften Produktes-bei einer Selbstbeteiligung von 500 ECU-, sofern diese Sache i) von einer Art ist, wie sie gewöhnlich für den privaten Ge-oder Verbrauch bestimmt ist, und ii) von dem Geschädigten hauptsächlich zum privaten Ge-oder Verbrauch verwendet worden ist.

作为“辅助管制工具”的本质属性的角度予以评价。

正如有学者指出,在混合立法的趋势下,我国立法出现了新型特殊侵权规范。这一类规范看似仍然是民事规范,实则因国家让渡部分行政管理职权于私法主体,并配置一定的经济后果,以促使相应私法主体实施本应由国家政府部门实施的职能以减轻国家的行政负担的管制型规范。[①] 如果从这一角度来理解,则《广告法》第 34 条向广告经营者、发布者施加查验证明材料的义务,是因为立法者认为前述两主体靠近信息源,因此能够替代部分本应由广告主管单位(一般为各级工商局)实施的监管职能。如此一来,则可以将《广告法》第 56 条第 1 款第 2 句理解为立法者对广告经营者、发布者未履行其监管职责而施加的经济后果。于是,对上述条款的理解便部分脱离了私法体系而进入了公法范畴。也就是说,当我们评价这一条款的合理性时,可以不再以民事责任的各种规则、原则为基础,而以公法的视野来看待:将广告经营者、发布者在控制虚假、违法广告情形下视为国家机关,那么国家机关未履行职能而致使公民遭受损害时是否应当承担无过错责任?这里我们可以从两个方向上进行比对:一个是国内的相关制度,一个是比较法的视野。

原《物权法》第 21 条所规定的登记机关在错误登记情形下向受害方承担的损害赔偿责任具有参照价值。值得注意的是,这一条款的表述方式与《广告法》第 56 条第 1 款第 2 句非常相似,即以特定结果的出现作为加害人承担责任的唯一条件。与《广告法》第 56 条第 1 款第 2 句的适用情形相似,关于归责原则的争论出现了,这一争论以登记机关承担何种审查义务为形式表现出来:实质审查还是形式审查。如果定位于实质审查,那么高昂的注意义务标准使登记机关适用的归责原则即使没有无过错责任之名,也有无过错责任之实了。然而学术界的观点却是基本统一的,那便是登记机关只应当被赋予形式审查义务,其只有在未满足形式审查义务的情形下方可承担民事赔偿责任。[②] 这意味着,登记机关仅承担过错责任。

再来观察比较法,《德国民法典》第 839 条所规定的公务员损害赔偿责任具有可

---

① 参见苏永钦:《走进新世纪的私法自治》,中国政法大学出版社 2002 年版,第 11 页。

② 参见姚辉:《不动产登记机构赔偿责任》,载《法学》2009 年第 5 期;朱岩:《形式审查抑或实质审查——论不动产登记机关的审查义务》,载《法学杂志》2006 年第 6 期。

类比性。① 该条款严格区分了公务员在故意和过失情形下承担不同性质的责任——前者受害方可以直接向该公务员请求损害赔偿，而后者则必须在受害方不能够以其他形式获得赔偿时才能够向该公务员提起损害赔偿请求。而无论何种情形，公务员的无过错责任都是不存在的。因此我们有理由认为，如果赋予广告经营者、发布者以无过错责任，同样不符合现有同等条件下的特殊民事规范所蕴含的尺度和逻辑。

3. 无过错补充责任条款的合目的性分析

可以从主观立法目的解释和客观立法目的解释两个层面解释广告经营者、发布者无过错补充责任条款。

(1)主观目的解释的角度

尽管我国没有立法理由书制度，但立法者的主观立法目的能够从现有的文献材料中被推测出。在较能反映立法目的的《中华人民共和国广告法释义及相关法律规定》一书中，作者并未对广告经营者、发布者过错责任条款作出解释，却直截了当地揭示了广告经营者、发布者无过错责任条款的立法目的：

> 广告经营者、广告发布者不能提供广告主的真实名称、地址的，应当承担全部民事责任。这实际上是一种特殊的连带责任规范，是从方便消费者追偿的角度所做的规定。因为虚假广告的民事责任本来应当由广告主承担，但广告经营者、广告发布者如不能提供广告主的真实名称、地址，就可能无法向广告主追偿。在这种情况下，为了更好地保护消费者的合法权益，便于消费者行使诉讼权，消费者就可以直接要求广告经营者、广告发布者承担全部民事责任。②

从这一段针对旧法中的广告经营者、发布者无过错责任条款的解释文字可以看出，立法者只是简单地认为：若广告主失去诉讼价值，那么消费者所遭受的损害便无

① 《德国民法典》第 839 条第 1 款规定：公务员故意或有过失地违反其对第三人所负担的职务上的义务的，必须向该第三人赔偿因此而发生的损害。公务员只有过失的，仅在受害人不能以其他方式获得补偿时，才能向该公务员请求赔偿。参见《德国民法典》，陈卫佐译注，法律出版社 2010 年第 3 版，第 308 页。

② 卞耀武主编：《中华人民共和国广告法释义及相关法律法规》，中国方正出版社 1995 年版，第 117 页。

从填补，于是便决定以立法的模式将填补损害的责任分配给广告经营者、发布者，从而实现“维护消费者合法权益”的目的。消费者在通常情况下相对于经营者所具有的经济上的弱势在这里受到了高度重视——该条文扭曲了自然条件下民事主体的责任配置。但是简单的“维护消费者合法权益”这一公式化的论证却无法使该激进的条款获得充分的合理性支持。另外，作为实现目的的手段，该条文的制度设计则过于粗糙，这使该条文的目的与手段间的逻辑关系混乱不堪：

这一制度设计有助于消费者债权的实现，因此可能对受到广告侵害的消费者提起诉讼起到某种程度的鼓励作用。然而以目前激励消费者积极提起诉讼以加强市场监督、净化市场竞争环境最为常见的惩罚性赔偿制度为样本，责任的分配仍然应当以自己责任为基础进行设计，否则以立法强行安排他人“替人受过”，则难免引起新的不公。从另一个角度说，国家确实负有帮助面临困难的弱者的义务，然而这种帮助应当通过公法渠道，以符合公法相关制度要求的方式进行，而不应当以国家强制力直接作用于另一个私主体，使另一私主体承担本不应当承担的、额外的不利益。

我国社会中还存在一些新兴的经营者：他们为生产或销售牟利而购入某些产品或原材料，因而不能够被认为是《消保法》上的消费者。但是与商法中所假定的精明且理性的商人形象相比，他们又显得天真而缺乏经验。他们大多是个体经营者，或者在本职工作之外操持副业以贴补家用，或者在失去工作之后以积蓄从事小本生意以图维持生计。他们不像真正的商业精英那样拥有巨额财富、人脉、内部信息和专业知识。他们创业的方向或者为街坊邻居口口相传的一点经验，而街头巷尾，报纸杂志上刊登的招商广告则会对他们的从业决策造成影响。一句“旺铺出租，黄金地段，一铺富三代”的广告宣传能激起他们兴趣，而他们对广告中可能包含的实质内容，如宣称与某大型企业合作等，则或者无能力验证，或者必须承担高昂的验证成本。因此，若广告主以犯罪手段用虚假身份发布招商广告，在骗取合同或设备款项之后便下落不明，此时受害方的基本需求（Grundversorgung）则可能因为被骗而遭受影响。在这种情形下，若从国家有义务保障公民的基本需求的角度，则广告经营者、发布者无过错补充责任条款同样应当对这一类人群提供保护，然而按照法条的“消费者”遣词，这一类人群却又被排斥在保护范围之外。

(2)客观目的解释的角度

前文已分析,该条款可能迫使在现实中普遍不负责任的广告经营者、发布者承担起保护弱势民众的责任,同时发挥“劫富济贫”的功能,使因受虚假广告欺骗而陷入困境的人们所遭受的损害能够更容易获得填补。诚然,或许对于精明者来说,类似于“二十分钟治疗颈椎病”“一个疗程根治高血压”的广告用语违背基本常识,不应当被认真对待;相信此类广告而缔结合同的消费者则过于愚昧轻信,应当加强自我教育、提高辨别能力,法律对此无能为力。然而我们必须认识到,在中国目前的市场环境下,广告所到能够到达的群体差异极大。既然这种看起来可谓荒唐的广告在国内并非少数。对一个疾病缠身无处求援的社会民众来说,那些广告自称的“祖传秘方”“根治顽疾”“不动手术不开刀”便不仅不再是荒唐的,还可能是救命的“最后一根稻草”。而当他们在用光自己仅有的积蓄却发现自己信任的广告所许下的美好愿景都不能实现,广告主甚至下落不明时,能够找到条文依据以获得经济上的赔偿对他们而言是至关重要的。的确,立法者的出发点无疑是好的,但是却对问题本质的把握失之偏颇。如果一个条文对复杂的问题做简单化处理,且相应的制度设计过于粗糙,不足以应对该条款所能够涵射的各种异质情形,也就注定了这一条款难以完成其使命的不幸。具体的分析如下:

①缺乏针对性

大多数造成损害的虚假广告是显而易见的违法广告,这类广告的经营者、发布者对于损害的发生至少具有间接的故意,因此即使没有广告经营者、发布者无过错条款,遭受损害的广告受众也可依据原《侵权责任法》第 8 条要求广告经营者、发布者与广告主一并承担连带责任。至于虚假广告仍然猖獗,则说明旧《广告法》第 38 条第 1 款后半段没有能够发挥应有的规范效果,这是在法条以外的其他环节出现了问题。[①] 如果已有的条款形同虚设,那么另一个出于好意的,措辞更为严厉、更为激进的条文除了引起更多的混乱并损伤法律权威以外,恐怕难以有什么更好的结果。而对于广告主借助违反《刑法》的欺诈手段而使受害人遭受损失的情形,固然广告经

① 参见应飞虎:《对虚假广告治理的法律分析》,载《法学》2007 年第 3 期;宋亚辉:《广告荐证人承担连带责任的司法认定——针对〈广告法〉(修订征求意见稿)第 60 条的研究》,载《现代法学》2009 年第 5 期。

营者、发布者无过错补充责任条款可以为受害者的损害填补提供依据，但是由于该条款本身的正当性问题没有被充分地研究，条文构造对可能产生的损害的具体形态缺乏识别，因此法院在适用过程中出现分歧，并最终导致法官在适用中退回衡平法，以经济利益为导向进行判决。

②处理过于简单化

如前文所论述，即使立法者意图对于经济上特别困难的民事主体（生活在社会底层的民众）在现行制度框架下寻找一个“买单人”（英美法上称为“深口袋”）因为我国社会保障和保险制度落后的发展现状而具有一定的合理性，该法条的表述也因为过于宽泛而不能够有效地将真正需要得到帮助的群体识别出来——并非所有的消费者都因为处于绝望当中而轻信，也并非所有消费者都存在经济上的困难而使基本需求不能得到满足——这意味着该条文所包含的倾斜性制度设计因为对目标受众的识别度不够而可能出现利益外流的情形，[①]不该受惠的人可能依据该条款受惠则必然导致新的不公，从而反过来影响相应制度功能的实现。

三、广告经营者、发布者、代言人责任条款与侵权责任制度

如果将同样的案件事实分别代入《广告法》第56条第2、3款与传统民事责任制度当中，则可发现两者所产生的法效果存在诸多不同。这些不一致之处是否具有正当性则是本节需要研究的问题。

《广告法》第56条第2、3款区分虚假广告所涉及的产品或服务的种类为广告经营者、发布者、代言人安排过错或无过错连带责任。然而如前文所论及，在多数债务人框架下，广告经营者、发布者、代言人由于其自身的义务范围以及主观过错程度可能与广告主并不相同，因此并非总是与广告主在同样范围内承担责任。且广告代言人与广告主并非处于同一义务层次，因而不会承担终局责任。

在共同侵权的理论框架下，广告经营者、发布者、代言人是否承担连带责任与虚假广告所涉之产品与服务是否事关消费者健康、人身安全无直接关联，而与其主观过错程度相关。质言之，广告经营者、发布者、代言人在具有至少为间接故意的主观

---

① 参见应飞虎：《权利倾斜性配置研究》，载《中国社会科学》2006年第3期。

状态下方具备较为稳定的与广告主承担连带责任的基础；而当广告经营者、发布者、代言人主观过错程度仅为过失时，需要综合评价广告代言人的过失与广告主的故意或过失是否引起了同样的风险才能够决定连带责任是否成立。一言以蔽之，广告经营者、发布者、代言人的过错责任条款对比传统民事责任体系的利益格局，去除了过错的一致性限制，降低了责任成立的门槛；广告经营者、发布者、代言人的无过错责任条款则无法在多数债务人理论与共同侵权框架下得到解释。

(一)归责原则区分标准的合理性

自2015年修订以后，《广告法》便开始依据广告的不同形态而向民事责任主体分配不同的责任构成要件，这是部门法走向成熟和精细化的标志。在德国，便是区别不同的广告形态展开规制的。但是类型化是一项高技术含量的工作：所欲做相同对待之事物必须被放入同一类型当中，所欲相异对待之事物又必须被区别为不同的种类。因此分类标准是否切中要害直接影响类型化后的规范运行是否顺畅。以“产品或服务是否涉及消费者生命健康”作为分类依据是否合理，同样影响其规范目的的实现。

根据人大法工委对《广告法》第56条第2、3款所作出的条文释义，[①]这一条款与2013年颁布实施的《消保法》第45条第2、3款相互衔接，因此在考察《广告法》第56条第2、3款时，《消保法》第45条具有显著的借鉴意义。根据《消保法》第45条第2、3款的条文释义，人大法工委认为要求广告代言人承担无过错责任是不合理的，但是为了强化消费者保护，在部分涉及消费者人身安全的广告类别中要求代言人承担无过错责任。从《消保法》第45条的条文释义行文来看，人大法工委对于广告代言人承担无过错责任的不合理性作出了相当翔实的论述：要求广告代言人掌握广告主所掌握的信息是不可能的，过于苛刻的归责原则不利于相关产业的发展，并将最终损害消费者知情权。至于为何当“产品或服务涉及消费者生命健康”时，前文所论述之广告代言人力所不能及之事就变成了力所能及，而前文所述将产生之损害便荡然无存，其中利益考量究竟如何进行，是否加强对消费者的保护可以提供足够的解释力，均不得而知。

---

① 参见王清主编：《中华人民共和国广告法解读》，中国法制出版社2015年版，第123页。

涉及消费者人身安全的产品或服务往往涉及复杂的专业知识。以《广告法》民事责任条款所力图强化规制的食品问题为例。食品安全问题涉及的产业链条长且复杂,从原材料阶段对化肥、激素使用的监管,到食品的生产、加工、包装,每一个环节都可能涉及多种技术手段,国家为监控整个产业链以保障食品安全配置了运营成本高昂的政府机构,出台了一系列的技术标准,尽管如此,食品安全事件仍时有发生。固然依靠行政监管的公法实施方式有其固有的缺陷,如学者分析指出:国家相应职能机关可能因权力配置不清而导致规范不足,也可能因行政机关对执法人员的控制力不足导致执法人员或被俘获、寻租或怠于行使职权。① 但是寄希望于代言人以丰厚之收入而以私力对上述产品的安全性进行全面查验,则意味着该代言人需要另行设置一套类似国家质检机关的机构,这是不可能实现的,即使实现了也是没有意义的,只会造成社会资源的浪费,并导致相关权利义务配置的进一步混乱。既然相比过错责任,广告代言人的无过错责任并不能够通过迫使代言人提高注意义务而降低风险,那么以"产品或服务是否涉及消费者生命健康"作为区分标准使广告代言人在部分情形下承担无过错责任的实际价值只有一个,即当大规模的群体性损害事件发生时,责任人的财产不足以弥补其所造成的损害,广告代言人(特别是明星)被列入责任人可以增强债务人整体的债务清偿能力,以提高受害者获得赔偿的概率。

关于这样一种显著的"寻找深口袋"立法模式的合理性,前文在分析广告经营者、发布者的无过错责任条款时已经进行了详尽的论述,这里不再重复。直接引用前文分析所得之结论适用于广告代言人则为:无过错条件下广告代言人应当处于补充责任人地位,且其承担责任的构成条件应当考虑受害人权利受损的具体情形,原则上应当仅在危及受害方生存及参加社会生活的权利时被激发,且其承担的责任数额应当受到限制。那么问题随之而来:是否"涉及消费者生命健康"这一限定能够满足对代言人责任的合理限制的要求呢?答案是显而易见的。如前文所分析,即使从现阶段我国保险体系尚不发达的现状出发,由其他主体承担无过错赔偿责任也应当仅限于:损害导致受害方丧失了参与社会生活的基本权利,例如,经济能力遭遇严重

① 参见宋亚辉:《社会性规制中的路径选择——行政控制、司法规制抑或合作规制》,南京大学2009年博士学位论文,第151页。

挫折,维持基本社会生活已无以为继。然而“涉及消费者生命健康”的产品或服务未必就会导致消费者的生命、健康权遭受损害,也未必就会导致其无法维持基本社会生活。如前文分析的“六个核桃”等广告。反过来,广告导致受害方遭遇无法维持基本社会生活之损害的又未必皆指向“涉及消费者人身安全的产品或服务”。例如,被非法集资骗去所有财产的投资者很有可能因为负债累累而危及生命,但集资活动的广告显然不能够被认作是涉及消费者生命健康的财产或服务。

(二)广告代言人过错责任条款的合理性

前文已论证,根据共同侵权理论,广告代言人并不必然在过错条件下与广告主承担连带责任。然而从人大法工委所作的法条释义来看,广告代言人的过错责任条款应当是在共同侵权的框架下设立的,立法者并无赋予广告代言人过错责任条款以“特殊使命”的意图,即立法者认为广告代言人过错条款符合共同侵权的理论要求。但若以文义解释的方法剖析之,该条文所当产生之规范效果则未必总是能够容纳于共同侵权框架之内。如此一来,该法条的解释论方向便不甚明确——究竟是应当遵照工具化的法教义学要求还是应当遵守共同侵权的理论要求?为回答这一问题,首先应当解决的仍然是该条文相对于共同侵权理论框架的偏离是否具有正当性。

1. 诱发的风险是否总是一致

与广告经营者、发布者相同,广告代言人与广告主在很多情形下所诱发的风险是一致的:如鲁某代言的六个核桃饮品。广告主故意制造核桃补脑的噱头,而鲁某的代言词“经常用脑,多喝六个核桃”正迎合这种噱头。这里广告主与广告代言人所诱发的,使潜在的希望“补脑”的人士陷入一个否则便不会陷入的合同的风险是一致的。然而更多可能会引起诉讼争议的情形,两者过错所诱发的风险却很可能是不一致的。例如,广告主生产具有安全隐患的产品,同时聘请代言人制造噱头以增加销量。代言人并非专业人士无法识别安全隐患,但作为深谙商业操作之人,却理应识别噱头,但为丰厚之代言报偿仍为代言。后产品发生安全事故,消费者生命健康权受损。这时广告代言人与广告主所制造的风险是否具有一致性,很大程度依赖法政策上的选择:既可以说广告主与广告代言人在同一个点上——促进了产品交易,引发了风险,即把因产品交易而引发的后果打包进“产品交易”这个口袋当中;也可以说两者所制造的风险并不具有一致性:很显然,广告主制造的风险涉及人身安全,而广告代言人只是促使更多的人愿意进行交易。① 最典型的例子可以某明星代言排油减肥茶案件予以说明。减肥茶是被国家严格管控的保健品,自然涉及消费者生命健康。然而若代言明星在排油减肥茶问题暴露之后所做的辩解为真,那么应当说其亲身长时间试喝该茶,且让周边亲朋好友也一同试验减肥茶效果已经对于该减肥茶是否危及人身安全尽到了一个非专业人士所能够达到的、可以被期待的合理的注意义务。然而作为对商业招徕手段不应当陌生的明星,应当具有识别某种特殊成分这一噱头的能力,假设该代言明星对于因这一“噱头”而受到合同束缚或遭遇财产损害的广告受众应当负有侵权法上的代言人责任,与此同时假设该减肥茶配方也存在问题,且具有时间滞后性,长期饮用造成部分体质较弱的消费者健康权遭受侵害。广告主对这一后果应当预见。此时令广告代言人与广告主承担过错条件下的连带责任是否符合侵权的法理并不清楚,可以想象在极端案例中,令广告代言人与广告主在各自的过错指向以及由各自的过错所引发的风险都不一致的情况下承担连带责任,从结果端观察会产生显著的不公。

2. 因果关系是否可分

当因果关系不明时,不同行为人的行为对所产生的损害究竟各自在因果关系链上作出了多少贡献无法查明时,可以作为连带责任成立的一个前提。② 那么广告代言人与广告主对广告受众因虚假广告而遭受的损失是否能够在因果关系上相互区分呢?这种区分尽管在事实层面是存在的,但是极难被外部观测到。原因在于,广告代言人与广告从外部来看是相互融合的一个整体,而连接广告主、广告代言人与广告受众所遭受的损害的是广告受众的决策。广告受众何以作出缔结合同的意思表示涉及动机层面,其究竟是受到了广告代言人的劝说,还是只是因为接收了广告的客观信息从而作出决策,不仅几乎无法从外部观测得知,就是意思表示发出方本人,也未必清楚。消费者可能因为明星的推荐而对排油减肥茶产生信任从而作出购

① 广告代言人与广告主所引发风险的一致性和广告经营者、发布者与广告主所引发风险的一致性从本质上来看是一致的,但是之所以得出的结论有所不同,是因为广告经营者、发布者条款已经积累了一定数量的案例,因此可以提供一个更为稳定的判断标准。

② 参见叶金强:《共同侵权的类型要素及法律效果》,载《中国法学》2010年第1期。

买决策,也有可能只是想要寻找减肥的可靠方法的消费者,只是了解了广告所推荐产品的基本信息而作出购买决策,两者若均声称是因为出于对代言人的信任而作出购买决策,外人无从判断真伪。但是值得注意的是,这并非一个严密的逻辑推演的结果,而是通过对现有热点争议事件的分析和概括得出的较大可能性,并不能作为一个一般化的结论,毕竟凭借个人的想象无法穷尽生活的种种可能。在个案中出现广告代言人与广告主造成损害的因果关系能够相互区分是可能的,而当因果关系能够相互区分,甚至只是部分相互区分时,广告代言人与广告主在因果关系能够相互区分的部分便不能够成立连带责任。

(三)广告代言人无过错连带责任条款的合理性

从另一个角度来看,如果法院在适用过程中依据法条文义,对于食品、药品类"涉及消费者人身健康的产品或服务"的广告的代言人配置无过错连带责任,那么如前文所指出,广告代言人将面临不可能完成之任务,因而也就面临无法规避之巨大风险,因此他们有可能在压力之下退出该类别广告的代言、经营、发布活动,从而导致"涉及消费者人身健康的产品或服务"的广告得以进入公众视野的通道被关闭。这一结果自然是不利于广告业发展的,但并非必然不具有合理性。例如,2003年由世界卫生组织批准的《世界卫生组织烟草控制框架公约》(下文简称烟草控制公约)便要求成员方禁止任何形式的烟草类广告;我国1995年颁布(1996年修订)的《烟草广告管理暂行办法》第3~10条对烟草类广告进行了严格的限制。如果说严格控制,甚至禁止烟草广告是合理的,那么对"涉及消费者生命健康"的产品或服务的广告相关主体施加无过错责任以事实上阻却该类型广告进入市场,是不是也具有合理性呢?答案是否定的。烟草对人类健康以及公共卫生的影响可以说是有百害而无一利,同时香烟的易成瘾性使其极易捕捉到"忠实"的客户。因此禁止烟草类广告,尽管损失了市场交易以及税收收入,但维护了公民的健康安全,符合利益衡量的准则。[①] 然而"涉及消费者生命健康"的产品或服务却未必总是危害公民健康安全,相反,例如保健品、药品很可能对消费者的生命健康起到保护作用。一款功能良好的保健品的相关信息如果能够通过广告而被更多的消费者所认知,自然能够提高消费

---

① 参见梁上上:《利益的层次结构与利益衡量的展开——兼评加藤一郎的利益衡量论》,载《法学研究》2002年第1期。

者的整体福利。因此与烟草类广告不同,如果以过于严厉的规范手段迫使食品、药品等涉及消费者生命健康安全的广告统一地退出公众视线,既不利于活跃市场经济,也不利于消费者的知情利益保护。

四、差异比较与分析的结论

在结束了冗长而烦琐的比较之后,笔者回过头来对比较的结果进行概括,尽可能以鸟瞰的方式勾勒出不同责任制度对虚假广告规范效果的图样。对各个责任主体在不同制度下所承担的虚假广告民事责任进行概括。

(一)广告主民事责任

广告主发布虚假广告可能激发多个传统民事责任制度,由于各传统民事责任制度构成要件各有侧重,广告主所据以承担的民事责任以及所承担的民事责任的范围也随之变化。具体而言:从构成要件上来看,被考量的要素有广告所涉及内容之于原告决策的重要性,之于物件或服务实现基本功能的必要性,广告所为陈述的客观性程度,行为人主观过错程度,以及原告受损权益的属性;从法效果上来看,可为积极利益,消极利益,固有利益之损害填补提供请求权基础。所涉及之具体制度的构成要件与法效果虽各不相同,所负担之法政策亦各不相同,但总体而言符合如下规律:构成要件越苛刻,可获得填补的损害范围越宽。

应当承认,《广告法》中广告主民事责任条款所处理的部分案例位于传统民事责任法规制的边缘,很多情形并不属于某一个具体制度规范的核心领域。例如,当我们用欺诈和缔约过失责任的框架来解释广告主民事责任条款的相应案例时,关于法律后果部分便呈现紧张关系;而当我们为契合法律后果部分而寻找相应制度时,构成要件部分又显得不甚熨帖。但是,如果就此断言适用广告主民事责任条款的部分案例已经完全超出了传统民事责任框架体系所能够到达的范围,又是绝对夸大其词了。尽管法官在论证时有时直接忽视,有时理所当然地对待某些构成要件,但若我们完整地观察所有相关案例,则虽然在个案中常常残缺不全,但是从案例群整体来看,传统民事责任的分析框架的轮廓仍然清晰可辨。可以说,广告主民事责任条款至目前所实现的功能,可以被传统民事责任制度所完整消化。

（二）其他主体民事责任

1. 广告经营者、发布者、代言人过错责任

多数债务人理论与共同侵权制度均可能在广告经营者、发布者存在过错时发生规范效果。多数债务人理论仅能够为部分情形下广告经营者、发布者与广告主承担不真正连带责任提供正当性基础。共同侵权制度所能够提供的广告经营者、发布者与广告主承担连带责任的正当性基础相对更为稳定，但这是基于对虚假广告案例群的一般特征而获得的稳定性，并非来自理论的逻辑推演。因此当“特殊”的案例发生时，则必须退回至理论层面重新判断连带责任人主观过错及各自行为的因果关系的可分性。

与此相比，《广告法》第 56 条第 3 款以立法的模式为连带责任的成立确立了稳定的基础。笔者未能够对这一超出一般理论框架的“特别”的稳定性寻找到合理的论据。

2. 广告经营者、发布者无过错补充责任

广告经营者、发布者在无过错情形下不会触发传统民事责任制度，因此《广告法》第 56 条第 1 款第 2 句完全超越了传统民事责任的利益分配格局。从损害转移与社会连带的视角来看，该条款负担部分社会法上的功能是具有合理性的。但是必须受到严格的限制，学者应当致力于对其进行制度化的努力。简单地直接适用该条文缺乏正当性支持。

3. 广告经营者、发布者、代言人无过错连带责任

《广告法》第 56 条第 3 款规定了广告经营者、发布者、代言人的无过错责任。这一责任过于严厉，即使增加广告“关系消费者生命健康的商品或服务”这一限定，一概地对广告代言人施加无过错责任，其合理性同样得不到充分的论据支持。

第五章　现有规则体系下虚假广告民事责任条款的应然解释与适用

行文至此,理论上的分析可暂告一段落,而前文分析所得之结论当如何为司法实务中所示之问题提供解决途径则仍待进一步回应。必须说明的是,本书所支持之解决途径仅基于法学理论,这当然并非法官裁判自然状态下的复制。虽然“法官仅应当忠实于法律”是一句箴言,但司法裁判却到底是一项社会活动,对诸如法政策等其他与社会现状相关的考量是难以避免的。

第一节　广告主民事责任条款的应然解释与适用

一、广告主民事责任条款的应然解释

从功能主义的角度出发,旧《广告法》第 38 条第 1 款前半段,以及现行《广告法》第 56 条第 1 款第 1 句所规定的广告主民事责任条款,可以完全被传统民事责任制度所吸收,因此应当被视作说明性条款加以解释适用。将其作为独立的请求权基础条款将引发严重的问题。

首先,这将使传统民事责任制度所蕴含的制度价值付诸东流。广告主民事责任条款的构造是相对粗糙的,学理基础

十分薄弱，经过分析也并未发现其能够独立承担某一案例群的调整职能。若承认其请求权基础条款的地位，则法院可以轻松“借道”该条款从而避免适用传统民事责任条款所引发的繁杂论证义务，传统民事责任以精巧的制度安排限缩法官“自由裁量权”之功能将落空。其次，若作为请求权基础该条款可能引起这样一个外部印象：消费者可以借此条款获得特殊的保护。然而如本书所一再强调，这一特殊保护并不存在。那么由此引发的实际效果便是：原告放弃了本可以在传统民事责任制度群中自由选择以获取不同程度的损害填补的权利，而进入了一个从外观上看起来对自己“特别有利”的条款。然而这一条款却事实上成了法官为追求“结果正义”而进行自由裁量的工具。原告丧失了本来可以获得的可预见性，而法官尽管获得较宽泛的解释法律的权利，却也同样失去了法律的“庇护”，继而为追求“安全感”而在适用该法条时愈发保守，“消费者特殊保护”自然更加难以实现。最后，这种做法将使已经被学术界准确定位、识别出的问题再度陷入混杂。例如，传统民事责任制度在调整信息责任时，对主观过错要求过于严苛而屡遭批判。德国学术界与司法实务界就如何妥善处理这一问题展开了长时间的探索与争论，最终形成了扩张适用瑕疵担保责任范围、以缔约过失责任兜底的解决方案。① 我国传统民事责任制度也面临同样主观过错要求难以证明的难题，但却没有出现具有针对性的讨论，因此也没有出现具有针对性的解决方案。而在广告主民事责任条款中这一问题究竟还是否存在，立法者试图如何解决，应当如何解决，又统统陷入不明当中。

二、广告主民事责任条款的适用

以北京中联安公司案为例。② 该案中北京金源时代购物中心确实进行了引人误解的虚假宣传，但原告不确定是否能够达到欺诈的程度。按照常理北京中联安公司确实应当受有经济上的损失，法院根据公平正义的法感情欲使被告对该损失予以部

---

① Vgl. BGH NJW-RR (1997), S. 145; BGH NJW (1999), S. 1405.

② 之所以将其作为典型案例是因为有多位学者对该案例给予了关注。参见李友根：《论广告法中的“消费者”——基于法条与案例的研究》，载《中国工商管理研究》2012 年第 9 期；程子薇：《广告法第 38 条中的“消费者”——以法解释学理论为分析工具》，载《安徽大学学报（哲学社会科学版）》2014 年第 5 期；张世鹏：《论虚假广告侵权责任立法国际趋势及对我国的借鉴》，载《安徽大学学报（哲学社会科学版）》2013 年第 2 期。

分填补。被告以原告不符合“消费者”概念为由提出抗辩，法院判决含糊其词，最后似乎给出了一个原被告双方都能够接受的结果，但于法律之发展并无益处。相反，如果将广告主民事责任条款视为说明条款，而仔细从传统民事责任制度中寻找合适的请求权基础，便不难发现，运用瑕疵担保责任制度将能够使该案例的裁判获得更有说服力、也更为妥当的解决方案。

在运用瑕疵担保责任具体分析广告主民事责任之前，有必要就德国和我国的瑕疵担保责任之不同发展现状做一个简要的阐述。德国的瑕疵担保责任制度规定于《德国民法典》“买卖合同”与“承揽合同”章节当中。这意味着，瑕疵担保责任在德国并非一个一般性的责任形态。但是这并不表明瑕疵担保责任不具有债法上一般责任的基础，而毋宁只是立法技术上采取逐步推进策略的表现而已。[①] 交付一个瑕疵产品原则上违反了按时履行合同的“义务”（Verzögerung）；而当瑕疵无法被去除时，则视作合同陷于“履行不能”（Unmöglich）。[②] 在现实中，瑕疵担保责任在德国的适用范围在不断扩大。[③] 我国的瑕疵担保责任则没有被限制在某一个或几个合同类别当中，因此理论上具有广泛适用的空间，但现实生活中瑕疵担保责任的适用则与《产品质量法》关系密切。尽管有学者认为应当扩大解释原《合同法》第111条的“质量”使其类似德国法上具有开放性的“品质”（Beschaffenheit）概念，从而扩张其调整范围。[④] 但是从笔者所搜集到的判决文书来看，法院对该条文中的“质量”解释仍相对保守。

回到之前的分析当中，如果运用瑕疵担保责任来分析北京中联安公司案，那么问题的关键便在于，被告购物中心所出租之商铺，是否具有瑕疵担保责任上所称之“瑕疵”。

---

① Vgl. Lehmann, Die bürgerlich rechtliche Haftung für Werbeangaben-Culpa in contrahendo als Haftungsgrundlage für vertragsanbahnende Erklärungen, NJW(1981), S. 1233f.

② Vgl. Lorenz/Riehm, Lehrbuch zum neuen Schuldrecht, 2002, S. 254.

③ 参见王洪亮：《物上瑕疵担保责任、履行障碍法与缔约过失责任》，载《法律科学（西北政法学院学报）》2005年第4期。

④ 参见王洪亮：《物上瑕疵担保责任、履行障碍法与缔约过失责任》，载《法律科学（西北政法学院学报）》2005年第4期；尚连杰：《先合同说明义务违反视角下的缔约过失与瑕疵担保关系论——德国法的启示与中国法的构造》，载《政治与法律》2014年第11期。

瑕疵,是指事实上的品质与应然的品质不相符合。① 是否具有瑕疵,以约定为先。列于招商手册之陈述并不能被视为约定,因此这里还当进一步分析是否存在客观瑕疵情形。《德国民法典》第434条第1款第2项规定:被列于广告中,就特定物的性质进行说明时的公开表示,以及相对人能够期待的性质也属于瑕疵范畴。该案中被告所分发的招商手册就打造一个多家公司进驻、市场互动良好的汽车交易市场的场景进行了细致的描绘。尽管原告同样为从事商业活动的经营者,对商业宣传应当有清醒的认识,但撇开招商手册关于客流、出租率等多为商业吹嘘的言辞不论,单单是原告所租赁之商铺位于一个多家汽车公司进驻的市场中的期待应当被认为合理,否则又谈何商业信誉。那么何为"品质"呢?我国现行立法中并没有与品质相对应的概念。德国法同样未赋予这一词语以法定概念,而有意将这一任务交由未来的司法实践与法学理论发展去解决。但通常而言,品质内置了"重要性"评价,即这一发生实然与应然偏离的"品质"应当会对决策产生影响。原告经营汽车模型,与饭店、宾馆、银行以靠近、便利消费者为宗旨不同,汽车模型经营需要依赖于其所在市场环境能够把对汽车有爱好及需求的消费者吸引至其所在场合,从而便于原告获得商业机会。从经济学上看,出售同性质、同类别产品的商家聚集经营,可以实现良好的外部效应,使消费者得以以同样的时间和精力成本获得更多的选择空间,因而对消费者产生较强的吸引力。因此可以说对于原告经营者,其所租赁店铺所在地能够形成一个怎样的商业氛围对于其经营目的是否能够实现极为重要。由此可以进一步推断,被告招商手册关于汽车行业集聚经营的浓墨重彩的宣传对原告经营者的租赁决策产生了影响。由此可以认定,该案所涉租赁标的物具有瑕疵。于是原告经营者获得解除合同、降低价款或者赔偿损失的权利。②

若原告经营者选择降低租金,则法院应当根据市场价格推定该租赁标的无此瑕疵时的租金额,而后通过公式"降低后的价格 = 原始价格 ÷ (标的物不具有瑕疵时的价值 ÷ 标的物的实际价值)③"计算出应当予以减少的租金额。若原告选择赔偿损

---

① Ein Sachmangel liegt nach der Neuregelung in der Abweichung der Ist-Beschaffenheit von der Soll-Beschaffenheit. Vgl. Lorenz/Riehm, Lehrbuch zum neuen Schuldrecht, 2002, S. 255.

② 此时被告经营者首先获得再次履行的权利,然而从本案事实来看,被告经营者不具有再次履行以消除瑕疵的可能性,因此这里径行跳过这一论证环节。

③ Münchener Kommentar zum Bürgerlichen Gesetzbuch, band 5, Aufl. 2009, § 441, Rn. 3.

失,则可以要求积极利益的赔偿,即原告经营者若能够证明租赁标的物不存在瑕疵时自己必然可以获得的利益,便可以要求被告经营者对这一可得利益损失进行赔偿。最后考虑与有过失问题。正如法院在判决书中指出,原告作为经营者,应当承担比普通消费者更高的注意义务,其却疏于对所租赁场所进行考察,因此对自身所期待利益未能实现负有过失。基于侵权法一般原理,若被告主观过错程度为故意以下,则原告自身的过失可以适当减少被告赔偿的范围或金额,若被告主观过错达到故意程度,则无与有过失的适用空间。本案中,被告对原告所遭受之损失是否具有故意,须详细考察被告于发布招商广告之时所宣称"与某某公司强强联合,共同打造"是否具有充分的信赖基础。这时被告经营者与所称之强强联合公司商业上的接触、洽谈进展情况等可作为判断依据。若被告对与所称公司发生商业合作不存在合理的信赖基础,则可以认为其在招商广告中的虚假宣传对于潜在客户经济上的损失具有放任的故意,此时与有过失无适用之余地。

若按上文之解决路径,则原告不必受困于自身是否属于旧《广告法》第38条的"消费者"范畴,同时也可以自由选择利益填补的范围及方式。同时被告根据原告之诉讼请求得以明确抗辩的方向,增强对裁判结果的可预见性。法院在进行判决时亦可以获得更为明确和丰富的理论帮助,以增强裁判文书的说服力。

第二节　广告经营者、发布者无过错补充责任条款的应然解释与适用

一、广告经营者、发布者无过错补充责任条款的应然解释

《广告法》第56条第1款第2句规定了广告经营者、发布者在广告主不具有诉讼价值情形下的无过错补充性赔偿责任。这一民事责任制度所包含的利益安排在私法框架下接近于担保责任,但责任主体与受害方之间却不具备担保责任成立的基础性要件——合同关系。在社会连带视野下该利益安排与社会保障制度具有某种共性,但制度设计却过于简单而包含巨大的风险。在我国目前社会保障体系尚未完善阶段,该条款可能发挥一定的维护社会公平之功用。但是应当明确的是,该条款一方面尚未成熟,远未达到制度化的程度;另一方面如前文所论证,该条款难以直

接、全盘地借鉴已有的制度框架。因此，法院在适用该条款时应当尽可能谨慎，并须对该条文的适用理由辅以详尽的论述，以从实务层面推进该条款的制度化进程。本书在此提出几点适用该条款时应当考虑的限制因素。

首先，该条款只能够在广告发布者、经营者无法提供真正的责任人——广告主的身份信息时方可能被适用。若广告主身份明确，但其财产不足以清偿其所负债务，则无该条款适用之空间。若广告经营者、发布者因广告主之企业的合并、分立、注销等原因而无法提供广告主的身份信息时，亦不应当被认定为符合旧《广告法》第38条第2款所规定的情形，否则将产生对广告经营者、发布者不恰当的苛责。①

其次，该条款只在广告受众参与社会生活的基本权利因虚假广告之欺骗或误导而遭受损害时方获适用空间。当然，如何判断参与社会生活的基本权利遭受侵害是另一个宏大的命题，本书对此不做深入研究。但可以确定的是，企业法人当被排除在该条款保护范围之外。至于是否应当将适用主体范围进一步限缩于《消保法》第2条所规定的"消费者"，则有待考量。笔者认为，对排除企业法人以外的自然人主体进一步限制是有必要的，但是不宜以是否符合"消费者"概念为划分标准。原因在于，尽管关于"消费者"存在经济能力、决策能力等结构性弱势的论述已经很多，②但是并非所有消费者都处于参与社会生活的基本权利遭受侵害的境地。对富裕的消费者来说，微小的经济损失不会对其日常生活产生任何影响；相反，贫穷的个体工商户则可能因为误信招商广告从事经营活动而倾家荡产。当然，在个案中对原告进行具体的识别所带来的司法成本的上升又是另一个需要考虑的问题。但无论如何，适用该条文的主体受到严格的限制是必需的。

最后，广告经营者、发布者承担补充责任的数额应当受到限制。从报偿理论出发，广告经营者、发布者承担无过错补充责任应当与保险制度相衔接。③ 在相配套的保险制度尚未完善的我国，以两主体经营、发布该广告所得利益为其所承担赔偿的

---

① 这是参照《欧盟缺陷产品责任指令》关于销售者在不能够提供生产者信息而承担生产者责任时的限制。

② 参见梁慧星：《中国的消费者政策和消费者立法》，载《法学》2000年第5期；王利明：《消费者的概念及消费者权益保护法的调整范围》，载《政治与法律》2002年第2期。

③ Vgl. Achilles, Spahn, Gebhard, Protokolle der Kommission für die Zweite Lesung des Entwurfs des Bürgerlichen Gesetzbuchs/ im Auftrage des Reichs, 1897, S. 2780f.

限额具有合理性。

二、广告经营者、发布者无过错补充责任条款的适用

尽管广告经营者、发布者无过错补充责任条款在司法裁判中经常被援引,但是法院在适用过程中极少将其视为独立的请求权基础条款,而是将该条款与旧《广告法》第38条第1款后半段,现行《广告法》第56条第3款所规定的过错责任条款相结合。这无疑偏离了立法原意,且造成前述两条款各自的规范空间相互重叠。但是从这一条款所蕴含的风险来看,法院的这种明显"违法"的裁判也有其合理性。简言之,该条款难以获得一个完美的解释路径,文章的论证更多的是两害相权取其轻的考虑。从目前能够搜集到的案例来看,在大部分适用无过错补充责任条款的案件中,广告经营者或发布者均具有明显的过错,在极少数广告经营者、发布者对于损害的发生确实无过错的案件当中,法院对无过错补充责任条款适用的论证则显得草率和武断,使部分不应当由无过错补充责任条款得到损害填补的主体获得了赔偿。

这里以三谊公司诉视听导报社发布虚假广告纠纷为例进行分析。之所以选择该案件是因为该案经由两审法院审理,且二审法院所作出的判决并不完全一致,另外法官在判决文书之外对裁判理由作了进一步的阐释。

一审法院以被告视听导报社不能够提供广告主的真实信息为由,依据旧《广告法》第38条第2款判决被告承担全部赔偿责任。二审法院则否认了旧《广告法》第38条第2款所规定为无过错责任,接着以各自过错程度为依据在原被告之间进行了承担责任份额的划分。二审法院之所以改变一审判决或许是从判决结果的可接受性出发的——毕竟要求并非直接实施诈骗活动的广告发布者承担23万元之多的赔偿责任似乎有违公平正义。于是二审法院以"体系"的方法重新解释了旧《广告法》第38条第2款,改变其无过错责任的属性,认为其应当结合旧《广告法》第38条第1款作为过错责任而被适用,最后确认广告发布者以与其过错程度相适应的30%的比例承担赔偿责任。①

二审法院作出上述论证的真正目的在于插入"过错程度"这一调节器以控制旧

① 参见吉林省高级人民法院民事判决书,(2000)吉高法民终字第91号。

《广告法》第38条第2款所隐含的巨型“威力”，但是如前文所论述，其所采用的控制方法却可能导致不同的条款之间相互纠缠，而难以达到各自的规范目的。以本书之见解，被告视听导报社对于原告所遭受之损害并不存在过错。广告发布者不必对广告主以伪造证件、私刻公章等手法实施的诈骗行为承担识别义务。因此，旧《广告法》第38条第1款后半段无适用的余地。旧《广告法》第38条第2款可以为受害方提供带有公法属性的“赔偿”，但必须受到严格限制。三谊公司为商事主体，并非自然人，当然不存在“参加社会生活的基本权利”遭受损害的可能。事实上原告三谊公司与被告视听导报社同为经营者，无论从经济能力还是决策能力的角度皆应当等同视之。原告三谊公司与广告主在广告之外还进行了其他交易上的接触，没有理由认为广告发布者视听导报社相比原告公司拥有更多的信息，或更靠近信息源。在没有充分理由的情形下（广告发布者不具有过错），应当让损失保留在原处，在没有获得保险支援的前提下，向广告发布者转移是不合理的。

第三节　广告经营者、发布者、代言人民事责任条款的应然解释

《广告法》第56条第2款与第3款规定了广告代言人的虚假广告民事责任。在这里不得不提到新法相对于旧法的改变：旧《广告法》第38条第3款针对广告荐证人作出了单独的规定，而《广告法》（2015年修订）则将广告发布者、经营者、代言人置于同一条款下进行调整。这意味着，笔者这一部分对广告代言人责任条款在司法实践中适用问题的分析，同样也适用于《广告法》（2015年修订）下的广告经营者、发布者。其他主体（广告经营者、发布者、代言人）承担责任的基础一般来自接受产品或服务的广告受众的信赖，且通常情况下其在与广告主的商业交往过程中拥有相比广告受众更为有利的谈判地位。因此立法对其他主体分配无过错民事责任的做法也常常是一种“倒逼”其承担保护“弱者”职责的手段。立法目的中融合这样一种可能的“特殊保护”便使传统民事责任理论与倾斜性保护理论在这一条款的理论内部犬牙交错，为该条款的适用带来困难。

一、广告经营者、发布者、代言人过错责任条款的应然解释

前文已论证，以是否为“关系消费者生命健康的商品或服务”作为区分广告代言人承担过错或是无过错责任的标准并不合理。然而立法者试图对广告进行类型化以配置不同责任的思路却值得赞同。因此，在立法者已构建的框架之内调试出一个合理的区分标准，并提供支撑此种分类依据的解释论基础当为本书这一部分的研究任务。

对广告进行类型化的途径有两种：第一，可类比销售者缺陷产品责任，移植销售者在产品存在缺陷时承担无过错责任的理论基础，以确定广告代言人（广告经营者、发布者）承担过错责任与无过错责任的界限；第二，可类比《广告法》第56条第1款后半段与第2款对广告经营者、发布者承担过错责任与无过错责任的区分，即以多数债务人理论、共同侵权理论解释确定广告代言人承担过错责任的边界，而是否承担无过错责任，则由社会连带责任理论予以评价。以不同的基础构造广告形态的区分标准存在不同的优缺点，具体而言：

若引入销售者缺陷产品责任理论作为正当性基础，好处在于更符合《广告法》作为经济法法域内的部门法所被寄予的期望——承担传统民法力所不能及的调整责任，从而与普遍被认可的、承担这一特殊责任的产品质量法、消费者权益保护法等部门法相互衔接。而其所带来的问题则是该基础理论与传统民法理论的协调问题，当然这也是“经济法与民法的相互关系”这一宏大命题在具体部门法，以及部门法中的具体条款上的体现。这一协调问题在广告经营者、发布者、代言人条款上表现并不突出。原因如前文所论证，上述条款无法从传统民事责任理论处获得正当性基础，而只能够倚靠新兴的特别民法（或经济法）理论的支撑。但在《广告法》第56条第2款上则有所不同：依照传统民事责任理论，广告代言人是有可能因过错而承担虚假广告连带民事责任的，但同时又受到异于条文规定的要件的严格限制。那么对于身处作为经济法域的《广告法》过错责任条款，其究竟应当在多大程度上接纳传统民事责任理论的指导，又应该在多大程度上挣脱前者的束缚去实现新的利益格局，则是需要进一步深究的问题。

若以前文所述第二种方案，用传统民事责任理论充填广告代言人过错责任条

款，以社会连带责任理论充填无过错责任条款。该做法虽然与传统民事责任的衔接没有问题，但是由于传统民事责任无法对无过错责任条款提供解释力，而公法视野下的社会连带责任理论与民事责任同样存在衔接问题，究竟应当如何处理，目前的理论并不成熟。采用第二种方案的另一弊端是，如此处理过于背离法律文本“关系消费者生命健康的商品或服务的广告”这一区分标准而难以得到合理的解释。

一言以蔽之，如何解释《广告法》第 56 条第 2、3 款面临的困境是，若借鉴特别法中类似制度的理论解释之，则第 3 款所规定的过错责任条款面临与传统民事责任理论相衔接的问题；若以传统民事责任理论解释之，则第 2 款所规定的无过错责任条款难以寻找到坚实的理论基础。在各有利弊的局面下当如何选择，便颇值得思考。

可以想到的便是做理论上的嫁接，即将传统民事责任理论引入《广告法》第 56 条第 3 款所规定的过错责任条款，将销售者承担无过错缺陷产品责任的理论引入《广告法》第 56 条第 2 款所规定的无过错责任条款。将“关系消费者生命健康的商品或服务的广告”解释为“广告所涉及的商品或服务存在缺陷”，即以商品或服务是否具有缺陷作为区分广告代言人承担过错责任与无过错责任的标准。当然如此同样会招致问题。一方面，这一嫁接将导致条款内部被不同的理论构造所占据，由此产生裂痕及不协调之处将在所难免；另一方面，如此行事可能降低广告代言人对代言活动之法律后果的可预见性。具体而言，广告是否涉及“关系消费者生命健康的商品或服务”尽管在个别情况下可能存在争议，但是多数情况下是能够被广告代言人所识别的，这样相关主体便能够根据自己的预期来调整注意义务，并通过比较其所承担的风险与获得的收益来决定是否从事该代言活动。然而商品是否具有缺陷则存在隐蔽性，固然关系消费者生命健康的商品或服务涉及缺陷的可能性更大，但两者并非必然重合，在未重合之处，广告代言人对于代言行为所产生后果的可预见性被削弱。

尽管存在上述负面影响，“理论上的嫁接”仍然是一个较优的解决方法。首先，现有理论发展阶段不存在一个完美的解释方法可以在解决问题同时不引起新的问题。其次，最大程度地利用相对完善的理论工具有利于为一般案件的司法裁判提供支持。最后，条文内部的理论割据可能引发的问题正是困扰传统民法与前述所称现代民法以及经济法的问题，在宏观层面的理论尚未出现突破性进展时，也只能在条文适用过程中,在解决具体问题的过程中慢慢积累应对之策。

因此,由《广告法》第 56 条第 3 款所规定的过错连带责任将以传统民事责任理论为内核,在广告涉及的产品和服务所造成的损害不涉及缺陷问题时被适用。这与前文所着重论述的《广告法》第 56 条第 1 款后半段所规定的广告经营者、发布者过错责任实为相同,故此处不再重复,而只集中论述应当如何类比销售者的缺陷产品责任以解释《广告法》第 56 条第 2 款所规定的无过错责任。下文首先考察类推的正当性。

以销售者所承担的缺陷产品责任作为广告代言人承担无过错责任的合理性基础,首先要处理的便是这一类推是否正当的问题。类推,是指若某一原则适用于 A 类型的案件,那么若 B 类型的案件在主要方面均与 A 类型的案件相似,则有理由认为这一原则同样得以适用于 B 类型案件。① 因此分析上述类推是否合理,需要首先分析承担虚假广告民事责任的广告代言人责任与承担缺陷产品责任的销售者责任在主要方面是否相似。

首先,缺陷产品的销售者与虚假广告经营者、发布者、代言人通常情况下均并非直接责任主体。已有学者对缺陷产品所涉及的利益链条,以及利益链条上各主体所占据的位置(如位于利益链条的上游或下游)进行了梳理。简言之,产品生产者与受害人分别位于产品从制造端进入消费端的起点处与终点处,前者对后者所遭受的损害负有第一层次的直接责任,这并无疑义。但位于产品生产者与受害人之间的链条上还有诸如销售者、运输者、仓储者等其他主体。除非产品缺陷由制造者以外的其他主体的行为而产生,否则其他主体对于受害人所遭受损害是否承担责任以及如何承担责任充满不确定性。虚假广告民事责任与之相类似,由广告主对广告受众所遭受的损失承担直接责任,而广告经营者、发布者、代言人的责任是否成立则需要另行判断。

其次,缺陷产品的销售者与虚假广告经营者、发布者、代言人皆为风险的扩散或强化者。生产者所生产之产品若不经由销售者面向不特定公众出售则无法到达终端消费者。因此,缺陷产品未经销售者中转到达消费者手中时,其风险不会向全社

① 参见[英]戴维·M. 沃克:《牛津法律大词典》,光明日报出版社 1989 年版,第 38 页。转引自周少华:《"类推"与刑法之"禁止类推"原则——一个方法论上的阐释》,载《法学研究》2004 年第 5 期。

会分散。与之相仿,一则未经制作、未被发布的广告无从到达广告受众,或者代言人无法使广告获得更多的注意力或信赖,则广告中蕴含的风险同样不会向社会扩散,因此可以说广告经营者、发布者、代言人强化了广告所蕴含的风险。

最后,缺陷产品的销售者与虚假广告经营者、发布者、代言人通常情况下承担责任的基础均为信赖。消费者一般不会与上游的生产者发生缔约上的接触,消费者对产品的识别往往依赖于销售者的声誉。消费者从一位声誉卓然的销售者处购买了某项产品或接受了服务,自然会认为该项产品或服务的品质得到了这位销售者的"额外"担保。而广告受众对于广告代言人的代言活动的判断倾向于从自身情感出发,认为广告代言人经济实力雄厚,知名度很高,当出于维护自身名誉的目的,有意愿也有能力去获取自己所代言的产品或服务相关的全部信息,并从广告受众的利益出发进行代言活动。这种认识使著名的影视明星担任广告代言人增加了广告受众对于广告所推介之产品与服务的信任。① 这固然与法律层面的评价以及代言人从事代言活动的实际情形并不相符,但这种认知模式足以表明公众"信赖"为广告代言人承担责任的义务来源。②

根据前文所论证,广告代言人在广告所涉及的产品或服务存在缺陷时,应当类比销售者的产品缺陷责任而承担无过错责任。根据这一类比,广告代言人承担无过错责任的正当性基础如下:

首先,消费者特殊保护。有学者认为,销售者应当承担无过错责任的原因是《产品质量法》以及原《侵权责任法》中的"产品责任"章节之规定,即立法所肩负的首要责任在于保障消费者的损害得到填补。至于究竟由谁来填补,则是生产者和销售者的内部责任当如何划分的问题,不对消费者产生影响。③ 这样,《广告法》第56条第2款要求广告代言人承担无过错责任的主体应当被限制为符合《消保法》第2条要求的消费者,其他主体被排除于该条款的保护范围之外。

---

① 参见吴元元:《基于信息的荐证广告之法律规制——以保健品广告为中心》,载《法商研究》2008年第1期。

② 对广告代言人的信赖责任的论述可参见宋亚辉:《广告荐证人承担连带责任的司法认定——针对〈广告法(修订征求意见稿)〉第60条的研究》,载《现代法学》2009年第5期。消费者通过广告来判断生产者的经济实力是经济生活中的自然现象。

③ 参见高圣平:《论产品责任的责任主体及归责事由——以〈侵权责任法〉"产品责任"章的解释论为视角》,载《政治与法律》2015年第5期。

其次，以无过错责任的配置作为一种威慑手段。学者常以我国目前具体国情论证销售者承担无过错产品责任的正当性。即我国目前产品安全问题严峻，消费者权利遭受侵害的现象屡屡发生，如此时代背景之下出台一部“严苛”的法律来改善现状是必要的。然而如前文所分析，笔者并不赞同这一观点，以无过错责任作为威慑销售者或是广告代言人承担更高注意义务的手段，在现实层面难以达到其立法目的，反而可能会招致不利的后果。

再次，收益原则。该原则在美国判例法中已有大量论证。在布鲁克斯与比奇飞机公司纠纷案中，法官论证供应商（销售者）承担无过错责任时指出，供应商从产品销售环节获取了利益，因此应当对随之产生的损害承担责任，这符合公平原则。① 如果这一论证确实能够成立，那么广告代言人承担无过错责任也可以如是找到根据：广告代言人无论广告所涉及的服务是否存在缺陷都可以获得一笔不菲的代言收入，因此也应当对广告所导致的损害承担赔偿责任。

最后，成本分配原则。美国法院在判例中确立了该原则。在布鲁克斯与比奇飞机公司纠纷案中法院指出，销售者承担无过错责任有利于损害的分散。供货商将可能承担的损失作为成本计入售价当中，从而向所有消费者转移。这一点当然无法适用于广告代言人，但是从另一个角度来说，向广告代言人分配无过错责任或许可以督促其参加相应的保险，从而实现损害的分散。但是问题在于目前尚没有“虚假广告损害”这一险种，与此相反，人身伤害保险却是十分普遍。由此“究竟应当由第一方保险还是第三方保险更有利于社会总福利”这一困扰学术界的问题在这里也将显现。

二、广告经营者、发布者、代言人无过错责任条款的应然解释

如上所述，《广告法》第56条第2款的正当性基础可被归纳为：若将“关系消费者生命健康的商品或服务”的广告作与字面意义完全相同的解释，则可能导致不公平的规范结果；而若将前款限制条件解释为“广告所涉及的产品或服务存在缺陷”，则类比销售者的缺陷产品无过错责任同样不能获得一个坚实的正当性基础。主要

① Brooks v. Beech Aircraft Corp., 113 Wn. 2d 645.

原因在于源自英美法系的销售者无过错缺陷产品责任之论述难以在大陆法系制度框架下被很好地接纳。但是我们可以进行逆向思维,即将销售者承担缺陷产品无过错责任的正当性视为一个“黑箱”,①而将其承担无过错责任视为一个结果。既然这一结果已然得到广泛认可,并在实践中运行良好,那么可以认为这一结果是合理的。因而如果作为获得这一结果的前提条件(输入“黑箱”前的条件)是相同的,那么我们有理由认为获得同样的结果具有正当性,只是这一正当性在目前的理论框架下尚未得到有效的论证。依照这一思路,《广告法》第 56 条第 2 款的解释应当尽可能与《产品质量法》第 42、43 条所规定的销售者承担无过错责任的前提条件与法效果保持一致。

(一)构成要件

首先,应当接纳《产品质量法》中的“缺陷”概念:不能够满足被消费者所合理期待的安全性。② 例如,保健品的广告受众应当可以合理期待该产品在正常服用条件下不会损害自己的身体健康;电磁炉的广告受众可以合理期待该电磁炉不会突然发生爆炸;装修涂料的广告受众可以合理期待该涂料不含有超标的有毒化学物质等。而至于保健品是否能够达到广告所宣称的保健效果,电磁炉是否真的如广告所宣称那样省电便捷,装修涂料是否真的“零甲醇”则不能够被认为具有缺陷。另外,可通过类型化的方式对严格责任进行更多限制。例如,将缺陷区分为警示缺陷、制造缺陷和设计缺陷,其中制造缺陷适用严格责任并无争议,设计缺陷是否能够适用严格责任至今仍存在争论,而警示缺陷则无疑义地适用过错责任。③ 尽管我国目前尚未接纳这一分类标准,但是在法条的发展过程中是否会向此方向精细化发展,《广告法》第 56 条第 2 款的解释论是否应当跟进,都将是未来可能出现、也有待解决的问题。

其次,应考察“产品”概念。显而易见的差别是《产品质量法》第 42、43 条及《民法典》第 1202、1203 条仅规定了“产品”,而《广告法》第 56 条第 2 款则规定了“商品或者服务”。“服务”是否能够类推适用“产品”的相关规定是问题的关键。一般认

① “黑箱”意味着其内部构造难以观测,只能通过输入与输出对内部结构进行猜测。
② 参见董春华:《中美产品缺陷法律制度比较研究》,法律出版社 2010 年版,第 96 页。
③ 参见董春华:《中美产品缺陷法律制度比较研究》,法律出版社 2010 年版,第 171、185、192 页。

为《产品质量法》中所称“产品”并不包含“服务”，原因在于生产者之所以要为缺陷产品承担无过错责任是因为其所制造的“产品”能够独立地进入流通领域，独立地对终端消费者的生命安全产生影响。而“服务”则无法独立进入流通渠道，因而应当由控制质量的服务提供者承担直接责任。① 而虚假广告责任则有所不同，广告经营者、发布者、代言人均无法对广告所指称的产品或服务拥有直接的管理和控制能力，因此在《广告法》当中，认为“产品或者服务”统统可能引起相应主体的严格责任是合理的。

最后考虑“损害”的概念。由于我国侵权法上并不区分“权利受到侵害”与“损害”，因此所论述条文“造成消费者损害”的表述究竟所指为何并不明确。联系近年来特别法中民事责任条款中（特别是惩罚性赔偿制度）的“损害”已引起了争议，②所论述条文在未来的运行过程中同样遭遇“损害”的解释论难题也绝非意外。广告所涉及的产品或服务存在缺陷，却未必总是会引起消费者绝对权受损。例如，发生爆炸的暖水壶可能只是导致产品自身损害，这时广告代言人是否应当承担无过错责任呢？如果同样以产品责任类推则问题很容易得到初步的解答。《产品质量法》第41条第1款③明确排除了缺陷产品本身作为“损害”的可能性，而其他财产的毁损则应当被纳入“损害”的范畴。④ 至于纯粹经济损失是否能够得到赔偿，则需要回溯到侵权责任框架体系下去讨论，并不因产品责任而产生特殊性。⑤ 由此可类推，广告代言人在广告所涉及产品与服务造成该产品与服务自身以外的人身、财产损害时，承担无过错责任。

（二）法效果

《广告法》第56条第2款表述，“其……应当与广告主承担连带责任”。“连带

① 参见董春华：《中美产品缺陷法律制度比较研究》，法律出版社2010年版，第34页。

② 参见陈承堂：《论“损失”在惩罚性赔偿责任构成中的地位》，载《法学》2014年第9期；事实上关于2009年《消费者权益保护法》第49条（新《消费者权益保护法》第55条）的适用系列文章均不可避免地涉及这一主题。

③ 《产品质量法》第41条第1款规定：“因产品存在缺陷造成人身、缺陷产品以外的其他财产（以下简称他人财产）损害的，生产者应当承担赔偿责任。”

④ 参见陈璐：《产品责任》，中国法制出版社2010年版，第194页。

⑤ 参见高圣平：《论产品责任损害赔偿范围——以〈侵权责任法〉、〈产品质量法〉相关规定为分析对象》，载《华东政法大学学报》2010年第3期。

责任"这一概念的外延在我国法学领域并不清晰,其究竟是否将诸如不真正连带责任、补充责任包含在内目前尚不明确。① 不真正连带责任与连带责任在外部关系上并无差别,只是在内部关系上有所不同,不真正连带者不必承担终局责任。补充责任则影响外部关系的顺位,只有在第一顺位人不具有清偿或不具有完全清偿能力时,第二顺位人方才承担清偿责任。因此第二顺位人事实上承担对第一顺位人清偿能力的担保作用。如果我们从立法语言应有的一致性作为分析的基点,那么可以基本排除所述条款包含补充责任的可能性。具体而言,《民法典》第1198、1201条均使用"补充责任"这一概念对行为人所应当承担的责任进行概括,而非在"连带责任"之下由学说与判例发展出补充责任这一类型。尽管《广告法》为特别法,其概念的运用究竟是否与《民法典》民事责任规定保持一致性尚无定论,但是除非有充分证据证明补充责任已被所论述条文中的"连带责任"概念纳入外延之中,否则应当认为所分析条款不应产生补充责任的规范效果。至于所论述条款究竟是否涵盖不真正连带责任,则在我国不会对司法实践产生太大的影响。

最后需要指出的是,尽管本书力图对蕴含巨大不确定性的《广告法》第56条第2款提供解释论上的限制工具,同时在司法实践中法院也将努力寻找这些限制工具,但是即使通过比对销售者所承担的严格产品责任,可以发现广告代言人(当然事实上还包括广告经营者、发布者)在广告所指向的产品或服务存在缺陷时承担无过错连带责任仍然会导致显著的不公平。以三鹿婴幼儿奶粉事件为例,三鹿婴幼儿奶粉含有三聚氰胺危害人体健康,因此显然为缺陷产品,但是如前文所论述,广告代言人对此不具有识别的能力与义务。然而若根据《广告法》第56条第2款的规定,广告代言人无疑与广告主三鹿集团构成连带责任。这意味着受害人得以在广告代言人与三鹿集团之间根据自己的意愿择一起诉要求其履行损害赔偿责任。由于三鹿婴幼儿奶粉所造成的损害高达数亿元,三鹿集团与广告代言人所拥有的财产皆难以完全清偿。造成损害的"始作俑者"三鹿集团尚且可以通过进入破产清算程序以保护

---

① 德国法上将不真正连带责任排除于连带责任概念之外,从而避免适用《德国民法典》第420～432条关于连带责任的规定。我国法学界主张追随德国法上这一做法的有之,主张将不真正连带纳入连带责任进行统一调整的也有之。具体参见李中原:《不真正连带债务理论的反思与更新》,载《法学研究》2011年第5期。

股东乃至管理层的利益，但我国没有个人破产制度，代言人却可能因为赔偿责任而损失自己的所有资产，并且因为三鹿集团已陷入破产，代言人超过所应当承担的清偿份额而拥有的追偿权无法兑现。因此，尽管从条文构造的角度出发难觅规范基础，但笔者仍然认为司法实践应当着力于发展对其他主体在无过错条件下承担责任的进一步限制。在此，笔者提出一个可能的限制，即以广告代言人（经营者、发布者）因涉案广告而获取的利益为其所承担赔偿额上限。这也是正当化代言人承担无过错责任之“收益原则”的必然要求。既然责任主体承担无过错连带责任的正当性在于其从中获取了利益，那么该主体所承担的赔偿责任的份额也应当受到该利益数额的限制。

参考文献

一、中文译著

[1][德]迪特尔·梅迪库斯:《德国民法总论》,邵建东译,法律出版社 2000 年版。

[2][德]迪特尔·梅迪库斯:《德国债法总论》,杜景林、卢谌译,法律出版社 2004 年版。

[3][德]迪特尔·施瓦布:《民法导论》,郑冲译,法律出版社 2006 年版。

[4][德]海因·克茨:《欧洲合同法》(上卷),周忠海、李居迁等译,法律出版社 2001 年版。

[5][德]格哈德·瓦格纳:《损害赔偿法的未来》,王程芳译,法律出版社 2012 年版。

[6][德]卡尔·拉伦茨:《德国民法通论》(上册),王晓晔、邵建东等译,法律出版社 2003 年版。

[7][德]卡尔·拉伦茨:《德国民法通论》(下册),王晓晔、邵建东等译,法律出版社 2003 年版。

[8][德]海因·克茨:《欧洲合同法》(上卷),周忠海、李居迁、宫立云译,法律出版社 1996 年版。

[9][德]克雷斯蒂安·冯·巴尔:《欧洲比较侵权行为法》(下卷),焦美华译,法律出版社 2001 年版。

[10][德]维尔纳·弗卢梅:《法律行为论》,迟颖译,法

律出版社2013年版。

[11][德]莱因哈德·齐默曼:《德国新债法:历史与比较的视角》,韩光明译,法律出版社2012年版。

[12][德]U.马格努斯、[西班牙]M.马丁-卡萨尔斯:《侵权法的统一:共同过失》,叶名怡、陈鑫译,法律出版社2009年版。

[13][美]小奥利弗·温德尔·霍姆斯:《普通法》,冉昊等译,中国政法大学出版社2006年版。

[14][荷]威廉·范博姆、米夏埃尔·富尔主编:《在私法体系与公法体系之间的赔偿转移》,黄本莲译,中国法制出版社2012年版。

[15][奥]肯·奥利芬特主编:《损害的合并与分割》,周学峰、王玉花译,中国法制出版社2012年版。

[16][日]山本敬三:《民法讲义Ⅰ:总则》,解亘译,北京大学出版社2004年版。

[17][英]P.S.阿蒂亚:《合同法导论》,赵旭东、何帅领等译,法律出版社2002年版。

[18][意]毛罗·布萨尼、[美]弗农·瓦伦丁·帕尔默主编:《欧洲法中的纯粹经济损失》,张小义、钟洪明译,法律出版社2005年版。

二、中文著作

[1]卞耀武主编:《中华人民共和国广告法释义及相关法律法规》,中国方正出版社1995年版。

[2]陈璐:《产品责任》,中国法制出版社2010年版。

[3]褚霓霓编著:《广告法实例说》,湖南人民出版社2000年版。

[4]丛新强、梁绪敏编著:《广告法规与管理》,山东大学出版社2004年版。

[5]崔银河编著:《广告法规与职业道德》,中国传媒大学出版社2008年版。

[6]董春华:《中美产品缺陷法律制度比较研究》,法律出版社2010年版。

[7]杜景林、卢谌:《德国民法典评注:总则·债法·物权》,法律出版社2011年版。

[8]范长军:《德国反不正当竞争法研究》,法律出版社2010年版。

[9]法律出版社法规中心编:《广告法律手册》,法律出版社 2005 年版。

[10]国家工商行政管理局广告监管司编:《广告法规集成》,工商出版社 2001 年版。

[11]黄茂荣:《法学方法与现代民法》,中国政法大学出版社 2001 年版。

[12]韩世远:《合同法总论》,法律出版社 2004 年版。

[13]韩世远:《民法总论》,法律出版社 2004 年版。

[14]蒋恩铭编著:《广告法律制度》,南京大学出版社 2007 年版。

[15]李琛:《论知识产权法的体系化》,北京大学出版社 2005 年版。

[16]梁慧星:《民法解释学》,法律出版社 2009 年版。

[17]刘林清主编:《广告法规与管理》,高等教育出版社 2009 年版。

[18]吕蓉编:《广告法规管理》,复旦大学出版社 2003 年版。

[19]欧洲侵权法小组:《欧洲侵权法原则:文本与评注》,于敏、谢鸿飞译,法律出版社 2009 年版。

[20]邵建东:《德国反不正当竞争法研究》,中国人民大学出版社 2001 年版。

[21]史尚宽:《债法总论》,中国政法大学出版社 2000 年版。

[22]苏永钦:《走进新世纪的私法自治》,中国政法大学出版社 2002 年版。

[23]苏永钦:《寻找新民法》,北京大学出版社 2012 年版。

[24]王利明:《合同法研究》(第 1 卷),中国人民大学出版社 2002 年版。

[25]王利明:《侵权责任法研究》(上卷),中国人民大学出版社 2010 年版。

[26]王清主编:《中华人民共和国广告法解读》,中国法制出版社 2015 年版。

[27]王全兴:《经济法基础理论专题研究》,中国检察出版社 2002 年版。

[28]王胜明主编:《中华人民共和国侵权责任法解读》,中国法制出版社 2010 年版。

[29]王泽鉴:《民法学说与判例研究》(第 2 册),北京大学出版社 2005 年版。

[30]王泽鉴:《民法学说与判例研究》(第 3 册),中国政法大学出版社 2005 年版。

[31]王泽鉴:《侵权行为》,北京大学出版社 2009 年版。

[32]王泽鉴:《民法思维——请求权基础理论体系》,北京大学出版社 2009

年版。

[33]魏振瀛:《民法》,北京大学出版社、人民教育出版社2000年版。

[34]许小君:《广告法律与案例》,中国广播电视出版社1995年版。

[35]应飞虎:《信息、权利与交易安全:消费者保护研究》,北京大学出版社2008年版。

[36]严平:《走向解释学的真理——伽达默尔哲学评述》,东方出版社1998年版。

[37]尹田编著:《法国现代合同法》,法律出版社1995年版。

[38]尹田:《法国现代合同法:契约自由与社会公正的冲突与平衡》,法律出版社2009年版。

[39]张龙德主编:《广告法规案例教程》,上海大学出版社2001年版。

[40]张民安:《过错侵权责任制度研究》,中国政法大学出版社2002年版。

[41]朱岩编译:《德国新债法——条文及官方解释》,法律出版社2003年版。

[42]张严方:《消费者保护法研究》,法律出版社2003年版。

[43]周友军:《交往安全义务理论研究》,中国人民大学出版社2008年版。

三、期刊析出文献

[1]班天可:《雇主责任的归责原则与劳动者解放》,载《法学研究》2012年第3期。

[2]陈柏峰:《社科法学及其功用》,载《法商研究》2014年第5期。

[3]陈承堂:《论"损失"在惩罚性赔偿责任构成中的地位》,载《法学》2014年第9期。

[4]曹登润:《虚假广告经营者民事责任初探》,载《政治与法律》1993年第5期。

[5]崔建远:《缔约上过失责任论》,载《吉林大学社会科学学报》1992年第3期。

[6]崔建远:《中国债法的现状与未来》,载《法律科学(西北政法大学学报)》2013年第1期。

[7]常鹏翱:《体系化视角中的物权法定》,载《法学研究》2006年第5期。

[8]陈瑞华:《从经验到理论的法学方法》,载《法学研究》2011年第6期。

[9]程啸:《过失相抵与无过错责任》,载《法律科学(西北政法大学学报)》2014年第1期。

[10]曹险峰:《论“多因一果”的侵权行为——兼论多数人侵权行为体系之建构》,载《法律科学(西北政法学院学报)》2007年第5期。

[11]曹险峰:《数人侵权的体系构成——对侵权责任法第8条至第12条的解释》,载《法学研究》2011年第5期。

[12]曹险峰:《〈侵权责任法〉第12条之按份责任正当性论证——兼论第12条与第37条第2款的关系》,载《苏州大学学报(哲学社会科学版)》2014年第2期。

[13]崔建远:《物的瑕疵担保责任的定性与定位》,载《中国法学》2006年第6期。

[14]崔建远:《退货与减少价款的定性与定位》,载《法律科学(西北政法大学学报)》2012年第4期。

[15]曹新明:《知识产权与民法典连接模式之选择——以〈知识产权法〉的编纂为视角》,载《法商研究》2005年第1期。

[16]程子薇:《论〈广告法〉第38条中的“消费者”——以法解释学理论为分析工具》,载《安徽大学学报(哲学社会科学版)》2014年第5期。

[17]杜国明:《我国食品安全民事责任制度研究》,载《政治与法律》2014年第8期。

[18]樊涛:《我国商事责任制度的缺陷及重构》,载《法商研究》2009年第4期。

[19]郭明瑞:《关于编纂民法典须处理的几种关系的思考》,载《清华法学》2014年第6期。

[20]高圣平:《论产品责任的责任主体及归责事由——以〈侵权责任法〉“产品责任”章的解释论为视角》,载《政治与法律》2015年第5期。

[21]葛云松:《纯粹经济损失的赔偿与一般侵权行为条款》,载《中外法学》2009年第5期。

[22]葛云松:《〈侵权责任法〉保护的民事权益》,载《中国法学》2010年第3期。

[23]金可可:《民法实证研究方法与民法教义学》,载《法学研究》2012年第1期。

[24]焦艳红:《无意思联络的数人侵权——以类型化研究为目的》,载《安徽大学法律评论》2007年第1期。

[25]刘常春:《虚假广告规制缺失的原因及治理路径》,载《法学杂志》2009年第1期。

[26]李承亮:《损害赔偿与民事责任》,载《法学研究》2009年第3期。

[27]劳东燕:《死刑适用标准的体系化构造》,载《法学研究》2015年第1期。

[28]梁慧星:《消费者权益保护法第49条的解释与适用》,载《人民法院报》2001年3月29日。

[29]梁慧星:《中国的消费者政策和消费者立法》,载《法学》2000年第5期。

[30]王利明:《关于消费者的概念》,载《中国工商管理研究》2003年第3期。

[31]李剑:《植入式广告的法律规制研究》,载《法学家》2011年第3期。

[32]柳经纬:《我国民法典应设立债法总则的几个问题》,载《中国法学》2007年第4期。

[33]刘克毅:《论不真正连带债务——一种方法论的思考》,载《法律科学(西北政法学院学报)》2003年第6期。

[34]卢谌、杜景林:《论债权总则给付障碍法的体系进路》,载《法律科学(西北政法大学学报)》2006年第1期。

[35]梁上上:《利益的层次结构与利益衡量的展开——兼评加藤一郎的利益衡量论》,载《法学研究》2002年第1期。

[36]刘勇:《缔约过失与欺诈的制度竞合——以欺诈的"故意"要件为中心》,载《法学研究》2015年第5期。

[37]李友根:《论经济法权利的生成——以知情权为例》,载《法制与社会发展》2008年第6期。

[38]李友根:《司法裁判中政策运用的调查报告——基于含"政策"字样裁判文书的整理》,载《南京大学学报(哲学·人文科学·社会科学版)》2011年第1期。

[39]李友根:《论广告法中的"消费者"——基于法条和案例的研究》,载《中国工商管理研究》2012年第9期。

[40]李友根:《惩罚性赔偿制度的中国模式研究》,载《法制与社会发展》2015年

第6期。

[41]李中原:《论民法上的补充债务》,载《法学》2010年第3期。

[42]李中原:《不真正连带债务理论的反思与更新》,载《法学研究》2011年第5期。

[43]李中原:《论侵权法上因果关系与过错的竞合及其解决路径》,载《法律科学(西北政法大学学报)》2013年第6期。

[44]李中原:《论违反安全保障义务的补充责任制度》,载《中外法学》2014年第3期。

[45]马一德:《虚假宣传构成欺诈之认定》,载《法律科学(西北政法大学学报)》2014年第6期。

[46]綦骏:《论广告进入契约的可能性》,载《法商研究》2005年第1期。

[47]邱雪梅:《试论民法中的保护义务——"两分法"民事责任体系之反思》,载《环球法律评论》2007年第5期。

[48]苏力:《解释的难题:对几种法律文本解释方法的追问》,载《中国社会科学》1994年第4期。

[49]苏力:《法条主义、民意与难办案件》,载《中外法学》2009年第1期。

[50]尚连杰:《先合同说明义务违反视角下的缔约过失与瑕疵担保关系论——德国法的启示与中国法的构造》,载《政治与法律》2014年第11期。

[51]隋彭生:《关于合同法中"重大误解"的探讨》,载《中国法学》1999年第3期。

[52]隋彭生:《论要约邀请的效力及容纳规则》,载《政法论坛》2004年第1期。

[53]孙笑侠:《论行业法》,载《中国法学》2013年第1期。

[54]孙颖:《服务侵权的无过错责任》,载《法学》2008年第11期。

[55]宋亚辉:《广告荐证人承担连带责任的司法认定——针对〈广告法(修订征求意见稿)第60条的研究〉》,载《现代法学》2009年第5期。

[56]宋亚辉:《新权利的生成:以户外广告发布权为例》,载《法制与社会发展》2010年第3期。

[57]宋亚辉:《论广告管制规范在契约法上的效力——基于海峡两岸司法判决

的整理和研究》,载《华东政法大学学报》2011年第3期。

[58]宋亚辉:《竞价排名服务中的网络关键词审查义务研究》,载《法学家》2013年第4期。

[59]宋亚辉:《文化产品致害的归责基础与制度构造》,载《法律科学(西北政法大学学报)》2015年第6期。

[60]孙维飞:《单独侵权视角下的共同侵权制度探析》,载《华东政法大学学报》2010年第3期。

[61]王福友、徐培译:《论产品代言人侵权责任》,载《法学杂志》2012年第9期。

[62]王钢:《紧急避险中无辜第三人的容忍义务及其限度——兼论紧急避险的正当化根据》,载《中外法学》2011年第3期。

[63]吴宏:《"律师声明"中专家过错标准和责任形态——首例律师对"律师声明"承担专家责任案评析》,载《法学》2009年第9期。

[64]吴汉东:《知识产权立法体例与民法典编纂》,载《中国法学》2003年第1期。

[65]王洪亮:《物上瑕疵担保责任、履行障碍法与缔约过失责任》,载《法律科学(西北政法学院学报)》2005年第4期。

[66]王敬华:《论要约邀请的内容与合同内容之间的容纳关系——兼论我国〈合同法〉相关条款的完善》,载《法学杂志》2010年第5期。

[67]王利明:《惩罚性赔偿研究》,载《中国社会科学》2000年第4期。

[68]王利明:《中国民事立法体系化之路径》,载《法学研究》2008年第6期。

[69]王利明:《侵权责任法与合同法的界分——以侵权责任的扩张为视野》,载《中国法学》2011年第3期。

[70]王杏飞:《论释明的具体化:兼评〈买卖合同解释〉第27条》,载《中国法学》2014年第3期。

[71]吴元元:《基于信息的荐证广告之法律规制——以保健品广告为中心》,载《法商研究》2008年第1期。

[72]王轶:《民法价值判断问题的实体性论证规则——以中国民法学的学术实践为背景》,载《中国社会科学》2004年第6期。

[73]王竹:《论教唆行为与帮助行为的侵权责任》,载《法学评论》2011 年第 5 期。

[74]许德风:《论法教义学与价值判断——以民法方法为重点》,载《中外法学》2008 年第 2 期。

[75]谢鸿飞:《民法典与特别民法关系的建构》,载《中国社会科学》2013 年第 2 期。

[76]解亘:《论管制规范在侵权法上的意义》,载《中国法学》2009 年第 2 期。

[77]解亘:《格式条款内容规制的规范体系》,载《法学研究》2013 年第 2 期。

[78]谢晓尧:《欺诈:一种竞争法的理论诠释——兼论〈消费者权益保护法〉第 49 条的适用与完善》,载《现代法学》2003 年第 2 期。

[79]徐晓峰:《民事错误制度研究》,载《法律科学(西北政法学院学报)》2000 年第 6 期。

[80]徐志军、张传伟:《欺诈的界分》,载《政法论坛》2006 年第 4 期。

[81]姚辉:《不动产登记机构赔偿责任》,载《法学》2009 年第 5 期。

[82]易军:《"法不禁止皆自由"的私法精义》,载《中国社会科学》2014 年第 4 期。

[83]于剑华:《商业广告中出演者的民事责任问题——来自日本法的启示》,载《法学》2006 年第 8 期。

[84]叶金强:《侵权构成中违法性要件的定位》,载《法律科学(西北政法学院学报)》2007 年第 1 期。

[85]叶金强:《共同侵权的类型要素及法律效果》,载《中国法学》2010 年第 1 期。

[86]叶金强:《〈侵权责任法〉第 24 条的解释论》,载《清华法学》2011 年第 5 期。

[87]叶金强:《论侵权损害赔偿范围的确定》,载《中外法学》2012 年第 1 期。

[88]叶金强:《可预见性之判断标准的具体化——〈合同法〉第 113 条第 1 款但书之解释路径》,载《法律科学(西北政法大学学报)》2013 年第 3 期。

[89]叶金强:《私法中理性人标准之构建》,载《法学研究》2015 年第 1 期。

[90]叶金强:《旅游纠纷中的连带责任——以"焦建军与中山国旅等旅游侵权

纠纷案"为参照》,载《法学》2015 年第 2 期。

[91]杨立新:《论产品代言连带责任及法律适用规则——以〈食品安全法〉第 55 条为中心》,载《政治与法律》2009 年第 10 期。

[92]杨立新:《论竞合侵权行为》,载《清华法学》2013 年第 1 期。

[93]杨立新:《论民法典中债法总则之存废》,载《清华法学》2014 年第 6 期。

[94]于林洋:《论广告法视野下虚假荐证责任制度之重构——"三鹿门"事件下的追问与反思》,载《法商研究》2009 年第 3 期。

[95]于林洋:《广告荐证的行为规范:美国的经验与启示》,载《华东师范大学学报(哲学社会科学版)》2013 年第 1 期。

[96]于林洋:《虚假荐证责任性质之辨》,载《法学杂志》2013 年第 6 期。

[97]叶名怡:《涉合同诈骗的民法规制》,载《中国法学》2012 年第 1 期。

[98]叶榅平:《适用保护义务的界限和依据——以保护义务的法律性质为中心》,载《法商研究》2008 年第 6 期。

[99]易继明:《历史视域中的私法统一与民法典的未来》,载《中国社会科学》2014 年第 5 期。

[100]应飞虎:《权利倾斜性配置研究》,载《中国社会科学》2006 年第 3 期。

[101]应飞虎:《对虚假广告治理的法律分析》,载《法学》2007 年第 3 期。

[102]应飞虎、葛岩:《软文广告的形式、危害和治理——对〈广告法〉第 13 条的研究》,载《现代法学》2007 年第 3 期。

[103]杨涛:《名人做虚假广告的法律解读》,载《民主与法制时报》2004 年 9 月 28 日。

[104]张保红:《产品代言人侵权责任论纲——来自三鹿事件的启示》,载《法学论坛》2009 年第 3 期。

[105]张保红:《论广告经营者专家鉴证责任》,载《河南大学学报(社会科学版)》2015 年第 4 期。

[106]张春和:《建议增设制作虚假广告罪》,载《法学杂志》1994 年第 5 期。

[107]张定军:《论不真正连带债务》,载《中外法学》2010 年第 4 期。

[108]张栋:《中国刑事证据制度体系的优化》,载《中国社会科学》2015 年第

7 期。

[109]周江洪:《惩罚性赔偿制度的竞合及其适用——〈侵权责任法〉第 47 条与〈食品安全法〉第 96 条第 2 款之适用关系》,载《法学》2010 年第 4 期。

[110]张江莉:《论销售者的产品责任》,载《法商研究》2013 年第 2 期。

[111]张明楷:《论虚假广告的刑事责任》,载《法学》1994 年第 10 期。

[112]周少华:《"类推"与刑法之"禁止类推"原则——一个方法论上的阐释》,载《法学研究》2004 年第 5 期。

[113]郑少华:《试论环境法上的社会连带责任》,载《中国法学》2005 年第 2 期。

[114]张世鹏:《论虚假广告侵权责任立法国际趋势及对我国的借鉴》,载《安徽大学学报(哲学社会版)》2013 年第 2 期。

[115]张翔:《形式法治与法教义学》,载《法学研究》2012 年第 1 期。

[116]张骐:《形式规则与价值判断的双重变奏——法律推理方法的初步研究》,载《比较法研究》2000 年第 2 期。

[117]彭世权、周泰山:《论合同有效中的缔约过失责任》,载《西南大学学报(人文社会科学版)》2006 年第 2 期。

[118]竺效:《无过错联系之数人环境侵权行为的类型——兼论致害人不明数人环境侵权责任承担的司法审理》,载《中国法学》2011 年第 5 期。

[119]张玉敏:《注册商标三年不使用撤销制度体系化解读》,载《中国法学》2015 年第 1 期。

[120]朱岩:《形式审查抑或实质审查——论不动产登记机关的审查义务》,载《法学杂志》2006 年第 6 期。

[121]朱岩:《危险责任的一般条款立法模式研究》,载《中国法学》2009 年第 3 期。

[122]张忠野:《论虚假验资的民事责任——兼评最高人民法院关于虚假验资责任的五个司法解释》,载《法学》2004 年第 4 期。

四、论文

[1]马辉:《格式条款规制体系研究——消费者选择与竞争机制的视角》,南京

大学2014年博士学位论文。

[2]宋亚辉:《社会性规制中的路径选择——行政控制、司法规制抑或合作规制》,南京大学2009年博士学位论文。

[3]张世鹏:《虚假广告民事责任研究》,中国政法大学2009年博士学位论文。

[4]朱欣欣:《论夸张广告的法律边界——基于夸张广告案例的研究》,南京大学2012年硕士学位论文。

五、英文文献

[1]Steven Shavell, *Economic Analysis of Accident Law*, Harvard University Press, 2007.

[2]Ira M. Millstein, *The Federal Trade Commission and False Advertising*, 64 Colum. L. Rev., 439(1964).

[3]Robert Pitofsky, Beyond Nader, *Consumer Protection and the Regulation of Advertising*, 90 Harv. L. Rev., 661(1977).

[4]Howard Beales, Richard Craswell & Steven C. Salop, *The Efficient Regulation of Consumer Information*, 24 Journal of Law and Economics, 491(1981).

[5]Richard Craswell, *Interpreting Deceptive Advertising*, 65 B. U. L. Rev., 657 (1985).

[6]Howard A. Latin, *Problem-Solving Behavior and Theories of Tort Liability*, 73 CAL. L. REV., 677(1985)

[7]Jon D. Hanson & Douglas A. Kysar, *Taking Behavioralism Seriously: Some Evidence of Market Manipulation*, 112 Harv. L. Rev., 1420(1999).

[8] Max Sutherland & Alice K. Sylvester, *Advertising and the Mind of the Consumer, What Works, What Doesn't, and Why*, Publisher: Allen & Unwin, 2009.

[9]Willem H. Van Boom, *Pure Economic Loss: a Comparative Perspective, In Willem H. Van Boom, Helmut Koziol & Christian A. Witting eds., Pure Economic Loss*, Publisher: Springer, 2004.

六、德文文献

[1]Anke Reich: Die wettbewerbsrechtliche Beurteilung der Haustürwerbung GRUR 2011, 589.

[2]Berlit, Wettbewerbsrecht, 8 Auflage(2012).

[3]Claus-Wihelm Canaris: Wandlungen des Schuldvertragsrechts, Tendenz zu seiner "Matriealisierung", Acp 200(2000).

[4]Claus-Wihelm Canaris: Die Vertrauenshaftung im deutschen Privatrecht, München(1971).

[5]Claus-Wihelm Canaris: Lehrbuch des Schuldrechts Band Ⅱ/2, völlig neu verfassete 13. Auflage des von karl larenz begründeten lehrbuchs, München(1984).

[6]Claus-Wihelm Canaris: Methodenlehr der Rechtswissenschaft, 3. Auflage (1995).

[7]Claus-Wihelm Canaris: Grundrechte und Privatrecht(1999).

[8]Claus-Wihelm Canaris: Bewegliches System und Vertrauenschutz im rechtsgeschäftlichen Verkehr in: Bydlinski u. a. (Hrsg.), Das bewegliche System im geltenden und künftigen Recht(1986).

[9]Esser Josef: Die Zweispurigkeit unseres Haftpflichtrechts, JZ 1953,129.

[10]Florian Lichtnecker: Die Werbug in sozialen Netzwerken und mögliche hierbei auftretende Probleme, GRUR 2013, 105.

[11]Florian Lichtnecker: Ausgewählte Werbeformen im Internet unter Berücksichtigung der neueren Rechtsprechung, GRUR 2014, 523.

[12]Franz, Bydlinski: System und Prinzipien des Privatrechts (1996).

[13]Göttingen/Nordemann (Hrsg.), Handbuch des Wettbewerbsrechts, 4. Auflage (2010).

[14] Helmut Köhler: Das Verhältnis der Gewahrleistungsanspruche zu anderen Rechtsbehelfen des Käufers, JA 1982,157.

[15]Helmut Köhler: Die Problematik automatisierter Rechtsvorgänge, insbesondere

von Willenserklärungen, AcP Bd. 182(1982)126.

[16]Helmut Köhler: Das Rücktrittsrecht nach § 13a UWG, JZ 1989, 262.

[17]Helmut Köhler: UWG-Reform und Verbraucherschutz, GRUR 2003,265.

[18]Helmut Köhler: Irreführende verfleichende Werbung, GRUR 2013,761.

[19]Horst-Peter Goetting: Wettbewerbsrecht: das neue UWG(2005).

[20]Lehmann, Michael: Die bürglichrechtliche Haftung für Werbeangaben-Culpa in contrahendo als Haftungsgrundlage für vertragsanbahnende Erklärungen. NJW 1981.

[21]Lehmann, Michael: Vertragsanbahnung durch Werbung: eine juristische und ökonomische Analyse der bürglich-rechtlichen Haftung für Werbeangaben gegenüber dem Letztverbraucher, München(1981).

[22]Lorenz/Riehm: Lehrbuch zum neuen Schudrecht(2002).

[23] Stephan Lorenz: Haftungausfüllung bei der culpa in contrahendo: Ende der Minderung durch c. i. c.? NJW 1999, 1001.

[24]Dirk Looschelders: Schuldrecht AT, 11 Auflage.

[25]Jan-Felix Isele: Teleponwerbung: Was ist (noch) erlaubt? GRUR-Prax 2011, 463.

[26]Karl, Larenz: Methodenlehre der Rechtswissenschaft(1991).

[27] Karl-Heinz Fezer: Das wettbewerbsrechtliche Vertragsauflösungsrecht in der UWG-Reform-Zur Notwendigkeit eines wettbewerbsrechtlichen Vertragsauflösungsrechts wegen Vorliegens verbraucherschützender Regelungslüken und Durchsetzungsdefiziten bei bestimmten Fallkonstellationen unlauteren Wettbewerbs, WRP 2003.

[28]Keller, Max:Das negative Interesse im Verhältnis zum positiven(1949).

[29]Kötz · Wagner:Deliktsrecht, 12. Auflage.

[30]Manfes Wandt: Gesetzliche Schuldverhältnisse, 5. Auflage (2012).

[31]Ohly Ansgar: Vergleichende Werbung für Zubehör und Warensortimente. GRUR 2007.

[32]Ohly Ansgar: Kezword Advertising auf dem Weg zurück von Luxemburg nach Paris, Wien, Karlsruhe und Den Haag, Gewerblicher Rechtsschutz und Urheberrecht,

GRUR 2010.

[33]Ohly Ansgar：Irrführende vergleichende Werbung, in：Gewerblicher Rechtsschutz und Urheberrecht, GRUR 2003.

[34]Ohly Ansgar：Vergleichende Werbung：Die Auslegung der Richtlinie 97/55/EG in Deutschland und Großbritannien, in：Gewerblicher Rechtsschutz und Urheberrecht Internationaler Teil, GRUG Int. , 1999.

[35]Peifer, Lauterkeitsrecht, Das UWG in Systematik und Fallbearbeitung (2011).

[36]Werner, Flume：Allgemeiner Teil des Bürgerlichen Rechts, Band 2, Das Rechtsgeschäft(1979).

[37]Münchener Kommentar zum BGB, Band 1, 5. Auflage.

[38]Münchener Kommentar zum BGB, Band 2, 5. Auflage.

[39]Münchener Kommentar zum BGB, Band 3, 4. Auflage.

[40]Münchener Kommentar zum BGB, Band 5, 5. Auflage.

[41]Münchener Kommentar zum BGB, Band 12, 13. Auflage.

[42]Soergel Kommentar zum BGB, Band 13, 13. Auflage.